SONIA R. ALBANO DE LIMA
Organizadora

PROCEDIMENTOS E AÇÕES MULTIDIMENCIONAIS NA MÚSICA

2022

MUSA
EDITORA

Os textos editados seguiram de forma a respeitar a redação, as citações e referências indicadas pelos autores

Capa: Aline Cardoso
Diagramação e projeto gráfico: Schaffer Editorial

Dados Internacionais de Catalogação na Publicação (CIP)
Bibliotecária Juliana Farias Motta CRB7/5880

A326p Albano de Lima, Sonia R.

Procedimentos e ações multidimensionais na música / Sonia R. Albano de Lima (Org.) -- São Paulo: Musa Editora, 2022.
284 p.; 16x23cm.

ISBN: 978-65-86629-12-5

1. Música – Instrução e estudo. 2. Música – Execução.3. Ensino – Metodologia. I. Lima, Sonia R. Albano de. II. Título

CDD 780.7

Índice para catálogo sistemático:
1. Música – Instrução e estudo
2. Música – Execução
3. Ensino – Metodologia

Impresso no Brasil, 1ª edição, 2022.

MUSA EDITORA

Musa Editora Ltda.
Telefones: (11) 3862-6435 (35) 99892-6114
musaeditora@uol.com.br | musacomercial@uol.com.br
www.twitter.com/MusaEditora
www.facebook.com/MusaEditora
@MusaEditora MusaEditora (@Instagram)

Diferentes maneiras de se ensinar e fazer música são sempre bem-vindas.

Apresentação

Esta coletânea traz artigos de instrumentistas, regentes, compositores, docentes e pesquisadores convidados de diferentes instituições de ensino superior de música, contemplando ações e procedimentos musicais atinentes as suas formações acadêmica e profissional. Em razão da pandemia ocorrida nos últimos anos, provocada pelo Coronavirus, tivemos um retardo considerável na publicação, em razão do acúmulo de compromissos virtuais assumidos pelos autores convidados e pelas editoras. Não poderia deixar de agradecer aos Membros do Conselho Editorial por terem acolhido prontamente a solicitação de análise dos capítulos encaminhados.

O texto do Coordenador para Programas Profissionais da Área de Artes da CAPES e Docente da UFBA – **Lucas Robatto**, é de importância capital para a nossa área; discorre sobre o processo de avaliação multidimensional difundido recentemente pela CAPES – organismo governamental responsável pela regulação dos Programas de Pós-Graduação Brasileiros. A leitura deste capítulo com certeza auxiliará os PPGs de Música a obterem melhor qualidade e sucesso no seu desempenho acadêmico e social.

O texto do compositor **Marcos Nogueira** reporta-se à pedagogia da composição musical ancorada em categorias de sentido associadas às experiências de tensão e forma musicais. Tais atos de compor são pensados como atos de criação de contrastes tensivos e de narrativização formal das tensões musicais. Este viés teórico-metodológico pode oferecer suporte consistente ao desenvolvimento de uma pedagogia da criação musical, seja ela dirigida à produção composicional performativa, seja dirigida à produção performativa composicional. O conceito de tensão foi pensado nesta narrativa como a experiência que dá origem ao entendimento de que "a música dramatiza" e, desse modo, emociona. Nesse sentido o ouvinte percebe o fluxo musical como concatenação intencional de eventos, de forma a desenrolar em sua mente uma narrativa silenciosa, orientada por pistas sonoras percebidas na música como indícios de expressão. Esses indícios são avaliados pelo autor a partir das teorias contemporâneas da memória, com o intuito de entender como este dispositivo cognitivo essencial determina a pluralidade de manifestações de tensão em música e orientam a produção de sentido musical.

O texto do percussionista e pesquisador **Cesar Traldi** relata o quanto a utilização de novas tecnologias, principalmente a eletrônica e a digital, nos processos de criação, interpretação e consumo musical estão trazendo importantes modificações para a área. Cesar Traldi traz uma reflexão sobre a utilização dessas novas tecnologias no repertório para instrumentos de percussão, partindo de suas experiências como compositor, intérprete e pesquisador. O autor tomou como objetivo, identificar os desafios e propor soluções que auxiliem os intérpretes atuais a lidarem com o repertório do século XXI.

O texto do regente **José Maurício Brandão** descreve o atual estado da arte em Regência, acadêmica e profissionalmente. Mostra um panorama de tradições e técnicas convencionais aceitas sem questionamento, ao lado de uma carência de ideias e abordagens que podem contribuir para o desenvolvimento consistente de habilidades e saberes essenciais à atividade. Este perfil é especialmente aparente na literatura da área e, no Brasil, tal carência de fontes é substancial. O texto é parte de um projeto de longo prazo sob sua responsabilidade, no sentido de enfocar criticamente a formação em regência no Brasil e prover a literatura na área de textos em português que espelhem essa realidade brasileira.

O violonista e pesquisador **Flávio Apro**, por sua vez, aborda questões relacionadas à performance musical a partir de conceitos oriundos da fenomenologia e do Zen-budismo, conforme assimilados, desenvolvidos e compartilhados pelo famoso regente Sergiu Celibidache. A discussão apresentada oferece amplo potencial de aproveitamento a estudantes e profissionais das práticas interpretativas.

No capítulo da educadora musical **Rosane Cardoso de Araújo** foi destacada a criação da disciplina "Música e Movimento" – uma proposta inédita no contexto do Curso de Graduação em Música da UFPR. Nele foram enfatizados os fundamentos que sustentam a proposta da disciplina, os conteúdos, a estrutura e suas implicações no campo da educação musical. Também são destacados os resultados positivos desta proposta que teve como objetivo proporcionar, por meio de atividades musicais associadas à dança e ao movimento, experiências criativas individuais e colaborativas, como forma de auxiliar os alunos em suas práticas musicais e experiências artísticas.

Em **meu relato** traço os caminhos que a música tem percorrido no ambiente escolar e qual tem sido sua função e aplicabilidade em cada um desses setores.

Tendo em vista que o conceito de gênero musical tem sido pouco explorado por pesquisadores musicais na contemporaneidade, o professor e pesquisador **Marcio Guedes Correa** traz para análise a pesquisa realizada pelo musicólogo Gerard Denizeau discorrendo sobre possíveis conceituações de gênero em música, apontando para algumas direções na busca dos elementos que constituem esse conceito.

O educador musical **Cícero Rodarte Mião** traça um paralelo entre o conceito de imitação abordado por Jean Piaget e o desenvolvimento musical de bebês em um trabalho de docência que ele tem realizado nas Oficinas de Musicalização para bebês ofertadas nos Berçários da Rede Municipal de Ensino Básico do Município de São Sebastião do Paraíso, em Minas Gerais, ensino esse que se estendeu para toda a Rede Municipal da Educação Infantil, tal a sua importância pedagógica e sociocultural para a região.

Os docentes e profissionais de música **Valdemir Aparecido da Silva** e **Shirlei Escobar Tudissaki** partem de uma pesquisa qualitativa que retratou a prática coral profissional e a metodologia desenvolvida como uma das possibilidades de se manter as atividades e justificar a necessidade de permanência e existência em meio à crise desencadeada pela pandemia causada pelo Coronavírus. A pesquisa utilizou para coleta de dados, a observação participante, a partir dos processos artísticos desenvolvidos pelo Coral Paulistano, corpo artístico do Theatro Municipal de São Paulo – Fundação Theatro Municipal de São Paulo, entre os meses de abril a setembro de 2020.

O educador musical **Marcelo Caires Luz** e o pesquisador **Raul Aragão Martins** elaboraram um texto referendando uma pesquisa quantitativa realizada no Programa de Pós-Graduação em Educação da UNESP, que investigou o quanto a prática e a aprendizagem da música por idosos pode ser considerada como uma intervenção positiva capaz de auxiliar na manutenção da capacidade funcional cognitiva desta faixa etária, prevenir ou amenizar alguns sintomas de depressão mais comuns na velhice e colaborar para o *status quo* da qualidade de vida na terceira idade, a fim de contribuir para uma velhice mais ativa, saudável, autônoma e feliz.

Da mesma forma que as coletâneas anteriormente publicadas por mim, espero que este trabalho, de natureza multidimensional, auxilie de alguma maneira, os acadêmicos e docentes de música, possibilitando a continuidade e intensificação de novas pesquisas a partir dos questionamentos e metas aqui relatados. Boas leituras!

Sonia Regina Albano de Lima
junho de 2022

Sumário

Atualizando e mudando paradigmas na avaliação da CAPES: o multidimensional[1]

Lucas Robatto

Introdução

Neste momento (junho de 2022) estamos às vésperas da elaboração de um novo Plano Nacional de Pós-Graduação (PNPG), imediatamente após ter sido realizada uma avaliação que abarcou todos os Programas de Pós-Graduação (PPGs) do Brasil. Um momento propício e crucial para refletirmos sobre uma série de questões relativas ao futuro do Sistema Nacional de Pós-Graduação brasileiro (SNPG).

O presente texto se propõe abordar uma questão fundamental sobre o processo de avaliação dos PPGs: a multidimensionalidade, que é uma novidade para o SNPG e ainda suscita dúvidas tanto entre os responsáveis pela proposição de mudanças, como entre aqueles diretamente afetados por estas mudanças. Estas questões surgem de considerações e sugestões dos diversos agentes participantes no SNPG e afetam diretamente um dos pontos mais críticos deste sistema, que é o momento em que a Coordenação de Aperfeiçoamento de Pessoal de Nível Superior (CAPES) – organismo governamental responsável pela regulação do SNPG – avalia cada PPG em funcionamento no país, como também o momento em que avalia as propostas de novos PPGs que pretendem ingressar no sistema. O presente texto pretende apresentar informações que auxiliem na mudança de mentalidade necessária para que se abandonem lógicas de pensamento e as estratégias desenvolvidas para se adequar às condições formadas pelos conceitos adotados em avaliações passadas, criando novas formas de entendimento e percepção mais adequadas às mudanças propostas e em andamento.

1 O presente texto é uma atualização e expansão de ROBATTO, 2020.

Contextualização: o Sistema Brasileiro de Pós-Graduação

A história da pós-graduação em contextos internacionais tem uma longa história. O título de *Doctor* já era conferido nas universidades medievais para formações realizadas após os cursos universitários iniciais. Este título (e o de *Magister*, geralmente conferido como grau inicial em universidades medievais) foram adotados para cursos subsequentes às graduações quando da criação do modelo da universidade moderna humboltiana, no início do século XIX e já em meados deste século, universidades norte-americanas ofereciam títulos de pós-graduação.[2]

Apesar desta longa história, a pós-graduação no Brasil é um fenômeno muito recente. A primeira referência oficial à pós-graduação no Brasil está no Decreto nº 21.321, de 18 de junho de 1946, que aprova o Estatuto da Universidade do Brasil.[3] Em seguida, o Decreto nº 29.741 de 11 de julho de 1951 cria a Campanha Nacional de Aperfeiçoamento de Pessoal de Nível Superior com o objetivo de "assegurar a existência de pessoal especializado em quantidade e qualidade suficientes para atender às necessidades dos empreendimentos públicos e privados que visam ao desenvolvimento do país".[4] Este projeto se transformou na atual Coordenação de Aperfeiçoamento de Pessoal de Nível Superior (CAPES), que juntamente com outras iniciativas de gestão e financiamento para pesquisa constituíram o início do Sistema Nacional de Pós-Graduação (SNPG) no Brasil.

Com o passar do tempo a CAPES assume a tarefa de avaliar os programas de pós-graduação no Brasil:

> Em 1981, ao se tornar uma agência executiva do Ministério da Educação junto ao Sistema Nacional de Ciência e Tecnologia, coube à CAPES elaborar, avaliar, acompanhar e coordenar as atividades relativas ao ensino

---

2 CAHUSAC DE CAUX, 2019.

3 Disponível em: https://www2.camara.leg.br/legin/fed/decret/1940-1949/decreto-21321-18-junho-1946-326230-publicacaooriginal-1-pe.html – acesso em 16 de junho de 2022.

4 Disponível em: https://www2.camara.leg.br/legin/fed/decret/1950-1959/decreto-29741-11-julho-1951-336144-publicacaooriginal-1-pe.html#:~:text=Institui%20uma%20Comiss%C3%A3o%20para%20promover,de%20pessoal%20de%20n%C3%ADvel%20superior. – acesso em 16 de junho de 2022.

> superior. É a partir daí que surge o Programa de Acompanhamento e Avaliação – a chamada Avaliação CAPES.
> Ao longo do tempo, o Programa privilegiou a avaliação post-facto, incluiu a avaliação por pares, vinculou avaliação com classificação e recursos, e favoreceu os *rankings*. O padrão CAPES foi estabelecido em comum acordo com a comunidade acadêmica das diferentes áreas de conhecimento e foi sofrendo modificações ao longo dos tempos por sugestão das áreas, hoje colégios.[5]

O SNPG apresenta-se hoje como uma realidade consolidada, com 4.604 Programas de Pós-Graduação (PPGs), 7.020 cursos *stricto sensu* (mestrados e doutorados acadêmicos e profissionais), em 49 áreas do conhecimento, em todos os estados e regiões do Brasil[6]. Este sistema é controlado pela CAPES, fundação do Ministério da Educação que, entre outras atribuições, tem por função normatizar e regulamentar o Sistema, ações que realiza através de avaliações periódicas:

> [...] na submissão de propostas de cursos novos (APCN) e na avaliação periódica quadrienal. As avaliações são realizadas por membros representantes da comunidade acadêmica para cada área de conhecimento, onde são atribuídas notas aos programas em uma escala de 1 a 7, reservando-se as notas 6 e 7 para os cursos de excelência e que tenham curso de doutorado. A análise de mérito é feita a partir de diretrizes e normas estabelecidas pela Capes em consonância com a Política Nacional de Pós-Graduação. [...] O desempenho do programa é comparado ao desempenho médio dos demais programas daquela área de avaliação, já que na maior parte das vezes há uma divisão por faixas percentuais para atribuição dos conceitos. A comparação entre programas da mesma área faz com que as métricas e os pesos atribuídos aos itens de avaliação tenham que se readequar ao longo dos anos, já que não é possível que todos os programas alcancem a mesma nota, sempre terão programas com notas inferiores ocupando a última posição da escala de classificação.[7]

A avaliação do SNPG pela CAPES é, portanto:

---

5 LEITE ET. AL., 2020, p. 341.

6 Dados disponíveis na Plataforma Sucupira – https://sucupira.capes.gov.br/sucupira/public/consultas/coleta/programa/quantitativos/quantitativoAreaAvaliacao.jsf;jsessionid=RwvM9y-X2nLvajciwamqmlvma.sucupira-205 – acesso em 16 de junho de 2022.

7 BRASIL, *Avaliação Multidimensional*, 2019, pp. 6-7.

> [...] criterial e normativa ao mesmo tempo, já que utiliza critérios iguais para todos, no entanto, estimula a competição e impõe uma dinâmica de alteração e elevação de padrões de qualidade. Ademais é regulatória, pois uma avaliação insatisfatória resulta no descredenciamento dos programas.[8]

Esta organização institucional e funcionamento do sistema de avaliação tem alcançado resultados expressivos, sendo atualmente um instrumento que tem grande impacto nos meios acadêmicos e na interlocução destes com a sociedade:

> Dentre as ações da CAPES, tem especial importância para a qualidade e o sucesso alcançado pela pós-graduação brasileira o processo de avaliação, que, concomitantemente, orienta a formação de recursos humanos pós-graduada *stricto sensu* para a produção intelectual de impacto científico dos grupos de pesquisa, para o alto desempenho de processos econômicos inovadores e para a necessária e obrigatória ampliação da qualidade do trabalho acadêmico e para a elevação da dinâmica produtiva do País. A avaliação contribui para a melhoria continuada da qualidade dos programas do SNPG, ao mesmo tempo que serve para prestar contas de modo direto e transparente, à sociedade brasileira. Pode-se mesmo atribuir a esse processo de avaliação o fato de o Brasil ter conseguido, em um prazo relativamente curto, construir um sistema de pós-graduação diferenciado e de impacto mundial por sua abrangência e qualidade, colocando o país com maior visibilidade no mapa da ciência internacional.[9]

Desde 1975 são desenvolvidos regularmente planos estratégicos para o desenvolvimento do SNPG, onde são realizados diagnósticos da realidade deste sistema, assim como são recomendados diretrizes e objetivos que devem direcionar as politicas governamentais relativas ao SNPG. Estes planos são denominados Planos Nacionais de Pós-Graduação (PNPG), que são organizados pela CAPES e elaborados com a participação de "órgãos de governo, universidades e da sociedade", procurando ouvir: "diferentes segmentos da comunidade acadêmica e da própria sociedade", incorporando sugestões das:

> [...] sociedades científicas, associações de pós graduação, universidades e pró-reitorias, entre outros. Além disso, foram convidados a dar a sua con-

---

8 Ibid., p. 7.

9 BRASIL, *Proposta de Aprimoramento da Avaliação da Pós-Graduação Brasileira para o Quadriênio 2021-2024*, 2020, p. 2.

> tribuição, mediante estudos e sugestões, eminentes especialistas de diferentes áreas do conhecimento e do ensino.[10]

Atualmente está em vigência o VI PNPG 2011-2020 (elaborado em 2010) o qual além de análises detalhadas do estado da arte do SNPG naquele momento (2010), apresenta uma série de sugestões conceituais e práticas para o futuro do SNPG, que podem ser sintetizadas em cinco eixos:

1. Primazia da qualidade, quebra da endogenia e redução das assimetrias.
2. Criação de agenda nacional de pesquisa e sua associação com a pós-graduação.
3. Aperfeiçoamento da avaliação e sua expansão para outros segmentos do sistema de CT&I.
4. Multi e Interdisciplinaridade.
5. Apoio à educação básica e a outros níveis e modalidades de ensino, especialmente o ensino médio[11].

Em 2016, como o objetivo de acompanhar e monitorar a sua implantação, a CAPES criou a Comissão Nacional de Acompanhamento do PNPG, a qual, após consultas de diversas instituições governamentais, representativas de classes e da sociedade civil de caráter científicas, acadêmicas, tecnológicas, econômicas e financiadoras, elaborou em 2018 uma *Proposta de Aprimoramento do Modelo de Avaliação da PG.*[12]Este documento reconhece que:

> Em que pese os bons resultados obtidos pelo SNPG, o atual sistema avaliativo requer aperfeiçoamentos conceituais e operacionais. Transformações significativas nos cenários nacionais e internacionais requerem novas ações das comunidades acadêmica, científica, tecnológica e de inovação, sinalizando também para a necessidade de atualização dos procedimentos e critérios do modelo de avaliação.[13]

10 BRASIL, *PNPG 2011-2020*, vol. I, p.13.

11 VOGEL, 2019, p.9.

12 BRASIL, *Proposta de Aprimoramento do Modelo de Avaliação da PG,* 2018.

13 Ibid. p. 3.

Tal diagnóstico, que propõe atualizações ao PNPG então em curso, não é uma novidade no âmbito do SNPG e resulta de processos históricos internos ao Sistema e de sua articulação com diversos setores da sociedade, não se constituindo, portanto, fruto de uma determinada política de governo. Este diagnóstico é aprofundado no supracitado documento e em outro subsequente,[14] que traçam futuros desenvolvimentos e mudanças para o SNPG.

Apresentaremos a seguir um recorte e detalhamento sobre algumas das propostas contidas nesta documentação, pertinentes à temática do presente texto.

A Avaliação da Avaliação: As Recomendações da Comissão Nacional de Acompanhamento do PNPG (2018)[15]

A Comissão Nacional de Acompanhamento do PNPG diagnostica que:

> O segredo do sucesso da pós-graduação reside, sobretudo, no processo de avaliação da CAPES, introduzido no Brasil há mais de 40 anos. Essa avaliação garantiu progressos extraordinários da nossa ciência, na qualificação de recursos humanos e na capacitação de milhares de grupos de pesquisa Brasil afora. Também fruto desse progresso científico e da formação de quadros qualificados na pós-graduação, existem casos bastante específicos de avanços tecnológicos logrados pelo país e reconhecidos internacionalmente.[16]

Contudo, como já mencionado acima, apesar dos excelentes resultados obtidos até o presente, o atual sistema avaliativo atingiu um ponto de esgotamento. Tal esgotamento decorre de vários fatores, entre os quais destacamos a atual dimensão do sistema e a falta de uma interação orgânica dos programas com setores não acadêmicos, em especial os que são conectados com o processo de transferência direta de conhecimento para a sociedade, resultando em um impacto do Sistema no processo de desenvolvimento socioeconômico, abaixo do seu potencial existente.

14 BRASIL, *Proposta de Aprimoramento da Avaliação da Pós-Graduação Brasileira para o Quadriênio 2021-2024,* 2020.

15 Todas as citações e referências desta seção são relativas à acima mencionada *Proposta de Aprimoramento do Modelo de Avaliação da PG.*

16 p.6.

O Relatório apresenta uma série de considerações e recomendações sobre futuros desenvolvimentos do SNPG, os quais podem ser agrupados em recomendações sobre mudanças das **funções e objetivos** do Sistema e sobre os **modos e ferramentas** para operacionalizar tais mudanças.

Em relação às funções e objetivos, a Comissão parte da constatação de que "ao longo das últimas décadas o foco da PG brasileira foi, basicamente, a formação de docentes e pesquisadores para as Universidades e para o próprio sistema acadêmico nacional."[17] Porém este enfoque na formação dos quadros do próprio Sistema decorreu em deformações resultantes do caráter indutivo dos modos e ferramentas de avaliação até então adotados para este fim:

> Prevalece uma **concepção quantitativa** na avaliação e o peso numérico estimula os programas a buscar uma **prática "produtivista"** exagerada que, em muito casos, resulta em **produção de baixa qualidade e de baixo impacto**. O "produtivismo", quando transformado em cultura acadêmica no interior dos programas, tende a negligenciar a fundamental importância da formação do pós-graduando [grifos do autor].[18]

A Comissão, baseada em demandas identificadas de diversos setores da sociedade propõe novas funções para o SNPG, as quais são sintetizadas nos seguintes objetivos para o SNPG:

- O avanço do conhecimento, incluindo a formação de docentes e pesquisadores para as Universidades e para o meio científico-acadêmico, e
- A atuação e impacto no desenvolvimento econômico e social (incluindo a interação com segmento empresarial e a atuação na área pública e na formulação de políticas públicas).[19]

Nesta proposta o perfil esperado dos egressos do Sistema é apresentado da seguinte forma:

---

17 p.8.

18 p.16.

19 p.8.

> O principal objetivo dos cursos de pós-graduação deve ser formar mestres e doutores capazes de enfrentar novos desafios científicos com independência intelectual, contribuindo para o progresso científico, tecnológico, econômico e social do Brasil como nação independente, imersa em um mundo globalizado em rápida evolução.[20]

Já em relação aos modos de operacionalizar tais objetivos, a Comissão apresenta uma série de propostas, as quais podem ser agrupadas em **entregas** esperadas à sociedade e **meios** de operacionalização destas entregas.

Quanto às entregas, identifica-se a necessidade de maior impacto do SNPG no desenvolvimento econômico e social, regional e nacional. Tal impacto deve resultar das inovações geradas pelo Sistema, tendo a relevância social e econômica e o potencial de internacionalização destes como balizadores de sua efetividade.[21] A influência do sistema de avaliação na realização destas entregas ocorre então, através dos meios utilizados para a avaliação, que agora deve adotar um modelo único para todas as áreas de avaliação, o modelo multidimensional, demandando equilíbrio entre indicadores quantitativos e qualitativos, adotando um número reduzido de produções indicadas pelos PGs para a realização de análise qualitativa. Complementam este processo a adoção da autoavaliação institucional da PG como ferramenta avaliativa e a necessidade de mudanças nos Qualis, os quais devem ter formato unificado para todas as grandes áreas de avaliação, adotando fatores de impacto como ferramentas avaliativas.

Em seguida serão desenvolvidas considerações sobre uma das mudanças propostas, a qual impacta grandemente o processo de avaliação da CAPES e que exige uma mudança de mentalidade e de percepção do processo avaliativo por parte não somente das coordenações dos PPGs e outros gestores acadêmicos, mas, principalmente, por parte de todos os docentes e discentes que atuam na pós graduação no Brasil: a avaliação multidimensional.

---

20 P.8.

21 Aqui cabe uma observação sobre os intensos debates ora em curso sobre esta ênfase à internacionalização enquanto objetivo geral do SNPG, existindo nas representações das áreas de avaliação e colégios da CAPES posicionamentos que relativizam esta importância, incluindo a regionalização como objetivo tão desejável e necessário quanto a internacionalização.

A Avaliação Multidimensional

Dentre as recomendações da Comissão Nacional de Acompanhamento do PNPG[22] destaca-se a adoção da Avaliação Multidimensional como eixo das transformações desejadas.

A avaliação da CAPES era percebida como "demasiadamente preocupada com a Produção intelectual e menos preocupada com a formação dos alunos".[23] Também eram criticadas:

> [...] as consequências negativas da avaliação, dadas pelo maior peso da quantidade de publicações em detrimento de seu impacto social, acadêmico e científico, do eventual abandono da formação docente, de sua lógica competitiva (com disputa por recursos financeiros entre programas e universidades) e consequentes dinâmicas de intensificação do trabalho, agravos de condições de saúde e bem-estar de docentes e discentes.[24]

Em síntese, a avaliação era criticada por uma ênfase demasiada em uma única "dimensão" avaliativa, fortemente determinante na conferição dos conceitos finais: a produção intelectual. Daí surge a necessidade de ampliar o horizonte de aspectos (dimensões) a serem considerados pela avaliação, fornecendo, portanto, um quadro mais completo de cada PPG. Neste contexto a CAPES vai adotar a ideia de multidimensionalidade enquanto objetivo a ser implementado em futuras mudanças.

O entendimento de multidimensionalidade adotado pela CAPES baseia-se nas diretrizes adotadas pela Diretoria Geral para Educação e Cultura da Comissão Europeia (União Europeia), que criou a plataforma *U-Multirank* (https://www.umultirank.org/), uma ferramenta de avaliação institucional que parte do princípio que "instituições de educação superior e de pesquisa são organizações de objetivos múltiplos e que instituições diferentes focam

---

22 BRASIL, *Proposta de Aprimoramento do Modelo de Avaliação da PG,* 2018. e BRASIL, *Proposta de Aprimoramento da Avaliação da Pós-Graduação Brasileira para o Quadriênio 2021-2024,* 2020.

23 VOGEL, 2015, p. 132.

24 MARQUES et. al., 2020, p. 982.

diferentes mesclas de objetivos e atividades associadas"[25] (VAN VUGHT, F.; ZIEGELE, F., p. 17). Este modelo adota dois eixos avaliativos:

> Classificações fornecem categorizações descritivas de características, pretendendo focar nos esforços e atividades das instituições de educação superior e pesquisa, de acordo com o critério de similaridade. Elas são eminentemente adequadas para abordar diversidade horizontal. *Rankings* são categorizações hierárquicas que pretendem apresentar os resultados das instituições de educação superior e pesquisa de acordo com o critério de melhor desempenho[26] (Ibid., p. 25).

A conceituação do *U-Multirank* prossegue elencando então cinco dimensões classificatórias, as quais podem ser avaliadas e ranqueadas de forma independente ou integrada (Ibid., p. 18):

- Ensino e aprendizagem
- Pesquisa
- Transferência de conhecimento
- Internacionalização
- Impacto regional

Os resultados da avaliação podem então ser divulgados em formas de tabelas ou gráficos que apresentam os resultados da avaliação de cada dimensão. A figura a seguir apresenta os resultados comparativos das diversas dimensões e seus subitens para a Universidade Humbolt de Berlim, Alemanha disponível na plataforma *U-Multirank*.

---

25 *Higher education and research institutions are multi-purpose organisations and different institutions focus on different blends of purposes and associated activities.* Todas as traduções foram realizadas pelo autor.

26 *Classifications give descriptive categorizations of characteristics intending to focus on the efforts and activities of higher education and research institutions, according to the criterion of similarity. They are eminently suited to address horizontal diversity. Rankings are hierarchical categorizations intended to render the outputs of the higher education and research institutions according to the criterion of best performance.*

Figura 1. Avaliação Multidimensional Multirank da Humbolt - Universität zu Berlin

Fonte: https://www.umultirank.org/study-at/humboldtuniversitat-zu-berlin-rankings. Acesso em 16 de julho de 2022

Em 2020 a já mencionada Comissão Especial de Acompanhamento do PNPG 2011-2020 publicou um documento com recomendações e propostas específicas para mudanças no processo avaliativo da CAPES, proposta que adota a multidimensionalidade como ponto central da avaliação.[27] A proposta é a da adoção de cinco dimensões avaliativas:

> Ao final do ciclo avaliativo cada PPG terá um resultado para cada dimensão da avaliação, permitindo assim avaliar os respectivos e diferentes desempenhos em cada uma delas e, deste modo, reconhecer a diversidade e a qualidade dos PPGs nas 5 dimensões da avaliação. São cinco as dimensões que compõem o sistema de avaliação:
> • Formação de Pessoal;
> • Pesquisa;
> • Inovação e Transferência de Conhecimento;
> • Impacto na Sociedade; – Internacionalização.[28]

---

27 BRASIL, *Proposta de Aprimoramento da Avaliação da Pós-Graduação Brasileira para o Quadriênio 2021-2024,* 2020.

28 Ibid., p. 8.

O documento prossegue com o detalhamento de indicadores para a avaliação de cada dimensão.

Contudo, esta proposta entra em conflito direto com a prática avaliativa da CAPES de conferir uma nota única para cada PPG. Um relatório técnico da Diretoria de Avaliação da CAPES levantou em 2019 a seguinte dúvida:

> Dessa forma, há o entendimento de que um programa pode receber nota 5 em uma dimensão e nota 2 em outra, no entanto, como realizar a acreditação dos programas sem estipular uma nota de corte ao mesmo tempo em que preserva a possibilidade dos programas apresentarem desempenho diferente e até mesmo inferior entre as dimensões?[29]

Essa dúvida é respondida da seguinte forma pela Comissão Especial de Acompanhamento do PNPG 2011-2020:

> É importante destacar que no novo modelo multidimensional cada dimensão da avaliação terá sua própria nota e não existirá uma nota final única. Cada PPG terá como resultado avaliativo 5 notas, uma para cada dimensão (Formação de Pessoal, Pesquisa, Impacto na Sociedade, Internacionalização, Inovação e Transferência de Conhecimento). Deverá ser definido um patamar mínimo para cada dimensão para fins de permanência no sistema. Destacamos que as dimensões Formação de Pessoal e Pesquisa são basilares para admissão e permanência do PPG no SNPG, sendo exigida a nota mínima 3 para ambas.[30]

Outra dúvida levantada pelo relatório técnico da Diretoria de Avaliação da CAPES diz respeito a distribuição de fomentos:

> Outra questão importante é como a avaliação multidimensional dialoga com as alterações em curso na forma de distribuição de bolsas aos programas? O novo modelo de fomento prevê a utilização da nota do programa e mais um conjunto de variáveis (tamanho da instituição, localização geográfica do programa e tempo de funcionamento) para distribuição de recursos. Tendo em vista que cada dimensão receberia uma nota, haveria uma linha de fomento para cada dimensão?[31]

---

29 BRASIL, *Avaliação Multidimensional*, 2019, p. 15.

30 BRASIL, *Proposta de Aprimoramento da Avaliação da Pós-Graduação Brasileira para o Quadriênio 2021-2024*, 2020, p. 25.

31 Ibid. p. 15.

Até o momento não há respostas para esta questão... Apesar de a multidimensionalidade ainda não ter sido integralmente adotada como novo formato de avaliação para a CAPES, a lógica da avaliação multidimensional já foi aplicada nas ferramentas avaliativas adotadas pela CAPES na avaliação do último quadriênio (2017-2020), partindo de uma nova ficha de avaliação com os mesmos três quesitos para todas as áreas (programa, formação e impacto), os quais têm o mesmo peso na avaliação final [32], porém, ainda resultando em uma nota única para cada PPG. Estes quesitos são equivalentes à diferentes dimensões avaliativas.

Outro aspecto oriundo da lógica multidimensional pode ser verificado nos aprimoramentos adotados para o Qualis Artístico/Cultural e para a criação e aplicação do Qualis Tecnológico, que refletem mais claramente o princípio da multidimensionalidade da avaliação ao adotarem a ideia de um eixo classificatório (horizontal) de dimensões das diversas produções (impacto, aplicabilidade, visibilidade, etc.) e um eixo vertical de ranqueamento de cada uma destas dimensões. Deste modo a conceituação qualificativa das produções pode ser mensurada levando em conta as dimensões avaliativas mais condizentes com a identidade e objetivo de cada PPG.

Conclusões

A adoção da multidimensionalidade na avaliação traz a enorme vantagem de permitir que a identidade de cada PPG – tão importante para dar conta da enorme diversidade regional e cultural do Brasil – transpareça e seja valorada na avaliação. Alguns PPGs têm uma ênfase maior em aspectos formativos e na internacionalização de suas produções, outros têm maior ênfase na regionalização e nos impactos que operam nas atividades profissionais ligadas ao seu campo do saber, por exemplo. A avaliação multidimensional não somente consegue revelar as características identitárias de cada PPG individualmente, permitindo a comparação não hierárquica destas diferenças, mas

32 A ficha de avaliação adotada no período avaliativo anterior (2013-2016) tinha cinco quesitos, com pesos diferentemente distribuídos em cada área: proposta do programa; corpo docente; corpo discente, teses e dissertações; produção intelectual e inserção social.

também consegue avaliar qualitativamente o desempenho do PPG em cada uma das dimensões consideradas na avaliação.

Contudo, a adoção da multidimensionalidade é uma grande mudança de paradigma para todo o SNPG e exige uma profunda mudança de mentalidade em todos os envolvidos e afetados pela pós-graduação no Brasil: docentes, discentes, gestores e financiadores. A percepção multidimensional de um PPG somente poderá ocorrer se de um lado os mecanismos de avaliação sejam devidamente ajustados para a percepção efetiva das diferenças entre as diversas dimensões e das idiossincrasias de cada dimensão e, por outro lado, que os indivíduos envolvidos em um PPG tenham a consciência de como potencializar e registrar as suas atuações e produções de acordo com os traços identitários do PPG em que atuam, contribuindo assim para a transparência e delineamento de um quadro identitário do coletivo do programa.

Referências

BRASIL. Ministério da Educação. Coordenação de Aperfeiçoamento de Pessoal de Nível Superior – CAPES. **Plano Nacional de Pós-Graduação. PNPG 2005-2010**, Brasília. DF, Capes, 2004. Disponível em: https://www.gov.br/capes/pt-br/centrais-de-conteudo/pnpg-2005-2010-pdf. Acesso em: 16 jul. 2022.

BRASIL. Ministério da Educação. Coordenação de Aperfeiçoamento de Pessoal de Nível Superior – CAPES. **Plano Nacional de Pós-Graduação. PNPG 2011-2020**, Brasília. DF, Capes, 2010. 2 Volumes. Disponível em: https://www.gov.br/capes/pt-br/acesso-a-informacao/institucional/plano-nacional-de-pos-graduacao. Acesso em: 16 jul. 2022.

BRASIL. Fundação Coordenação de Aperfeiçoamento de Pessoal de Nível Superior – CAPES. **Proposta de Aprimoramento do Modelo de Avaliação da PG**, Brasília. DF, Capes, 2018. Disponível em: http://regionais.anped.org.br/norte2018/wp-content/uploads/sites/3/2018/10/PNPG-CS-Avaliac%C3%A3o_Final_10-10-18_CS_FINAL_17_55.pdf. Acesso em: 16 jul. 2022.

BRASIL. Ministério da Educação. CAPES. **Avaliação Multidimensional de Programas de Pós-Graduação**. 2019. Disponível em: https://www.gov.br/capes/pt-br/centrais-de-conteudo/23072020-dav-multi-pdf. Acesso em: 16 jul. 2022.

BRASIL. Fundação Coordenação de Aperfeiçoamento de Pessoal de Nível Superior – CAPES. **Proposta de Aprimoramento da Avaliação da Pós-Graduação Brasileira para o Quadriênio 2021-2024 – Modelo Multidimensional,** Brasília. DF,

Capes, 2020. Disponível em: https://www.gov.br/capes/pt-br/centrais-de-conteudo/25052020-relatorio-final-2019-comissao-pnpg-pdf. Acesso em: 16 jul. 2022.

CAHUSAC DE CAUX, Basil. A Short History of Doctoral Studies. In: PRETORIUS, Lynette, MACAULAY,Luke, CAHUSAC DE CAUX, Basil (Eds). **Wellbeing in Doctoral Education: Insights and Guidance From the Student Experience**, 9–18. Singapura: Springer Nature, 2019.

DEMO, Pedro. Teoria e prática da avaliação qualitativa. Perspectivas Online 2007-2011, v. 1, n. 1, p. 106-115, 2007. Disponível em: https://ojs3.perspectivasonline.com.br/revista_antiga/article/view/241. Acesso em: 16 jul. 2022.

LEITE, Denise et al. A autoavaliação na Pós-Graduação (PG) como componente do processo avaliativo CAPES. Avaliação: Revista da Avaliação da Educação Superior (Campinas), v. 25, n. 2, p. 339-353, 2020. Disponível em: https://www.scielo.br/j/aval/a/whfJzmNx7Vgpcr7c6Zj5kXz/?lang=pt#:~:text=Na%20PG%2C%20a%20autoavalia%C3%A7%C3%A3o%2C%20na,oportunidades%20e%20metas%20de%20futuro. Acesso em: 16 jul. 2022.

MARQUES, Cesar Augusto; DE CARVALHO VEIGA, Alinne; BORGES, CORREIA, Letícia Maria. A avaliação da pós-graduação no Brasil: resultados e determinantes da avaliação da Capes (2013-2016). Revista Meta: Avaliação, v. 12, n. 37, p. 979- 1003, 2020. Disponível em: https://revistas.cesgranrio.org.br/index.php/metaavaliacao/article/view/2825. Acesso em: 16 jul. 2022.

ROBATTO, Lucas, As Mudanças Conceituais no Sistema de Avaliação da Capes: O Estado da Arte. In: VIEIRA, Marcilio de Souza ; SOUZA, Marco Aurélio da Cruz ; JESUS, Thiago Silva de Amorim (orgs.). **Quais danças estão por-vir?: trânsitos, poéticas e políticas do corpo**. Salvador: ANDA, 2020. P. 107-112. Disponível em: http://guaiaca.ufpel.edu.br:8080/handle/prefix/6398. Acesso em: 16 jul. 2022.

VOGEL, Michely Jabala Mamede. Avaliação da pós-graduação brasileira: análise dos quesitos utilizados pela Capes e das críticas da comunidade acadêmica. 2015. Tese (Doutorado) – Universidade de São Paulo, São Paulo, 2015. Disponível em: http://www.teses.usp.br/teses/disponiveis/27/27151/tde-29062015-150747/. Acesso em: 16 jul. 2022.

VOGEL, Michely J. M. Avaliação da Pós-Graduação Brasileira: os quesitos CAPES a percepção da comunidade científica. In: SEMINÁRIO BVPS: pensamento social e o desafio das metodologias informacionais, 5., 2019, Rio de Janeiro. Anais... Rio de Janeiro: ICICT, 2019. Disponível em: https://www.arca.fiocruz.br/bitstream/icict/32300/2/va_VOGEL-V_BVPS.pdf. Acesso em: 16 jul. 2022.

Composição musical como narrativa incorporada[1]

Marcos Nogueira

Introdução

O capítulo dispõe de uma introdução à pedagogia da composição musical ancorada em fundamentos da semântica musical incorporada. A discussão é circunscrita aos processos de escuta e criação da música escrita para a performance vocal-instrumental e destaca o papel das categorias de *tensão* e *forma* musicais na constituição do sentido. Não abordo processos de criação de dispositivos organizativos de "recursos para a composição" nem viso a criação de ferramentas analíticas de materiais e dispositivos empregados em projetos composicionais. Embora reconheça a importância deste extraordinário segmento da pesquisa em teoria e análise musical – que aliás se apresentou, até o momento, como viés mais simbólico da produção acadêmica em composição musical – , entendo que esses estudos enfocam, sobretudo, o que é produzido pelo compositor antes de seus "atos de compor". Entenderei a essência dos atos "de compor" – "de unir formando um composto", "de combinar", "de ordenar", "de confrontar" – como a criação de contrastes tensivos e de narrativização formal desses contrastes, estabelecendo conformidades. Estamos aqui diante do que há de mais experiencial em nossa interação com a música enquanto "obra".

Creio que devemos estar atentos para a condição ainda frágil das teorias dos atos de compor e esta situação se deve, ao menos em parte, ao fato de nos sentirmos confortáveis no abrigo metodológico das ciências exatas e de um cognitivismo objetivista que nos convida ao desenvolvimento de métodos quantitativos bem afinados com a tradição científica. Esta hegemonia metodológica é, portanto, ainda predominante em nossas pesquisas em teoria da composição.

1 Este estudo dialoga com as discussões apresentadas em outros três artigos do autor: *Resposta de orientação musical: Uma hipótese para a origem do dispositivo de sentido* (2016); *Dimensões da produção imaginativa musical: movimentos, formas e intenções* (2019); e *Consciousness, tension, and shaping: Musical meaning formation processes* (2020).

Em âmbito mais qualitativo, de difícil objetivação, estou interessado na investigação de dispositivos cognitivos que orientam os atos de compor. Creio que este viés teórico-metodológico oferece suporte consistente ao desenvolvimento da pedagogia da criação musical, seja ela dirigida à produção composicional performativa, seja dirigida à produção performativa composicional.

O que denomino *tensão* é a experiência que dá origem ao entendimento de que "a música dramatiza" e desse modo emociona. Afirmo isto não por compromisso com qualquer estilística musical, mas referindo a ubiquidade de padrões de entendimento que emergem dos mapeamentos cognitivos de nossas experiências de espaço e de movimento no espaço – o "estar no mundo" da hermenêutica filosófica – sobre os domínios da expressão e da linguagem. Ou seja, se o ouvinte percebe o fluxo musical como concatenação intencional de eventos – eventos estes que só adquirem esta condição porque são percebidos como "objetos" num espaço fenomênico – , este ouvinte entende interagir com a expressão de outrem; de onde se desenrola imaginativamente uma narrativa silenciosa, sem palavras, orientada por pistas sonoras percebidas na música como indícios de expressão. Procuro examinar as relações desses recursos com certas experiências descritas pelos ouvintes, que de múltiplas maneiras podemos traduzir como experiências "de tensão". Então recorro às teorias contemporâneas da memória para entender como este dispositivo cognitivo essencial determina a pluralidade de manifestações de tensão em música e orienta a produção do sentido musical.

E o que estou chamando de *forma*? Se este é um conceito originado na experiência visual dos objetos físicos, é comum definirmos forma como aparência, como configuração física dos seres e das coisas. É natural, portanto, relacionarmos a constituição da forma com a articulação, a estruturação das partes componentes desses seres e coisas em um todo apreensível. Todavia, podemos admitir que o mundo à nossa volta não tem, necessariamente, uma forma instantaneamente apreensível e plenamente descritível; mas somos munidos de um impulso congênito para apreender da coisa que experimentamos, algo que chamamos de forma, um resultado imediato da nossa produção de sentido acerca da coisa e não uma "estrutura completa" satisfatoriamente descrita nos termos de um objeto material. Este impulso, quero crer, é radicalmente *incorporado*, porque atado às nossas experiências sensório-motoras e afetivas.

Mas o que é então o sentido? Uma experiência de coerência, de unidade, de padrão; se dada configuração no mundo é apreensível, é porque em nossa interação com a coisa nossas abstrações daquilo que ela nos possibilita dela apreender constituem padrão: uma relação de conformidade que é sentida. Quando apreendemos um padrão naquilo que experimentamos, podemos recorrer mais diretamente ao dispositivo de memória conhecido como *memória de trabalho*, que nos possibilita a produção mais imediata de sentidos. E como se constituem os padrões? Podemos admitir que padrão é aquilo que emerge do entendimento de repetição de um evento. Uma coisa apresenta padrão quando nela percebemos algum tipo de lógica configurativa, uma propriedade da condição cíclica da coisa como algo experimentado; em outras palavras, a propriedade que emerge da ciclicidade de sentidos inferidos em nossa interação com a coisa.

A aventura da composição está, como quero entender, na contínua resposta dos compositores ao fluxo musical que se constitui em uma interação sempre problematizada. Creio que a competência composicional advém do exercício de objetivação das forças narrativas – como argumento, *tensão* e *forma* – que configuram o núcleo daquela problematização.

A imaginação musical no teatro da consciência

Repetição, ciclicidade, padrão: tudo o que da interação com a música emerge como "forma" é consequência do que quero entender como experiências dinâmicas de "tensão". Para começar a discutir esta hipótese, observo que os perceptos que concorrem no ato da escuta musical, possibilitando as inferências formais dos ouvintes, são por estes espacializados imaginativamente para facultar o entendimento de suas abstrações musicais. Como salienta Antonio Jardim (2005), abstrações e processos abstratos têm sido entendidos como tentativas de medir, identificar e representar a realidade. Entretanto, ele adverte que a abstração diz do que se retira, do que se apresenta idealmente ou do que se representa. Em última instância, abstrato diria de uma representação à qual não corresponde nenhum dado sensorial ou concreto. Como representação, a abstração implica sempre um outro, e institui sempre uma necessidade de correspondência. O abstrato traz consigo a necessidade de se perguntar o que ele abstrai, de onde ele se retira, o que ele representa (Jardim, 2005, p. 173–4).

Se a única presença exigida na experiência da linguagem como máquina de abstração é a da palavra – um concreto que representa a presença abstrata de outro concreto –, na abstração da música o que se retira do "concreto" musical? E que concreto seria representado quando dizemos da música que experimentamos?

Somos no espaço e nossos exercícios de abstração são espontaneamente dirigidos a coisas no espaço ao redor, aos movimentos das coisas e às causas físicas desses movimentos, como observaram estudos seminais em *cognição incorporada* (Johnson, 1987; Lakoff, 1987; Lakoff & Johnson, 1980; Rosch, 1973, 1978; Rosch et al., 1976; Varela, Thompson & Rosch, 1991). A investigação acerca de como produzimos abstrações deve perguntar então como o espaço é percebido, processado, representado e comunicado. Todavia, se a música não está disponível no espaço, o ato da escuta musical implica, antes de tudo, um mapeamento cognitivo de espacialização daquilo que no fluxo da música entenderemos como objetos em um espaço fenomênico musical. Assim sendo, na experiência da música a idealidade emergente da espacialização imaginativa do fluxo musical é uma estratégia cognitiva de superação da inapreensibilidade da música como se nos apresenta. Este processo, que entendo ser regulado por experiências dinâmicas de tensão, antecede os atos de abstração musical.

Argumento que a experiência da música decorre então em duas dimensões de consciência – como descritas por António Damásio (1999). Como discutirei adiante, em uma *consciência sem palavras*, pré-conceitual, a fruição musical não exige do ouvinte a produção abstrativa – uma vez que este não precisa conferir conceituação à sua experiência. O ouvinte está livremente lançado em uma *cena musical* (Bregman, 1990) em cuja interação infere tensões diversas que lhe exigem escolhas inadvertidas e lhe impõem sentimentos altamente dinâmicos. Devemos admitir que aquela que os ouvintes avaliam como a parte mais significativa de suas experiências com a música, encontra-se neste estágio de consciência. É plausível, portanto, considerar que a experiência musical não nos exige o realce de uma imagem objetiva causativa. Ou seja, os contrastes tensivos orientam o sentido musical pré-conceitual até que certo *mapeamento* cognitivo explicite uma imagem causativa, esta que é sempre fortemente espacial e temporal, revelando a natureza incorporada dos processos cognitivos que formam todas as dimensões de consciência. Ao abstrair tais imagens musicais específicas de sua experiência, o ouvinte o faz em uma dimensão "ampliada" de consciência.

Para investigarmos os processos cognitivos de espacialização musical devemos recorrer, primeiramente, à questão primordial: *que relações estabelecemos entre espaço, cognição e escuta musical?* Uma das ideias fundadoras do paradigma da cognição incorporada é a de que a realidade adquire forma a partir da constituição de estruturas de memória de padrões básicos de ações, orientações espaciais e modos de interação com coisas no espaço. O surgimento desses *esquemas* mentais pré-conceituais e inconscientes gera coerência e possibilita a formação de sentidos das experiências subsequentes, que continuamente atualizarão aqueles esquemas. Assim, uma das contribuições mais relevantes da corrente enacionista das ciências cognitivas foi a descoberta de que estruturamos nossas abstrações e as tornamos conceitualmente válidas, referindo sentidos previamente constituídos em nossas experiências afetivas e de ação sensório-motora de interação com o espaço e as coisas nele existentes.

Um conceito incorporado é assim uma estrutura neuronal vinculada ao nosso sistema sensório-motor: inferências conceituais são, em sua essência, inferências de ordem sensório-motora. Quando qualifico a música como uma experiência particularmente problemática de abstração, estou salientando que "mesmo que habitualmente vinculemos os sons a coisas materiais, a 'realidade sônica' da música estabelece, insistentemente, sua autonomia de mundo sem matéria, constituído para além dos sons" (Nogueira, 2019). Construímos mentalmente uma "realidade virtual" para a música, uma espacialização, uma condição visual que antecede qualquer formulação proposicional da música como objeto descritível.

As razões para a primazia da experiência espacial em nosso pensamento abstrato são virtualmente múltiplas. Uma das hipóteses mais recorrentes remete ao processo de aquisição de linguagem (Baldwin, 1991; Bloom, 2000; Smith, 2005; Yu & Ballard, 2005), um exercício primordial de abstração que tem origem no desenvolvimento proprioceptivo de aquisição de habilidades manuais com objetos físicos, sistematicamente associadas a padrões linguísticos. Memórias de sentidos de movimentos, de formas, de intenções e de conceitos relacionados àqueles processos de habilitação conformam uma complexa mistura multimodal de entendimentos, sempre impregnada de espacialidade e de relações espaciais radicalmente confundidas. Essas relações espaciais se mantêm, ao longo de toda a vida, como cruzamentos residuais (Grady, 1997; Johnson,1999; Lakoff & Johnson, 1980) e estabelecem uma notável anterioridade das experiências sensório-motoras e afetivas de "ocupação" do espaço, em relação às experiências simbólicas de "conceituação" do espaço. Desenvolvemos, portanto, mais rapidamente competências para formar o espaço, nos movimentar no espaço e intencionar ações no espaço, do que para nomeá-lo, conceituá -lo ou estruturá-lo. Além disso, a objetividade espacial oferece à memória um desempenho mais rápido e preciso (Barsalou, 1999; Spivey, 2007). Ou seja, a alocação de recursos atencionais a relações espaciais nos proporciona um melhor desempenho, particularmente em tarefas práticas.

Esta condição influenciará nosso desempenho cognitivo no tratamento de quaisquer modalidades de abstração da experiência, sejam elas mais ou menos determinadas pelo espaço. A produção cognitiva decorre, contudo, tanto em uma dimensão não conceitual de consciência – o estado pré-abstrativo em que nos mantemos em grande parte das nossas experiências musicais – quanto na dimensão proposicional dos atos de linguagem, quando passamos a pensar na música, a formar imagens musicais. Podemos denominar *imagem musical* a representação mental involuntária ou deliberada do efeito da experiência de escuta de um evento musical, enquanto o termo *imaginação musical* pode ser reservado à nomeação da nossa faculdade criativa de produzir imagens mentais de eventos musicais ainda não experimentados. Bailes e Bishop (2012) advertiram que a relação entre os dois conceitos, o de evocar imaginativamente (*imagery* ou *imaging*) um evento recém-experimentado e o de imaginar (*imagination* ou *imagining*) um novo evento ainda não existente como prática musical, nem sempre é clara. Quero crer que os atos de compor, particularmente os impulsos, as forças motivadoras de composição – especificamente os gestos que proporcionam ligações e continuidades entre eventos musicais – , desenrolam-se na oscilação entre atos de imaginação e a produção de imagens musicais. Entendo aqui os atos de imaginação musical como dispositivos de criação de tensão entre a condição atual da *cena musical* (Bregman, 1990) experimentada e uma nova condição a ser por ela assumida no momento seguinte. Argumento que esta produção imaginativa tem lugar no que Damásio (1999, 2010) denominou *consciência primordial* (*core consciousness*), uma dimensão "sem palavras" da consciência.

Em sua teoria da consciência, Damásio (1999, 2010) defendeu a ideia de que as emoções são padrões neurais "automatizados" de resposta, resultantes de uma contínua avaliação do aparato corpo-mente acerca de como estamos sendo afetados pelo ambiente. Para Damásio, este monitoramento daquilo que ele denominou *proto-self* (um estágio pré-consciente) é dirigido às mudanças contínuas do nosso estado corporal em resposta à complexa interação que estabelecemos incessantemente com o meio. Denomino *respostas de orientação musical* (Nogueira, 2016) os padrões atencionais que selecionam padrões neurais constituídos no *proto-self* – por algum traço de relevância – , assim orientando a formação de padrões mentais em nossa experiência da música. A preponderância de certos estímulos musicais determina fortemente os modos como reconheceremos mudanças significativas na cena musical experimentada; e esta condição de variância incita o corpo a buscar continuamente novos estados de equilíbrio diante de desajustes orgânicos comprometedores na interação com a música.

"Resposta de orientação" (*orienting response*), também conhecida como "reação de orientação" (*orienting reaction*) ou "reflexo de orientação" (*orienting reflex*), é uma ação imediata do organismo ao reagir a uma mudança particular que percebe em seu meio ambiente (Grastyan, 1961; Pavlov, 1927; Reisenzein, Meyer, & Niepel, 2012). Ao perceber o evento que extrapola dado limiar de discrepância no meio circundante, o indivíduo dirige sua atenção ao evento antes mesmo de identificá-lo. Argumento que para investigarmos os recursos expressivos musicais que proporcionam a emergência de repetição e ciclicidade em música é crucial entendermos as circunstâncias em que experimentamos novidade (variância) e habituação na interação com a cena musical. E o controle das circunstâncias musicais que suscitam respostas do ouvinte implica também em um controle mais efetivo das potencialidades de disparo do dispositivo atencional nos atos de escuta.

Os reajustes do organismo às novas condições do meio instigam mudanças corporais que muitas vezes se refletem em ações físicas aparentes. A construção do conhecimento acerca do dispositivo atencional considerou diversos indicadores corporais responsivos que sinalizam respostas à presença de estímulos que se sobressaem. É particularmente significativa na teoria de Damásio (1999) a hipótese de que a experiência emocional – as mudanças corporais refletidas ou não em ações aparentes – flui continuamente sem qualquer necessidade de conceituação. Todavia, quando nos tornamos conscientes de certa "mudança corporal", de certo padrão de resposta emocional resultante de nossa interação com o ambiente, *sentimos* uma emoção, temos um *sentimento*. Se assim admitirmos, o processo de interação organismo-ambiente, emoções e sentimentos constituiriam nossos recursos mais básicos de avaliação do que acontece.

Portanto, é plausível reconhecermos que haja uma relação intrínseca entre emoção, sentimento e sentido. Neste contexto conceitual densamente incorporado não é admissível opor emoção a raciocínio, uma vez que os padrões de resposta emocional representam componente essencial de nossa competência para conceituar nossas experiências e pensamentos. Se pretendo enfocar o sentimento do que acontece quando experimentamos música, ou seja, se pretendo discutir a emergência do sentido incorporado no ato da escuta musical, estou, antes, adotando um modelo conceitual acerca da consciência que promove a tradução de estruturas neurais em estruturas mentais (Nogueira, 2020).

Recorro ainda à teoria de Damásio (1999, 2010) para enfocar a entidade a quem pertencem os padrões neurais contínuos que se revelam em nossa interação com o mundo: o próprio organismo interagente, representado pelo que Damásio denominou *proto-self*. Se este conjunto temporariamente coerente de padrões neurais representa o estado do organismo "a cada momento", uma *consciência primordial* (*core consciousness*) já constituiria um nível superior de consciência. Este nível elementar de consciência implicaria na apreensão do encadeamento pulsante de mudanças abruptas de padrão neural no *proto-self* e cada pulso revelaria um estado orgânico distinto, individualmente desencadeado pelos estímulos com que interagimos ou que evocamos. Desse modo, a continuidade da consciência depende da geração constante de pulsos de consciência que sinalizam o incessante processamento de objetos e acontecimentos, cuja interação real ou evocada com o organismo modifica o *proto-self*.

É, portanto, no nível primordial de consciência que teria origem, propriamente, a experiência consciente. Estamos falando de um *sentimento* de que algo está acontecendo por meio de nossas ações sensório-motoras, sentimento que acompanha a produção de qualquer tipo de imagem mental. Estes sentimentos tornam essas imagens nossas, permitem-nos dizer que temos uma experiência do mundo. E o que quero destacar neste ponto é a ênfase que Damásio dá à condição *narrativa* deste nível de consciência. Não temos aqui uma narrativa baseada em conceitos, mas uma narrativa "sem palavras", uma espécie de dramatização da vida do organismo, incessantemente atualizada. E este conhecimento sem palavras do que acontece a cada instante ao organismo em sua história interativa com o meio constitui memórias consolidadas de situações recorrentes experimentadas por nossa consciência primordial.

O registro mnemônico categorizado dos principais aspectos da biografia do organismo é o que Damásio entendeu como "memória autobiográfica", que daria origem ao terceiro nível de consciência, que ele denominou *consciência autobiográfica* (*autobiographical consciousness*). Neste sentido é que podemos dizer que o *self* autobiográfico – uma consciência "ampliada" – emerge do *self* primordial. Aquilo que reconhecemos como dimensão afetiva de nossas percepções e expressões seria compartilhado entre *self* "primordial" e "autobiográfico". Todavia, para o presente estudo é essencial atentarmos para o fato de que na chamada consciência primordial as funções cognitivas de linguagem e raciocínio não são necessárias ou, simplesmente, não estão incluídas.

A *resposta de orientação* – que Damásio (1999) denominou *atenção básica* – é um processo anterior e necessário ao acionamento dos processos geradores da consciência primordial. O organismo não precisa ter consciência do indutor de uma emoção – isto é, de um estado específico do *proto-self*. Esta condição nos torna, em geral, incapazes de controlar deliberadamente as emoções, sobretudo por não estarmos atentos a todos os potenciais indutores concomitantes em nossa interação com o meio. Na experiência da música não estamos atentos a todas as imagens que induzirão emoções e que depois condicionarão nossos sentimentos, sejam tais imagens referentes a acontecimentos atuais ou evocados. Ocorre, contudo, que o processo de consciência primordial já orientaria uma "atenção superior" para determinado foco. Ou seja, se já estamos conscientes da presença de certo estímulo preponderante em nossa escuta – como consequência da resposta de orientação musical – , passamos a atentar para este evento e fazemos isto sob a influência da consciência primordial.

Considerando a relação direta entre o evento inesperado e o processo atencional, é necessário salientar que "atenção" aqui pode ser entendida com "alocação de recursos" mentais da consciência primordial para enfrentar o encadeamento de padrões neurais do *proto-self*. Considerando a limitação desses recursos, quanto mais atenção um evento requer, menos disponibilidade o organismo terá para realizar outras tarefas. Isto impõe ao organismo um contínuo processo de realocação de reservas cognitivas no processo de abstração e entendimento. A estreita relação entre experiência consciente e atenção ajuda-nos a distinguir processos que requerem ou não atenção. A maior parte do processamento cerebral não é dada à consciência ampliada; procede nos níveis inconsciente e de consciência primordial como disposições automáticas que não exigem atenção (Styles, 2005). Quando estamos envolvidos conscientemente em dada tarefa, a atenção – que é um "processo controlado" – pode, a qualquer momento, ser capturada automaticamente por uma mudança repentina no ambiente – ou mesmo assaltada por outro estímulo, em meio a ausência continuada de mudanças. No instante da mudança, o foco atencional é alterado por processos inconscientes – as respostas de orientação – que redirecionam o foco atencional.

Respostas de orientação musical são dispositivos diretivos do foco atencional como gatilhos para a constituição de *padrões mentais musicais* na consciência primordial. Permaneceremos sempre desatentos à maior parte dos potenciais indutores emocionais na interação com a música; contudo a discrepância de alguns eventos e/ou o efeito interativo inesperado de certos eventos musicais provocam respostas de orientação que dão relevância a certos eventos sobre outros. Se provocam respostas de orientação é porque tais indutores emocionais são inesperados, e se são inesperados é porque se opõem à êxtase estabelecida por outros indutores coexistentes no processo de conversão de padrões neurais em padrões mentais na consciência primordial.

Acredito que o efeito de negação à êxtase musical – a um estado global de invariância tonal, dinâmica e agógica – seja tanto mais intenso quanto mais elevado for o grau de discrepância, de inesperabilidade do evento (Nogueira, 2016). Novidade, enquanto coisa que representa alguma mudança (descontinuidade) significativa na cena musical nem sempre é algo de fácil identificação. A significância de um evento é uma questão que impõe dificuldades a uma teoria da atenção. Esta relevância do estímulo pode ser "inata" – considerando os "reflexos defensivos" descritos pelas teorias evolucionistas – ou "aprendida" – considerando o comprometimento emocional do indivíduo com o estímulo, como ocorre, por exemplo, com o timbre particular de uma voz ou o som do nome de alguém. Embora seja importante para os organismos detectar novidades em seus meios, não há como prever antecipadamente quando um evento musical será relevante como modificador das condições de uma cena musical. É frequente depararmos com situações em que atribuímos, inicialmente, relevância a certos eventos de uma obra musical que experimentamos pela primeira vez e que, ao longo da experiência, se mostram irrelevantes.

As pesquisas que enfocam o funcionamento da memória de trabalho[2] visual (Cosman & Vecera, 2011; Lee et al., 2011; Luck & Vecera, 2002) possibilitam considerar a hipótese de que quanto maior a densidade de eventos "novos" na memória de trabalho musical, maior a possibilidade de algum desses se tornar significativo no ato da escuta. Segundo esses estudos, a atenção é orientada fortemente pelas experiências passadas. Vários experimentos de pesquisa evidenciam que a interação atual com os objetos de certa cena visual é significativamente influenciada pelas respostas do indivíduo a interações recentes com a cena. Isto é, interagir reiteradamente com certos recursos da cena visual, como forma ou localização, determina o desempenho do indivíduo em novas experiências com estes aspectos da cena. Assim sendo, quero crer que trechos musicais com poucos eventos potencialmente "novos" também seriam potencialmente menos difíceis de assimilação. Tendo em vista que tais eventos musicais se apresentam como fluxos "habituados" (Thompson, 2009) de caráter fluido e consistentemente coerentes, suscitam menos esforço de atenção do ouvinte em seu contínuo processo de entendimento. Enfim, se a cena musical não proporcionar desafios de reorientação ao ouvinte, deste exigirá menos atenção – que aqui entenderei como menos interesse. Por outro lado, se tudo na cena musical parecer novidade ao ouvinte, a música se apresentará como insuperavelmente confusa.

A imaginação é o *locus* da produção de sentido e de pensamento; não é uma atividade de "puro" entendimento, mas um processo incorporado de construção de sentido (Nogueira, 2020), e a imaginação não é, propriamente, algo privado e subjetivo que se opõe ao pensamento objetivo. A produção imaginati-

---

2 O termo *memória de trabalho* consagrou-se a partir de modelo de Alan Baddeley e Graham Hitch (1974). Baddeley (2003) explicou-o como um sistema de capacidade limitada de interface entre percepção, memória de longo-prazo e ação. Alguns autores definem *memória de curto-prazo* como a capacidade de manter informações temporariamente por alguns segundos (ver Neath, Brown, Poirier, & Fortin, 2005), enquanto outros usam esta mesma definição para descrever a memória de trabalho (ver Cowan et al., 2005; D'Esposito, 2007; Postle, 2006). Alguns sugerem ainda que ambos os conceitos representam o mesmo processo cognitivo (ver Unsworth e Engle, 2007). Por fim, Baddeley (2018) passou a usar o termo "memória de curto-prazo" para se referir ao simples armazenamento temporário de informações, enquanto entendeu que o termo "memória de trabalho" implica numa combinação de armazenamento e manipulação.

va desenvolve-se no comércio contínuo de nossa experiência no mundo e não é atividade meramente mental. As ciências cognitivas incorporadas demonstram que aquilo que atribuímos à "mente", em oposição ao "corpo", são na verdade abstrações de padrões experienciais de nossas ações e percepções corporais cotidianas. As diversas perspectivas humanas de produção de sentido são inextricavelmente atadas, constituindo-se a partir de padrões sensório-motores e afetivos emergentes da fusão organismo-ambiente. A produção irreprimível de sentido conceitual, que torna os padrões da consciência primordial estruturalmente presentes em nossa mente, quando os focalizamos, é, como observou Damásio, a provável razão de se cogitar a existência de uma consciência apenas proposicional. Mas como já se evidenciou na pesquisa em cognição incorporada aquilo que mantemos na dimensão da memória de trabalho como "presente narrativo consciente", corresponde a uma parcela ínfima de nossas narrativas imagéticas primordiais. E esta narrativa de alterações do estado do *proto-self*, originada pela interação do organismo com o meio, ocorre em sua forma não linguística, antes de qualquer interpretação conceitual.

Para Damásio, a "mente linguística" tende a se entregar à ficção. Este é um argumento essencial para a defesa da ideia de uma dimensão de consciência que prescinde de linguagem. Seria, pois, improvável conceber uma consciência que, exclusivamente, se subordine a caprichos interpretativos e imprevisibilidades atencionais. Portanto, se a consciência dependesse inteiramente dos processos narrativos do *self* autobiográfico para a sua existência, deveríamos cogitar a plausibilidade da pluralidade de tipos de consciência, assim como a possibilidade de lapsos de consciência. Entretanto, a reconhecida consistência da consciência nega tais constructos. Sentidos precedem conceitos. Assim, quando a mente diz "eu", está naturalmente traduzindo o sentido não linguístico de um organismo (*self*) que é meu. É o dispositivo continuamente ativado da consciência primordial que faz tal tradução; sem este dispositivo não haveria sentido de *self* nem o constructo linguístico que o refere na memória autobiográfica.

Estudos referenciais da neurociência cognitiva fundamentaram a simples constatação de que a função básica do sistema neural é prever o futuro (Damásio, 1994, 1999; Edelman & Tononi, 2000). Fazemos isto projetando coerente e simetricamente os sentidos constituídos nos diferentes níveis de memória, preparando-nos para novas experiências. Argumento que a música é uma radicalização dessa experiência de previsão. Na escuta musical a memória do efeito dos eventos musicais já experimentados é a base experiencial das antecipações imaginativas de eventos vindouros. Desde que nosso foco atencional esteja dirigido ao fluxo musical, estamos incessante e espontaneamente adiantando-nos ao seu seguimento deste fluxo. Neste processo cognitivo apreendemos, o mais rápido quanto possível, alguma unidade de sentido, um agrupamento segregado de eventos musicais discretos (Bregman, 1990) que nos pareça coerente. A partir disso, em avanço imaginamos o que considero plausível denominarmos *esquemas de imagem musical* de eventos de completamento formal da unidade inicialmente constituída. Estes eventos virtuais de completamento são meros esquemas e não imagens densas de eventos musicais. Isto é, os esquemas de imagem inferidos pelo ouvinte conteriam apenas alguns atributos formais daquilo que potencialmente completaria o sentido musical a ser formado nas inferências do fluxo experimentado.

Talvez o que mais caracterize no ato da escuta a ativação do que estou denominando *esquemas de imagem musical* como condicionantes da viabilidade do sentido musical seja a apreensão de repetição e ciclicidade, aquilo que reconhecemos como forma musical (Huron, 2006; Margulis, 2013). Ao estudar a estrutura das repetições, Huron (2013) destacou dois fenômenos cognitivos subjacentes. Ele observou que a repetição induz o estado de *habituação* e uma consequente redução de responsividade ao meio ou a dado estímulo específico. Contudo, esta naturalização de certo estímulo em nossa experiência do meio produz também um sentimento de bem-estar consequente de uma mais efetiva *fluência* de processamento (*processing fluency*) (Huron, 2013, p. 8). Se nossa capacidade de processamento de estímulos é limitada, a mente precisa selecionar aquilo que identificaremos como mais relevante, evitando que perceptos menos significativos capturem por equívoco nosso foco atencional.

Se é plausível admitir que um dos dispositivos cognitivos mais importantes que possuímos para ignorar os estímulos irrelevantes no ato da escuta musical é a habituação, repetição e ciclicidade são estratégias composicionais primordiais enquanto dispositivos condicionantes da superação de uma densidade musical virtualmente inapreensível. Abordando o decréscimo do potencial de inesperabilidade dos eventos musicais, Huron (2013) organizou o que geralmente reconhecemos como os fatores mais influentes na velocidade de habituação aos eventos: *número* de apresentações do evento (quanto maior a exposição ao evento, maior a probabilidade de sua habituação pelo ouvinte), taxa de *repetição* do evento (quanto mais frequente o evento, mais rapidamente se torna habituado), *previsibilidade* da repetição do evento (a habituação é mais rápida quanto mais previsíveis os eventos), *intensidade* do evento (quanto menos impactante o evento, mais habituável), *ciclos* passados de habituação ao evento (habituações passadas tornam mais prováveis novas habituações).

Todavia, eu argumento que tanto nos atos de escuta quanto nos atos de composição os processos de habituação que geram êxtase musical capacitam menos o ouvinte a evocar imagens musicais densas dos eventos habituados do que a ativar seus padrões esquemáticos de memórias de sentido. Entendo que na experiência do fluxo musical recorrer a *esquemas de imagem musical* é decisivo para o entendimento, tendo em vista a limitação dos recursos cognitivos para a apreensão de uma cena auditiva tão desafiadora. É neste sentido que enfoco o processo de construção imaginativa da forma musical. A ativação de esquemas de imagem musical como suportes das unidades de sentido apreendidas pelo ouvinte, responde ao esforço de completamento antecipatório dessas unidades – por novos esquemas de imagem – na consciência primordial e pode alcançar a experiência da apreciação deliberada do ouvinte na forma de imagens musicais densas. Como pretendo discutir, todas as dimensões do processo cognitivo de construção do sentido musical como produto da escuta ou dos atos de compor podem ser estudadas a partir da experiência e da conceituação de tensão musical.

A emergência das narrativas de tensão musical

Será importante para o desenvolvimento da argumentação que se segue reiterar: (1) que a condição de existência da consciência primordial – uma consciência que se constitui sem linguagem – é precisamente a orientação regulada por um processo básico de atenção automatizada que sinaliza certos traços distintivos no ambiente, que se nos parecem relevantes; (2) que estruturas neurais constituem a representação inconsciente dos estados corporais atuais que se confundem na raiz do *self* com o próprio ser ao qual o conhecimento é atribuído; (3) que a implementação do "algo a ser conhecido", quando a consciência converte padrões neurais (padrões do "ser") em padrões mentais (padrões do "ser consciente"), surge na consciência primordial (*core consciousness*); e (4) que este processo envolve um incessante mapeamento (em córtices sensoriais) de imagens perceptivas do meio para o organismo (*bottom-up*) – um efeito sobre a própria base neural (o *proto-self*) do algo a que o conhecimento é atribuído – e imagens evocativas (*top-down*), reconstruídas na mente, quando objeto, organismo e suas relações se tornam imagens mentais.

A experiência musical ou seus múltiplos sentidos não geram apenas sentidos revelados pela linguagem ou em suas expressões. A maior parte do tempo em que estamos envolvidos com a música *sentimos* a música sem recorrermos às palavras; porém, se estamos aqui tentando tratar o ato compositivo objetivamente e, inclusive, abordando-o pedagogicamente, estamos operando no nível da linguagem e da conceituação. Creio que a investigação dos modos como trazemos o nosso entendimento musical para este plano proposicional é um ponto de partida crucial para o desenvolvimento de habilidades compositivas, tais como as de objetivarmos na experiência do fluxo musical os sentidos de: simetria, proporção, compensação, equilíbrio, fechamento, direção, completamento, ciclo, ligação, consequência, oposição, êxtase, progressão, e assim por diante.

A hipótese central dos estudos em *cognição musical incorporada* é de que nosso sistema sensório-motor não apenas estrutura o conteúdo conceitual de nossas experiências musicais, como enfoca o conteúdo semântico desses conceitos em termos de ações e percepções condicionadas por nossos corpos no mundo. Há mais de duas décadas a musicologia cognitiva de viés enacionista deu início ao aprofundamento desta hipótese como suporte à semântica musical, tanto em desenvolvimentos teóricos quanto em pesquisas empíricas (Adlington, 2003; Brower, 1998, 2000; Cox, 2001, 2016; Hatten, 2004, 2018; Iyer, 1998, 2002; Johnson & Larson, 2003; Larson, 1997-8; López Cano, 2003; Nogueira, 2004; Reybrouck, 2001, 2006; Saslaw, 1996; Snyder, 2000; Zbikowski, 1995, 1997, 1998, 1999, 2002).

A semântica musical incorporada já conta, hoje, com uma vasta literatura que se distancia definitivamente da ciência cognitiva de primeira geração, que era essencialmente formulada nos termos da tradição analítica da filosofia da linguagem. Naquele paradigma original os conceitos eram abordados a partir de modelos abstratos formais alheios à experiência sensório-motora e afetiva do indivíduo. Ao invés, uma semântica musical incorporada considera as descobertas da biologia, da neurociência, da psicologia ou da linguística cognitivas, que evidenciam que quando imaginamos que estamos nos movendo no espaço, estamos comprometendo nesta produção imaginativa uma parte do cérebro que também participa da ação real de movermos nossos corpos no espaço. O mesmo elemento neural que participa do processo de imaginação participa também do processo de entendimento; entendimento é imaginação. O conceito de "apreensão" se refere a nossa capacidade de imaginar e perceber a apreensão. Quando imaginamos apreender uma coisa empregamos os mesmos recursos neurais comprometidos em nossas experiências de realizar e perceber tal apreensão. A imaginação é uma simulação mental (Gallese, 2003). Imaginar música – tanto no sentido da imaginação de um novo evento musical quanto no sentido de produzir a imagem mental de um evento previamente experimentado – é uma forma de simulação mental da ação ou da percepção que emprega os mesmos neurônios que realmente agem ou percebem.

Todos temos a capacidade de imaginar coisas que percebemos ou não percebemos antes. Também conseguimos nos imaginar fazendo coisas que fizemos ou não fizemos antes. As imagens mentais foram tratadas pela tradição moderna como símbolos caracterizadores da natureza desincorporada da mente humana. Aquele pensamento objetivista entendia as imagens mentais como puramente "abstratas" e "fantasiosas", desvinculadas da percepção dos objetos e das ações reais. Todavia, à luz da pesquisa enacionista contemporânea, sabemos que nossas imagens mentais, não apenas as explicitamente relacionadas à realidade visual e motora – estas que nos parecem imediatamente concretas – , são radicalmente incorporadas. E, a título de exemplo, cotejando justamente tais imagens motoras e visuais, um estudo de Yue e Cole (1992) já demonstrava que o ensaio mental de um exercício físico induz a um aumento de força muscular comparável ao adquirido por meio de um exercício físico real.

Uma parceria da neurociência com a linguística cognitiva (Gallese, 2008; Gallese & Lakoff, 2005; Glenberg & Gallese, 2012) vem investigando os atos de *simulação incorporada* no entendimento e uso dos verbos de ação. Neste contexto, as pesquisas corroboram que corpo, ações e sentimentos desempenham papel determinante em nosso conhecimento do outro, e tudo indica que as próprias narrativas proposicionais acerca das relações sociais estejam relacionadas à dimensão corporal. Quando conceituamos o corpo em ação, comprometemos os mesmos recursos neurais que usamos para movimentar esse mesmo corpo. Vittorio Gallese e Valentina Cuccio (2015, p.13) advertem que ver alguém realizar uma ação ou, simplesmente, ouvir um relato deste acontecimento induz-nos a simulação motora análoga – algumas áreas do córtex sensório-motor são ativadas nas duas experiências. As novas evidências que tais estudos vêm apresentando revelam de modo cada vez mais consistente as conexões existentes entre várias capacidades perceptivas, cinestésicas e motoras. Conexões desse tipo entre domínios de conhecimento distintos asseveram as teses seminais de Lakoff e Johnson (1980, 1999), particularmente a condição plurimodal dos esquemas de imagem.

Investigando o funcionamento das simulações incorporadas no contexto da experiência da leitura e da escuta linguística, em seu *Louder than words* (2012) Ben Bergen propôs a hipótese de que o entendimento linguístico tem origem em simulações mentais de como seria experimentar aquilo que é descrito. Mas o que seria simular algo em nossa mente? Bergen adverte que de fato simulamos o tempo todo: quando lembramos de alguma situação vivida, quando imaginamos os sons de uma melodia ou o impacto emocional de um evento culminante da nossa música preferida, sem que qualquer onda sonora esteja atingindo nossos ouvidos. Todas as experiências evocadas envolvem simulações de ações sensório-motoras e afetivas, nas quais sentimos virtualmente os efeitos das ações corporais causadoras dos eventos simulados. Em todas estas experiências estamos consciente e intencionalmente criando simulações, que são imagens mentais (*mental imageries*). Porém Bergen chama atenção para o que a ideia de "simulação" representa, além da simples condição de imagem mental:

> [...] muitos dos mesmos processos cerebrais estão envolvidos, invisivelmente e sem o seu conhecimento, sob a superfície durante grande parte de sua vida, seja desperto ou dormindo. A simulação é a criação de experiências mentais de percepção e ação na ausência de sua manifestação externa. Ou seja, é ter a experiência de ver sem que aquilo que é visto esteja realmente lá ou ter a experiência de realizar uma ação sem realmente se mover. Quando estamos conscientes delas, estas experiências de simulação parecem qualitativamente com a percepção real; as cores parecem como são quando percebidas diretamente, e as ações parecem como são quando as executamos. A teoria propõe que a simulação incorporada faz uso das mesmas partes do cérebro que se dedicam a interagir diretamente com o mundo[3] (Bergen, 2012, p.14).

3 "many of the same brain processes are engaged, invisibly and unbeknownst to you, beneath the surface during much of your waking and sleeping life. Simulation is the creation of men-

De acordo, portanto, com a hipótese de simulação incorporada, o sentido conceitual não é apenas uma manifestação do efeito de símbolos mentais abstratos, mas um processo criativo emergente da construção de experiências virtuais pelas nossas mentes.

Pergunto então pelo sentido não conceitual, a narrativa sem palavras que entendo dar origem aos sentidos musicais na consciência primordial. A linguística cognitiva e a filosofia da linguagem debruçaram-se sobre os produtos de uma consciência ampliada que se constitui na linguagem. Este modelo conceitual para a produção do conhecimento reconheceu um campo cognitivo que prescinde da linguagem na constituição de sentidos de mundo, mas nem sempre reconheceu consciência neste âmbito dos processos mentais. Defendo aqui que a escuta musical promove uma das mais emocionais experiências de entendimento por revelar, em grau notavelmente elevado, a profundidade das narrativas sem palavras da consciência primordial. Penso que o entendimento musical é debilmente sequestrado pela linguagem, o que mantém o ouvinte profundamente imerso em simulações incorporadas orientadas por uma multiplicidade de experiências tensivas do fluxo musical. Tais experiências são tanto desconectadas da realidade material e figural quanto promotoras de narrativas irrefletidamente alusivas de todo tipo de dramatização que emerge da subjetividade e da criação imaginativa dos ouvintes.

Quando Damásio aborda o que denominou *memórias dispositivas* aproxima-se definitivamente das teorias seminais da cognição incorporada, tais como as de *metáfora conceitual* e *mapeamento entre domínios* (Lakoff & Johnson, 1980), de *esquemas de imagem* (Johnson, 1987; Lakoff, 1987) e de *metáfora primária* (Grady, 1997). Segundo ele, as memórias dispositivas seriam registros dormentes e implícitos, em oposição à condição ativa das imagens mentais. Tais registros incluiriam não apenas aspectos sensoriais atribuídos àquilo que foi experimentado, mas também efeitos das ações motoras incluídas nas interações do organismo com o ambiente e das reações emocionais

tal experiences of perception and action in the absence of their external manifestation. That is, it's having the experience of seeing without the sights actually being there or having the experience of performing an action without actually moving. When we're consciously aware of them, these simulation experiences feel qualitatively like actual perception; colors appear as they appear when directly perceived, and actions feel like they feel when we perform them. The theory proposes that embodied simulation makes use of the same parts of the brain that are dedicated to directly interacting with the world."

àquilo que do ambiente altera o organismo. Entendo, portanto, a estreita relação entre os conceitos de "memórias dispositivas" e "esquemas de imagem", estruturas de memória compostas por conjuntos de categorias esquemáticas de atributos de objetos, de eventos e de afetos da nossa interação com objetos e eventos. Estes padrões mentais implícitos resultam de intensa recorrência de ativações e atualizações, por meio de contínuo *mapeamento* de padrões neurais advindos da experiência cotidiana. Assim, quando experimentamos ou evocamos um objeto e permitimos que certas disposições explicitem seus aspectos intrínsecos, estamos dirigindo atenção a traços sensoriais, motores e afetivos com os quais acionamos o gatilho da conversão de padrões neurais em padrões mentais ou, mais propriamente, em atualizações de padrões mentais ou memórias dispositivas já cristalizadas.

É desse modo, quero crer, que podemos admitir que na experiência da música a consciência primordial é engendrada por mapeamentos (padrões de reação emocional) que envolvem uma tensão entre padrões neurais percebidos – uma sinalização do que acontece ao organismo quando interage com o meio – e esquemas de imagem musical. Não estamos conscientes do nosso estado corporal, incluindo aí os conteúdos dos esquemas de imagem que ativamos involuntariamente a cada construção de sentido musical. No nível primordial de consciência, os mapeamentos cognitivos – dispositivos de representação – geram um relato imagético, não linguístico, de como os esquemas de imagem ativados são atualizados pelos eventos musicais enfocados no ato da escuta.

Os resquícios de incorporação na consciência primordial advêm dos processos de geração dos "relatos imagéticos" do drama estabelecido na relação entre mundo e organismo – origem do sentido de *self* no ato de conhecer – e se notabilizam nos tipos de realce dado às imagens de mundo. Por conseguinte, à medida que certa resposta de orientação provoca uma tentativa de formação de imagem musical – por exemplo, de uma figura melódica atualmente percebida – e esta imagem afeta o estado atual do organismo, a consciência primordial está produzindo uma nova narrativa não verbal: uma narrativa sem palavras daquilo que está acontecendo nas diversas regiões cerebrais ativadas em decorrência das relações causais entre cena musical – a realidade paralela estabelecida pelo "campo de forças" do ambiente musical circunscrito no meio material e social – e organismo.

É provável que mais de uma narrativa seja criada simultaneamente. Isso porque mais de um objeto, embora não muitos, pode provocar o disparo de respostas de orientação e ser processado mais ou menos ao mesmo tempo – mais de um objeto pode induzir modificações no estado do *proto-self*. Damásio (1999) advertiu que quando nos referimos a um "fluxo de consciência", estamos adotando uma metáfora que sugere um encadeamento processual singular e uma sequência única de pensamentos. Até o momento, entretanto, as evidências têm sinalizado que este "fluxo" não é direcionado por apenas um objeto, mas por vários. Ademais, provavelmente a interação do organismo com estes vários objetos – que por sua vez interagem entre si – gere múltiplas narrativas, considerando, inclusive, o envolvimento de vários níveis mentais.

Penso que a escuta musical promove uma experiência de sentido radicalmente emocional. Refiro ao entendimento que fazemos construindo uma narrativa sem palavras emergente de atitudes corporais virtualizadas que, no entanto, não são necessariamente traduzidas conceitualmente por uma consciência ampliada. A interação com o fluxo musical mantém o ouvinte profundamente comprometido com simulações incorporadas por ele adotadas seletivamente – embora não esteja, em geral, consciente destes processos seletivos – , para se apropriar da música. Este encadeamento de simulações incorporadas prescinde, como já discutido, de conexões com a realidade material e figural. Desse modo, as simulações potencializam, na forma de narrativa de tensões, nossa capacidade de experimentar imaginativamente os efeitos dos padrões motores mais básicos e recorrentes do "estar no mundo", em um processo criativo de sentir emoções.

Esta intensa produção imaginativa da consciência primordial dramatiza o fluxo musical, ao confundir os *sentimentos* de padrões mentais musicais constituídos, com a carga afetiva dos esquemas de imagem musical – inconscientes – que os mapeiam. Defendo, portanto, a hipótese de que estes atos de consciência produzem uma narrativa tensiva encerrada em simulações incorporadas, cujos sentidos são densamente experimentados sem que para isso sejam "projetados" para a consciência autobiográfica. Em uma dimensão essencialmente pré-reflexiva, o corpo que experimenta a música está assim expressando uma atitude avaliativa do fluxo musical enquanto um recorte de realidade (mundo) que participa da interação como um "outro". E as expressões deste outro interativo emergem de ações do próprio corpo interagente que simula uma atuação dinâmica em um espaço, movimentando-se, exercendo e sofrendo a ação de forças neste espaço, enfim, dramatizando a experiência da música em termos de experiências de vida.

A imaterialidade do objeto musical impõe à experiência da música certo grau de similitude com imagens evocadas. Quando objetos surgem na mente, porque os evocamos em memória, e não por estarem atualmente presentes, as imagens mentais a eles relacionadas – padrões mentais que dramatizam o encadeamento de padrões neurais do *proto-self* – também causam consciência primordial. Isto se evidencia por mantermos como memórias não apenas traços figurais e aspectuais dos objetos experimentados ou seu modo de ser no espaço, mas também padrões comportamentais e emocionais de nossa atuação sensório-motora e afetiva no processo de apreensão dos traços relevantes da coisa com a qual interagimos. A evocação de um objeto e a experiência de sua imagem mental são assim acompanhadas, naturalmente, da atualização de ao menos alguns dos esquemas de imagem ativados naquele processo. E se a reconstrução de padrões mentais evocados, consequente dos ajustes do organismo às novas experiências, gera uma narrativa semelhante a que ocorre quando percebemos diretamente um objeto externo, esses dois tipos de narrativa mais ainda se confundem no caso da experiência da música.

Dois modelos teóricos recentes vêm contribuindo significativamente para o desenvolvimento da semântica cognitiva da música. Arnie Cox (2011, 2016) investigou, a partir de sua *hipótese mimética*, a simulação motora incorporada em cognição musical. Ele quer entender "como a música se internaliza nos corpos e mentes dos ouvintes"[4] (Cox, 2011, p.1). Em seu cerne a hipótese mimética considera que a incorporação do sentido musical, que implica "imagens musicais" – o pensar objetos musicais – , é, em grande parte, uma imaginação motora. Quase todo o conteúdo de nossas descrições musicais relaciona-se a algum tipo de "empatia física" que envolve imaginarmos a agência que dá origem aos sons que escutamos.

Mas afirmar que o nosso entendimento musical é em parte mimético não é o suficiente. Cox propõe um exame experimental minucioso de como esta imitação imaginativa assimila a agência que constitui nossas percepções e

4 "how music becomes internalized into the bodies and minds of listeners."

nossa cognição musical. O termo "mimético" exige, contudo, uma desconstrução de seu significado usual. Se por um lado "imitativo" evoca a ideia de ações deliberadas e conscientes de reprodução de um evento ou comportamento previamente observado, por outro, se refere ao ato estético de dramatização em uma expressão artística. É importante advertir que a hipótese mimética está mais relacionada aos processos cognitivos, embora naturalmente não desconsidere o interesse estético ou as expressões artísticas em geral.

Cox então distingue um comportamento mimético, explicitamente "manifesto" na forma de uma *ação motora mimética*, de processos cognitivos que não se manifestam em ações evidentes – como as ações musculares, por exemplo – , que ele nomeia com o termo *imaginação motora mimética*: *imaginação* para "pensamento" ou "representação mental", *motora* para ações musculares relacionadas e *mimética* para imitação. Para Cox a imaginação mimética inclui não apenas o comportamento imitativo voluntário e consciente, mas, sobretudo, as ações que ocorrem involuntariamente, inconscientes ou parcialmente conscientes e ele entende que este comportamento involuntário e inconsciente de uma imaginação motora mimética seria mais significativo para a construção do sentido musical (Cox, 2016, p. 12).

É essencial salientar que por trás de toda a teoria do entendimento mimético musical está a correlação entre os sons da música e as ações que os produzem. Da mesma forma que aprendemos a relacionar os sons do "fechar de uma porta" ou do "ranger de um balanço" às ações àqueles relacionadas, também inferimos as ações correspondentes à produção de eventos sonoro-musicais, sem que para isto precisemos assisti-las visualmente. Embora a participação da imaginação motora mimética, nestes casos particulares da vida prática cotidiana, seja provavelmente pequena, inúmeras pesquisas empíricas em neurociências cognitivas vêm relatando experimentos com imageamento cerebral que mostram a ativação das mesmas áreas cerebrais especificamente associadas à percepção motora, tanto quando o indivíduo executa determinadas ações manuais, quanto quando escuta os efeitos sonoros a elas associados.

Enfim, a hipótese mimética se refere a um entendimento – ou ao menos parte dele – acerca de dado evento sonoro que envolve a simulação pela imaginação motora mimética, das ações que deduzimos terem criado o som: "em contextos musicais, isso incluiria as ações manuais orientadas a objetivos (produção de som) de *performers*: o som do piano, por exemplo, é o som das ações executadas em um piano, o som dos tambores é o som das ações de percussão sobre os tambores, e assim por diante"[5] (Cox, 2016, pp.25–6). Desse modo, podemos admitir que perceber eventos sonoros é sempre também imaginar as ações que os estariam produzindo.

Em sua teoria da *agência virtual* Robert Hatten (2018), por sua vez, também aborda simulações incorporadas. Ele distingue a agência virtual envolvida no entendimento da música, da agência real que intenciona criar ou apresentar sonicamente a música. A agência virtual é resultado de inferências das ações implícitas nos eventos da música, à medida que estes são percebidos como algo em movimento. Partindo da ideia de "energias gestuais" abstraídas de estruturas tonais e métricas que constituem um ambiente virtual para a música, Hatten investiga a incorporação de análogos de nossas ações e reações intencionais na interação com a música. Em sua definição original de "gesto musical", Hatten (2004, p. 95) o descreveu como *significant energetic shaping of sound through time*. *Shaping* denota um processo de inferência formal, *energetic* refere uma experiência de tensão, e *significant* exprime o reconhecimento de intenção de sentido ou ainda de expressão de sentido. Portanto, assim entendida, a formulação de gesto musical de Hatten revela a inferência de uma ação formal percebida no fluxo musical (*sound through time*) – ou mesmo no ambiente virtual da música – , a partir do reconhecimento de dado contraste tensivo que se acredita expressivo de algo. E ao desenvolver sua teoria do gesto musical, Hatten (2018) explora como o gesto se insere numa teoria mais abrangente de agência virtual em música.

Sua teoria vai então explicar especulativamente as inferências dos ouvintes em quatro estágios de agência virtual em música. Primeiramente, para inferirmos qualquer evento dinâmico como uma ação, precisamos, antes, de um "actante" (uma coisa que atue). Esta *virtualização do actante* envolve, antes de tudo, a suposição de um agente performático real que mesmo fisicamente ausente pode ser imaginado como causa real dos eventos musicais. Na interação com um ambiente musical virtual com determinadas restrições direcionais os compositores poderiam propor a injeção de energias agenciais virtuais que por

5 "in musical contexts this would include the goal-oriented (sound-producing) hand actions of musical performers: the sound of the piano, for example, is the sound of actions performed on a piano, the sound of hand drums is the sound of drumming actions, and so forth."

incorporação de um agente virtual promovem ações no ambiente virtual da música. Neste sentido, o que imediatamente humanizaria o gesto musical na experiência do ouvinte é a percepção de uma formação dinâmica análoga à expressão física do corpo humano. Um terceiro estágio de agência virtual diz respeito à percepção de contrastes dramáticos entre gestos musicais. A narrativa agencial que assim emerge é dramatizada por contrastes oposicionais interpretados agencialmente em termos de conflito dramático. Esta inferência de *ficcionalização* confere então aos agentes virtuais a condição de *atores virtuais* em uma narrativa ficcional encenada no ambiente virtual da música. O quarto estágio de inferências na teoria de Hatten envolve a *interiorização da subjetividade virtual*, quando os *atores virtuais* se tornam componentes da consciência – que quero entender no âmbito do presente estudo, como uma dimensão de consciência ampliada, para usar o termo damasiano. Neste estágio inferencial o ouvinte interioriza suas agências virtuais musicais em fluxos de pensamento e sentimento, que moldarão o entendimento e a reflexão de um *self* autobiográfico.

Tanto imaginação motora mimética quanto agência virtual em música envolvem níveis variados de simulação incorporada do fluxo musical no ato da escuta. Inferir padrões motores ou gestos humanos na experiência da música implica inferir intenções, funções e expressões que motivam a interação com o ambiente criado musicalmente. É preciso, entretanto, conhecer as condições dos ambientes virtuais que ensejam nossas semânticas incorporadas da música. Os eventos motores e os gestos a que visamos em nossas simulações mentais do que acontece no fluxo da música não são apenas abstrações incorporadas de uma cena auditiva qualquer, mas de uma *topografia* virtual particular. A narrativa de tensões produzida pela consciência sem palavras que ajusta continuamente o organismo aos novos eventos selecionados na topografia musical assemelha-se intimamente a narrativas autobiográficas de experiências sensório-motoras e afetivas com a realidade física e social.

Tensão como substância da narrativa musical

Em uma escuta musical engajada, na qual o ouvinte compromete cuidadosamente os recursos atencionais em seu envolvimento com o fluxo da música, o drama atencional é particularmente evidenciado. Nesta experiência tão particular a pregnância de padrões mentais radicalmente desconectados da realidade material e figural potencializa a experiência atencional de uma "narrativa sem palavras" na consciência primordial. Estou, portanto, interessado nos processos de formação do sentido musical originados no teatro da consciência sem palavras.

O cotejo de memórias esquemáticas de sentido musical – esquemas de imagem – e a experiência atual envolve tensão. Ao experimentarmos o fluxo musical temos nossas inferências de sentido determinadas por mapeamentos cognitivos que imprimem aos objetos musicais – em uma dimensão de consciência pré-conceitual – atributos formais de padrões esquemáticos de memórias, em cujo pareamento se dá a tensão. O presente estudo discute, portanto, a hipótese da tensão como experiência causal de narratividade musical. Argumento que a música é percebida como drama: uma narrativa que emerge de mapeamentos cognitivos das experiências de movimento e força sobre os padrões neurais originados nos atos de escuta. Essa narrativa silenciosa, orientada por pistas sonoras percebidas na música como indícios de expressão, não pode, contudo, ser confundida com as acepções usuais do "contar uma estória". Esta narrativa não deve ser pensada a partir da linguagem. Não estamos aqui no domínio linguístico que relaciona discurso e narrativa; a narrativa que constitui a dimensão primordial de consciência dramatiza a vida do organismo – este que existe na condição de algo incessantemente modificado – a cada novo encontro seu com objetos e eventos no mundo ou a cada nova evocação desses encontros.

A consciência primordial cria um mapa não linguístico de eventos, a partir da conversão em padrões mentais dos padrões neurais que o organismo apreende nos atos de conhecer. De fato, essa narrativa pode ser, a qualquer momento, convertida em linguagem, uma vez que o cérebro humano também pode enfocá-la na dimensão da consciência "ampliada" (autobiográfica). Uma narrativa sem palavras é natural e sua naturalidade pré-verbal pode ser a origem da arte como expressão humana. Mark Johnson (2007) observou que embora a arte use exatamente os mesmos recursos que subjazem o sentido de qualquer outra coisa, na experiência da arte exploramos tais recursos de modo singular, revelando perspectivas de sentido que não se encontram habitualmente em nossas experiências – é como se na experiência estética buscássemos especialmente a intensificação da possibilidade de produzir sentido das coisas. Quando a expressão artística é essencialmente constituída por recursos linguísticos e figurais, que desempenham papel central em nossas representações e em nosso imaginário de mundo, a atualização do objeto estético parece se constituir estritamente de processos de representação mental em uma dimensão "ampliada" da consciência, de onde é mais difícil caracterizarmos uma dimensão sem palavras da consciência na experiência dos objetos estéticos das artes literárias e figurativas. Por outro lado, se estas perspectivas de sentido na interação com objetos estéticos atados à linguagem obscurecem os limites entre atos de consciência primordial e ampliada, cumpre salientar a especialidade da experiência da música em tornar possível um claro contraste entre entendimento pré-conceitual e discernimento conceitualmente estruturado.

A investigação do que entendo como experiência de tensão musical e os demais conhecimentos que suportam a atividade criativa dela resultante, demanda um esforço de objetivação da experiência tensiva a partir do desenvolvimento de uma *topografia* da tensão. A complexidade da cena auditiva musical é desafiadora, no sentido não apenas do esforço de engajamento que exige do ouvinte para a manutenção do foco atencional num fluxo sonoro tão radicalmente autorreferente, mas também no sentido de se oferecer à escuta como uma cena auditiva altamente dinâmica, de topografia ora mais e ora menos segregável. A experiência da escuta musical requer a segmentação e a integração de muitos componentes auditivos díspares. A todo instante, um recurso sonoro-musical específico se destaca, atraindo e concentrando a atenção do ouvinte. O destaque de uma mudança acentuada e/ou abrupta em dado aspecto expressivo da música, como em sua dimensão tonal, por exemplo, pode ser acompanhada por mudanças em outros aspectos, incluindo os dinâmicos e agógicos, para a produção de sentido.

O fluxo de imagens mentais inerente à experiência do ouvinte de música é densamente determinado por metáforas primárias tais como "mais é para cima", "similaridade é fechamento", "importante é grande", "propósitos são destinos", "mudanças são movimentos", "organização é estrutura física", "causas são forças", dentre muitas outras. O fenômeno da tensão musical enquanto revelador de entendimento pode ser diversamente definido pela ativação de mapeamentos mais e menos complexos. Por exemplo, sob o efeito predominante do mapeamento "mais é para cima", um aumento de tensão pode resultar da percepção de gradientes tonais, dinâmicos e/ou agógicos entre um estado anterior do fluxo e o estado atual – ou mesmo um futuro estado antecipado imaginativamente. Em outro exemplo, envolvendo maior complexidade de mapeamentos, verificamos que o sentimento de "êxtase" e "progressividade" – como efeitos emergentes de invariância ou de variação contínua nos campos paramétricos tonal, dinâmico e agógico – , condições expressivas altamente determinantes da produção de sentido, podem emergir de variados mapeamentos cognitivos ou combinações de mapeamentos. O sentido harmônico de "direcionar" (advindo do sentimento de instabilizar ou estabilizar o meio tonal), o sentido textural de "adensar" (advindo do sentimento de avolumar o meio textural) ou o sentido agógico de "ralentar" (advindo do sentimento de reduzir continuamente o grau de ativação rítmica do fluxo musical), para citar algumas experiências musicais de "progressão", pode ser resultante de mapeamentos tais como "propósitos são destinos", "mudanças são movimentos" ou "causas são forças", separados ou combinados.

Creio ser legitimo conjeturar que parte significativa das razões que nos levam à música, enfim a aquilo que quase sempre é entendido – seja ainda imerso no conceito de subjetividade, seja abordado a partir de procedimentos científicos objetivos – como *a emoção provocada pela música,* advenha da narrativa de tensões gerada no ato de entendimento. Se estruturamos nossos pensamentos sobre a música nos mesmos termos e com os mesmos dispositivos cognitivos com os quais o fazemos para produzir qualquer entendimento na vida prática, é plausível supor que entendimentos produzidos na interação com a música criem mundos particulares cognitivamente possíveis e concomitantes à realidade que circunda o ato da escuta que os gera. Essa realidade criada pelo ouvinte parece-lhe real, porque não é uma quimera, mas algo congruente e encerrado na narrativa incorporada suscitada pela interação com a música que experimenta.

Referências

Adlington, R. (2003). Moving beyond motion: Metaphors for changing sound. **Journal of the Royal Musical Association**, vol. 128, n. 2, 297–318.

Baddeley, A. D. (2018). Working memory: Theories, models, and controversies. In A. D. Baddeley, **Exploring working memory: Select works of Alan Baddeley** (pp. 332–369). London-New York: Routledge.

Baddeley, A. D. (2003). Working memory: Looking back and looking forward. **Nat. Rev. Neurosci**. 4, 829–839.

Baddeley, A. D., & Hitch, G. (1974). Working memory. In G. H. Bower (Ed.), **The psychology of learning and motivation** (pp. 47–89). New York: Academic Press.

Bailes, F. & Bishop, L. (2012). Musical imagery in the creative process. In D. Collins (Ed.). **The act of musical composition**. Farnham: Ashgate Publishing Limited.

Baldwin, D. A. (1991). Infants' Contribution to the Achievement of Joint Reference. **Child Development** 62: 875–90.

Barsalou, L. W. (1999). "Perceptual Symbol Systems". **Behavioral and Brain Sciences,** 22: 577–660.

Bergen, B. (2012). **Louder than words: The new science of how the mind makes meaning**. New York: Basic Books.

Bloom, P. (2000). **How children learn the meanings of words**. Cambridge: MIT Press.

Bregman, A. S. (1990). **Auditory scene analysis: The perceptual organization of sound**. Cambridge, MA: MIT Press.

Brower, C. (2000). A cognitive theory of musical meaning. **Journal of Music Theory**, v. 44, n. 2, 323–379.

Brower, C. (1997-8). Pathway, blockage, and containment in **Density 21.5**. **Theory and Practice** 22/23, 35–54.

Cowan, N. (2005). **Working memory capacity**. New York: Psychology Press. Taylor and Francis Group, LLC.

Cox, A. (2016). **Music and embodied cognition: Listening, moving, feeling, and thinking.** Bloomington: Indiana University Press.

Cox, A. (2011). Embodying music: Principles of the mimetic hypothesis. **Music Theory Online**, v. 17, n. 2, 1–24.

Cox, A. (2001). The mimetic hypothesis and embodied musical meaning. **Musicae Scientiae**, 5(2), 195–212.

Damásio, A. (2010). **Self comes to mind: Constructing the conscious brain**. New York: Pantheon Books.

Damásio, A. (1999). **The feeling of what happens: Body and emotion in the making of consciousness**, San Diego, CA: Harcourt.

Damásio, A. (1994). **Descartes' Error: Emotion, reason, and the human brain**. New York: G. P. Putnam's Sons.

D'Esposito, M. (2007). From cognitive to neural models of working memory. **Philos. Trans. R. Soc. Lond. B Biol. Sci**. 362, 761–772.

Edelman, G., & Tononi, G. (2000). **A universe of consciousness: How matter becomes imagination**. New York: Basic Books.

Gallese, V. (2008). Mirror neurons and the social nature of language: The neural exploitation. hypothesis. **Social Neuroscience**, 3, 317–33.

Gallese, V. (2003). A neuroscientific grasp of concepts: From control to representation. **Philosophical Transactions of the Royal Society of London, B, 358,** 1231–1240.

Gallese, V., & Cuccio, V. (2015). The paradigmatic body: Embodied simulation, intersubjectivity, the bodily self, and language. In T. Metzinger, & J. M. Windt (Eds.), **Open mind** (pp. 1–23). Frankfurt: MIND Group.

Gallese, V., & Lakoff, G. (2005). The brain's concepts: The role of the sensory-motor system in conceptual knowledge. **Cognitive Neuropsychology** 22, 455–79.

Glenberg, A. M., & Gallese, V. (2012). Action-Based language: A theory of language acquisition, comprehension, and production. **Cortex**, 48(7), 905–22.

Grady, J. (1997). **Foundations of meaning: Primary metaphors and primary scenes**. (PhD Dissertation). Department of Linguistics, University of California, Berkeley.

Grastyan, E. (1961). The significance of the earliest manifestations of conditioning in the mechanism of learning. In A. Fessard et al. (Eds.), **Brain Mechanisms and Learning**. Oxford: Blackwell.

Hampe, B. (Ed.) (2005). **From perception to meaning: Image schemas in cognitive linguistics**. Berlin: Mouton de Gruyter.

Hatten, R. S. (2018). **A theory of virtual agency for Western art music**. Indiana University Press.

Hatten, R. S. (2004). **Interpreting musical gestures, topics, and tropes: Mozart, Beethoven, Schubert**. Bloomington and Indianapolis: Indiana University Press.

Huron, D. (2013). A psychological approach to musical form: The habituation–fluency theory of repetition **Current Musicology**, No. 96.

Huron, D. (2006). **Sweet anticipation: Music and the psychology of expectation**. Cambridge, MA: MIT Press.

Iyer, V. (2002). Embodied Mind, Situated Cognition, and Expressive Microtiming in African-American Music. **Music Perception.** Spring 2002, Vol. 19, No. 3, 387–414

Iyer, V. (1998). **Microstructures of feel, macrostructures of sound: Embodied cognition in West African and African American musics.** [Tese Doutoral não publicada], University of California, Berkeley.

Jardim, A. (2005). **Música: vigência do pensar poético**. Rio de Janeiro: 7Letras.

Johnson, M. (2007). **The meaning of the body: Aesthetics of human understanding**. Chicago: University of Chicago Press.

Johnson, M. (1998). Embodied musical meaning. **Theory and Practice**, 22-23 (1997-8), 95–102.

Johnson, M. (1987). **The body in the mind: The bodily basis of meaning, imagination, and reason**. Chicago: University of Chicago Press.

Johnson, M., & Larson, S. (2003). Something in the way she moves: Metaphors of musical motion. **Metaphor and Symbol**, 18(2), 63–84.

Lakoff, G. (1987). **Women, fire, and dangerous things: What categories reveal about the mind**. Chicago and London: University of Chicago Press.

Lakoff, G., & Johnson, M. (1980). **Metaphors we live by**. Chicago and London: University of Chicago Press.

Lakoff, G., & Johnson, M. (1999). **Philosophy in the flesh: The embodied mind and its challenge to Western thought**. New York: Basic Books.

Larson, S. (1997-8). Musical forces and melodic patterns. **Theory and Practice** 22, 55–72.

Lee, H., Kramer, A. F., Mozer, M. C., & Vecera, S. P. (2011). Object-Based Control of Attention is Sensitive to Recent Experience**. Journal of Experimental Psychology**: Human Perception and Performance, Vol. 38, No. 2, 314–325.

López Cano, R. (2003). Setting the body in music: Gesture, schemata and stylistic-cognitive types. **International Conference on Music and Gesture**. University of East Anglia.

Luck, S., & Vecera, S. (2002). Attention. In H. Pashler. **Stevens' handbook of experimental psychology** (3rd ed., pp. 235–286). New York: John Wiley & Sons, Inc.

Margulis, E. H. (2013). Repetition and Emotive Communication in Music versus Speech. **Frontiers in Psychology** 4 (167): 1–4.

Neath, I., Brown, G. D., Poirier, M., & Fortin, C. (2005). Short-term and working memory: Past, progress, and prospects. **Memory**, 13, 225–235.

Nogueira M. (2020). Consciousness, tension, and shaping: . In M. Nogueira & G. Bertissolo (Eds.), **Composition, Cognition, and Pedagogy** (Music and Cognition Series II) – Curitiba: Brazilian Association of Cognition and Musical Arts – ABCM.

Nogueira, M. (2019). Dimensões da produção imaginativa musical: movimentos, formas e intenções. In I. Nogueira & V. F Costa (Eds.), **A experiência musical: perspectivas teóricas (Parte I)**. III Encontro da Associação Brasileira de Teoria e Análise Musical (pp.17–35). Salvador: Associação Brasileira de Teoria e Análise Musical (TeMA).

Nogueira, M. (2016). Resposta de orientação musical: Uma hipótese para a origem do dispositivo de sentido. **Música Hodie**, vol. 16, n. 1, 54–70.

Nogueira, M. (2004). Comunicação em música na cultura tecnológica: O ato da escuta e a semântica do entendimento musical. (Tese Doutoral não publicada). Rio de Janeiro: ECO/ Universidade Federal do Rio de Janeiro – UFRJ.

Pavlov, I. (1927). **Conditioned reflexes: An investigation of the physiological activity of the cerebral cortex**. London: Oxford University Press.

Postle, B. R. (2006). Working memory as an emergent property of the mind and brain. **Neuroscience** 139, 23–38.

Reisenzein, R., Meyer, W.-U., & Niepel, M. (2012). Surprise. In V. S. Ramachandran (Ed.), **The encyclopedia of human behavior** (2nd ed., v. 3, pp. 564-570). Amsterdam: Elsevier.

Reybrouck, M. (2006). Music cognition and the bodily approach: Musical instruments as tools for musical semantics. **Contemporary Music Review**, 25:1-2, 59-68

Reybrouck, M. (2001). Musical imagery between sensory processing and ideomotor simulation. In R. I. Godøy, & H. Jørgensen (Eds.), **Musical imagery** (pp. 71-90). Lisse:S wets & Zeitlinger.

Rosch, E. (1978). Principles of categorization. In E. Rosch, & B. Lloyd (Eds.), **Cognition and categorization** (pp. 27–48). Hillsdale, N. J.: Erlbaum Associates.

Rosch, E., Mervis, C. B., Gray, W. D., Johnson, D. M., & Boyes-Braem, P. (1976). Basis objects in natural categories. **Cognitive Psychology**, 8, 382–439.

Saslaw, J. (1996). Forces, containers, and paths: the role of body-derived imagen-schemas in the conceptualization of music. **Journal of Music Theory**, 40(2), 217–243.

Smith, L. B. (2005). "Shape: A Developmental Product". In Laura Carlson and Emile van der Zee (Eds.), **Functional Features in Language and Space: Insights from Perception, Categorization, and Development**. New York: Oxford University Press, 235–255.

Snyder, B. (2000). **Music and memory: An introduction**. Cambrigde/London: The MIT Press.

Spivey, M. J. (2007). **The Continuity of Mind**. New York: Oxford University Press.

Styles, E. (2005). **Attention, perception, and memory: An integrated introduction**. Hove-New York: Psychology Press.

Thompson, R. F. (2009). Habituation: A History. **Neurobiology of Learning and Memory** 92 (2): 127–134.

Unsworth, N., & Engle, R. W. (2007). On the division of short-term and working memory: An examination of simple and complex span and their relation to higher order abilities. **Psychol. Bull**. 133, 1038–1066.

Varela, F., Thompson, E., & Rosch, E. (1991). **The Embodied Mind: Cognitive Science and Human Experience**. Cambridge: MIT Press.

Yu, C., Ballard, D. H., & Aslin, R. N. (2005). The Role of Embodied Intention in Early Lexical Acquisition. **Cognitive Science**, 29, 961–1005.

Yue, G., & Cole, K. (1992). Strength increases from the motor program: Comparison of training with maximal voluntary and imagined muscle contractions. **Journal of Neurophysiology, 67,** 1114–1123.

Zbikowski, L. (2002). **Conceptualizing music: Cognitive structure, theory, and analysis**. AMS Studies in Music. New York: Oxford University Press.

Zbikowski, L. (1999). Musical coherence, motive, and categorization. **Music Perception** 17/1, 5–42.

Zbikowski, L. (1998). Metaphor and music theory: Reflections from cognitive science. **The Online Journal of the Society for Music Theory**, 4(1), 1–13.

Zbikowski, L. (1997). Conceptual models and cross-domain mapping: New perspectives on theories of music and hierarchy. **Journal of Music Theory** 41/2, 193–225.

Zbikowski, L. (1995). Theories of categorization and theories of music. **Music Theory Online** 1/4.

Percussão e novas tecnologias

Cesar Adriano Traldi

Introdução

Em 2021 estou completando vinte anos do início da minha graduação em percussão no Curso de Música da Universidade Estadual de Campinas – UNICAMP. Apesar do meu contato com a música ser anterior a essa data, o ingresso em um curso superior de música foi um marco na minha formação, principalmente pelos primeiros contatos com a música contemporânea. Talvez pela coincidência deste marco ter ocorrido exatamente no primeiro ano do século XXI, nessa trajetória de vinte anos tenho focado minha atuação como intérprete, compositor e, principalmente, pesquisador na reflexão sobre questões composicionais e interpretativas com novas tecnologias, sobretudo a eletrônica e digital. Nesse sentido, destaco o mestrado[1] (TRALDI, 2007) e o doutorado[2] (TRALDI, 2009) realizados no Programa de Pós-Graduação em Música da UNICAMP e projetos de pesquisa[3] realizados na Universidade Federal de Uberlândia – UFU, onde ingressei como docente em 2008 e atuo como professor do Curso de Graduação em Música e orientador do Programa de Pós-Graduação em Música.

Se o rápido avanço tecnológico do final do século XX trouxe grandes modificações para diferentes aspectos da vida humana, nesses primeiros anos do século XXI a tecnologia digital tornou-se parte de nossas vidas. O melhor exemplo disso são os *smartphones*, quase que indispensáveis na vida atual. No campo musical não seria diferente. Assim, as novas tecnologias estão possibilitando novos meios de se criar, interpretar e apreciar música. Surge, então,

---

1 Realizado com bolsa de mestrado CAPES

2 Realizado com bolsa de doutorado FAPESP

3 2008-2009: Novas Interfaces para Percussão e Interação Multimodal (financiado pela PROGRAD-UFU)
2010-2013: Criações Interativas para Percussão e Eletrônicos (financiado pela FAPEMIG)
2014-2020: Percussão e Eletrônicos em Tempo Real: Composição e Performance (financiado pela FAPEMIG e CNPq)
2021-atual: Composição e Performance Musical com Novas Tecnologias

a questão que tem permeado minha produção nesses vinte anos: quais são as habilidades e conhecimentos necessários para o intérprete do século XXI lidar com o repertório atual? A resposta para esta pergunta muda na mesma velocidade em que a tecnologia evolui. Entretanto, a constante busca por esta resposta tem me auxiliado a traçar meus caminhos como compositor, intérprete e pesquisador da música contemporânea.

O objetivo da reflexão aqui apresentada é discutir algumas das habilidades e conhecimentos necessários para o intérprete do século XXI a partir das minhas experiências. Assim, as reflexões são abordadas sempre a partir do meu ponto de vista e da minha apropriação dos conceitos após pesquisas bibliográficas e reflexões realizadas durante minha trajetória até aqui. Dessa forma, não serão apresentadas referências de outros autores neste texto, apenas os textos de minha autoria (sozinho ou em parceria com outros pesquisadores) nos quais os assuntos foram abordados. Nesses textos podem ser encontradas as referências de outros autores.

Apesar da reflexão ser focada nos instrumentos de percussão, algumas delas podem servir também para outros instrumentos. Além disso, ao refletir sobre a performance, aspectos composicionais também serão abordados. É importante destacar que toda a discussão aqui apresentada é focada no repertório e instrumentistas da normalmente chamada "música de concerto" ou "música erudita".

Iniciaremos discutindo o significado da palavra tecnologia e sua importância no desenvolvimento musical durante os séculos. Em seguida, iremos refletir sobre alguns dos "novos" meios de se criar e tocar música surgidos no século XX. Essa reflexão é extremamente importante para entendermos alguns dos principais desafios envolvidos na música com novas tecnologias do início do século XXI. Finalizamos refletindo sobre novos formatos de se fazer e apreciar música ligados às redes sociais e apontamos que o intérprete do século XXI deve ter como principal característica a capacidade de se adaptar a diferentes contextos musicais.

Tecnologia e música

O primeiro passo para essa reflexão é entender o significado da palavra tecnologia e sua importância no desenvolvimento da música nos diferentes períodos históricos. Tecnologia é um conjunto de conhecimentos técnicos e científicos aplicados a uma determinada área, ou seja, a tecnologia sempre esteve presente no fazer musical e é o conhecimento, o desenvolvimento e a aplicação desta tecnologia que nos permite criar e/ou interpretar obras musicais. Se tecnologia é conhecimento e o conhecimento está sempre em expansão, é natural que os novos saberes tragam novas possibilidades tecnológicas.

As modificações na construção dos instrumentos e as novas possibilidades sonoras proporcionadas por elas são exemplos dessa evolução tecnológica trazendo novas possibilidades para a criação e performance musical. No campo da percussão, um bom exemplo é o sistema de afinação dos tímpanos. Quando falamos que determinado compositor foi o primeiro a utilizar mudanças de afinação durante uma obra, nem sempre relacionamos que essa inovação composicional só foi possível por uma inovação tecnológica, ocorrida a partir do invento do sistema de mudança de afinação e do aperfeiçoamento dos instrumentistas em lidar com essa nova possibilidade instrumental.

É importante destacar que o desenvolvimento tecnológico musical até o século XIX ocorreu de maneira lenta quando comparado ao ocorrido no século XX e o que estamos vivenciando no século XXI. O surgimento da tecnologia eletrônica e, em seguida, da tecnologia digital trouxeram, e continuam trazendo, rápidas e inovadoras possibilidades para o campo musical. É nesse contexto que surge uma subárea no campo musical focada em estudar os processos composicionais e interpretativos com essas tecnologias (eletrônica e digital), normalmente chamada de Música e Tecnologia.

Assim, quando no título apontamos a relação da percussão com novas tecnologias, estamos nos referindo às tecnologias eletrônica e digital, mas também às novas tecnologias, ou seja, novos processos, métodos, técnicas e ferramentas surgidas no século XX e presentes no repertório do início do século XXI de se criar e tocar música.

O desinteresse pelo sistema tonal por boa parte dos compositores do século XX fez surgir novas e diversificadas correntes composicionais. Algumas trouxeram o timbre para uma posição de destaque nunca antes ocorrida, fato que muito favoreceu a percussão. Esses instrumentos, que normalmente realizavam uma função de ornamentação no repertório musical ocidental, passaram a receber uma posição de destaque no repertório do século XX.

Somada à riqueza de timbres dos instrumentos de percussão, temos também a maior abertura dos instrumentistas às novas correntes composicionais, já que foram elas que trouxeram a possibilidade de os instrumentos de percussão alçarem funções de maior destaque musical, através da ampliação do repertório solo e de câmara.

Apesar de não ser o foco da discussão, quero aqui levantar uma questão para reflexão dos leitores: ao mesmo tempo em que as novas correntes composicionais tornaram possível que instrumentos de altura indefinida, característica da maioria dos instrumentos de percussão como triângulos, pratos, tambores, etc., alçassem a função de solistas, o surgimento do vibrafone e o desenvolvimento da marimba moderna durante o século XX tornaram possível que o percussionista também pudesse exercer essa função de destaque no repertório tonal.

O ritmo no discurso musical

Uma das primeiras mudanças no pensamento composicional no século XX foi com relação ao aspecto rítmico musical. Durante séculos, a música ocidental foi pensada sobre um discurso melódico e harmônico, tendo o aspecto rítmico apenas como algo que dava movimento para melodia e harmonia. Não é difícil encontrarmos até hoje textos didáticos que dividem a música apenas nestes três aspectos e definem ritmo como aquilo que dá movimento à melodia e harmonia, ou seja, ritmo tendo um papel secundário no discurso musical. Também é comum trabalhos de análise musical que descrevem apenas os aspectos melódicos e harmônicos, ignorando o aspecto rítmico da música.

O compositor russo Ígor Stravinsky (1882-1971) foi um dos pioneiros na mudança desse paradigma. Seus três balés escritos no início do século XX – O Pássaro de Fogo (1910); Petrushka (1911) e A Sagração da Primavera (1913) – são considerados marcos que conscientizaram e influenciaram outros compositores a tratar e explorar o aspecto do ritmo no mesmo patamar da melodia e harmonia e, em alguns casos, até mesmo elevar o ritmo à condição de elemento principal do discurso musical. Surgem, então, procedimentos rítmicos inovadores, criados ou adaptados de outras tradições musicais (música africana, oriental, etc.) como: assimetria, métricas combinadas, polirritmia, polimetria, politempo, utilização de fórmulas de compasso que dividem irregularmente a figura da semibreve, modulação métrica, modulação micrométrica, *phase-shifting* (mudança de fase), etc.

Não é o objetivo deste texto explicar cada um desses procedimentos rítmicos, mas destacar que suas utilizações trouxeram novas possibilidades para o discurso musical e novos desafios interpretativos, em especial para os percussionistas que se deparam constantemente com eles em seu repertório (TRALDI, 2014).

Obras com utilização de *phase-shifting* são bons exemplos de composições onde o aspecto rítmico se torna o elemento principal do discurso musical. Criado em 1965 pelo compositor norte-americano Steve Reich (1936-), trata-se de um procedimento em que ocorre um deslocamento temporal entre frases tocadas em *loop* por dois ou mais intérpretes. Nessas obras, o discurso musical é todo dirigido pelas mudanças nas combinações sonoras decorrentes do deslocamento temporal entre os intérpretes. Um dos grandes desafios interpretativos é não se deixar levar pelos deslocamentos que estão ocorrendo. O primeiro e o último deslocamentos são, normalmente, os momentos mais difíceis para os intérpretes, já que a pequena distância entre as frases deslocadas faz com que exista uma vontade natural e inconsciente de sincronização com o(s) outro(s) intérprete(s). Trata-se de uma performance que exige muita concentração e grande precisão temporal.

Em 2011 dentro do projeto de pesquisa "Criações Interativas para Percussão e Eletrônicos" (desenvolvido na UFU, com financiamento da Fundação de Amparo à Pesquisa do Estado de Minas Gerais – FAPEMIG), compus a obra eletroacústica mista com eletrônica em tempo real *Namíbia*[4]. Nessa composição, o processo de *phase-shifting* é realizado na interação entre percussão (kalimba) e dispositivos eletrônicos em tempo real através do *software Pure Data* (TRALDI, 2012). Essa obra faz parte do CD que gravei em 2014: Névoas & Cristais: músicas brasileiras para percussão e eletrônicos em tempo real (financiado pelo Programa Municipal de Incentivo à Cultura da Prefeitura Municipal de Uberlândia).

4 Namíbia (2011): https://www.youtube.com/watch?v=bEzaSimVl94&t=9s

Figura 01: Partitura da obra *Namíbia* (2011).

A - Construção do Tema.

B - Tema.

C - [1] Ativar o patch.
YX - indica que o trecho C deve ser tocado durante todo o processo de deslocamento que será realizado pelo conputador (esse processo dura aproximadamente 9 minutos).

D - Após o computador terminar o processo de deslocamento, a frase deve ser tocada por mais 4 vezes e terminar de maneira súbita.

Fonte: Arquivo do autor.

Percussão múltipla

Outra importante inovação do compositor russo Ígor Stravinsky é a primeira utilização de percussão múltipla na sua obra "A História do Soldado" (1918), ou seja, um único intérprete tocando um conjunto de instrumentos de percussão. As origens do Jazz com a criação da bateria nos EUA somado a problemas econômicos e à falta de instrumentistas no final do século XIX e início do século XX são, normalmente, apontados como influenciadores para o surgimento da percussão múltipla.

A possibilidade/necessidade de tocar um conjunto de instrumentos (*setup*) trouxe inovadores desafios interpretativos e o surgimento de instrumentos e acessórios pensados especificamente para essa finalidade. Se tocar um único instrumento exige grande preparo dos intérpretes, tocar um conjunto de instrumentos trouxe não só a necessidade de conhecer cada um deles, mas a difícil tarefa de tocá-los como um só. Ao se deparar com uma obra para percussão múltipla, o intérprete deve buscar equilíbrio e uniformidade sonora entre instrumentos com timbre e volume sonoro, muitas vezes extremamente diferentes.

Como fazer com que o fortíssimo tocado em uma caixa e em um prato de dedo tenham a mesma intensidade? Ou então, como tocar sucessivamente instrumentos de pele, madeira e metal mantendo precisão temporal e equilíbrio sonoro? Esses são apenas alguns exemplos de questões ligadas à performance de percussão múltipla que podem demonstrar um pouco da complexidade envolvida.

Se não bastassem essas dificuldades, a rara utilização de uma mesma configuração instrumental em diferentes obras para percussão múltipla faz com que os desafios e soluções sejam diferentes em cada música. Ou seja, é como se o percussionista necessitasse aprender a tocar um novo instrumento a cada nova música de percussão múltipla que ele executa. Algumas estratégias de preparação podem facilitar a performance da obra estudada e encurtar o caminho na preparação de outras, a saber:

1. **Utilização de padrões na montagem dos diferentes *setups*:** Disposição dos instrumentos dos mais graves para os mais agudos da esquerda para a direita, seguindo a lógica da maioria dos instrumentos, como os teclados de percussão; montagem no formato de meia lua na frente do intérprete, facilitando tocar os instrumentos das extremidades sem locomoção física; disposição dos instrumentos mantendo a mesma altura e criando camadas mais altas quando for necessário (semelhante à disposição das teclas da marimba, onde a camada das notas alteradas é mais alta do que a camada das notas naturais); disposição da estante da partitura no centro do *setup*, possibilitando a visualização de todos ou da maioria dos instrumentos através da visão periférica, enquanto se está olhando para a partitura; etc. Esses são alguns exemplos de padrões na montagem dos diferentes *setups* que podem facilitar a performance. Vale destacar que, em algumas situações específicas, esses padrões podem não funcionar e o intérprete necessitará utilizar configurações de montagem diferentes;

2. **Experimentação, escolha e combinação de modelos de baquetas que melhor se adequem às configurações instrumentais:** Os diferentes materiais utilizados na construção dos instrumentos de percussão (madeira, metal, pele, etc.) tornam necessária a utilização de baquetas diferentes em cada um deles. O tipo de sonoridade que se está buscando e a dinâmica utilizada em um trecho musical também podem exigir mudanças de baquetas, mesmo que em um mesmo instrumento. Assim, quando vamos tocar um *setup* de percussão múltipla, a escolha das baquetas e a combinação de diferentes modelos são extremamente importantes. É necessário buscar a utilização de baquetas específicas para cada instrumento do *setup* a partir das mudanças de baquetas durante a performance ou da utilização de modelos diferentes ao mesmo tempo. Nos trechos em que não é possível realizar as mudanças ou utilizar todas as baquetas necessárias ao mesmo tempo, deve-se experimentar diversos modelos e utilizar baquetas que possam se adequar aos diferentes instrumentos, mesmo que não seja a baqueta ideal para todos eles, mas que funcione satisfatoriamente em todos;
3. **Estudo da movimentação necessária para a mudança entre os instrumentos sem atrasos ou mudanças súbitas de dinâmica:** A utilização de instrumentos de diferentes formatos e tamanhos cria *setups* muitas vezes extremamente grandes e irregulares. Assim, estudar o posicionamento frente ao *setup* e a movimentação necessária na mudança dos instrumentos, principalmente nas distâncias grandes, é extremamente importante para que não ocorram variações do andamento e para a manutenção da dinâmica e qualidade sonora nos diferentes instrumentos; e,
4. **Utilização de acessórios que facilitem a disposição dos instrumentos e a mudança de baquetas durante a performance:** Para poder montar os *setups* adequadamente, inclusive buscando os padrões já comentados e realizar as mudanças de baquetas, sempre que possível é importante a utilização de acessórios como: suportes adequados para os instrumentos que permitam regulagem de altura e disposição nos locais mais adequados; disposição de mesinhas em diferentes regiões do *setup*, permitindo e facilitando as mudanças de baquetas; utilização de espumas e toalhas nas mesinhas a fim de evitar ruídos nos momentos de troca de baquetas e também ao pegar ou deixar instrumentos de mão como pandeiros, chocalhos, etc.

Atualmente, a pesquisa por vídeos de outros instrumentistas tocando a obra estudada e/ou trabalhos acadêmicos que abordam a composição e a performance de determinada música são importantes ferramentas no estudo interpretativo; entretanto, devemos buscar intérpretes e pesquisadores confiáveis. Além disso, é interessante ressaltar que nem sempre a solução de um instrumentista será a mesma para outro.

Exploração tímbrica: técnicas estendidas e instrumentos preparados

Como já foi dito, o grande número e variedade sonora dos instrumentos de percussão vieram de encontro com a busca por novos timbres de grande parte dos compositores do século XX. A percussão múltipla ampliou ainda mais as possibilidades na combinação desses timbres, tornando possível aos compositores idealizarem "novos instrumentos" a cada nova composição. Somado a isso, novas estratégias composicionais e interpretativas buscaram ampliar ainda mais as possibilidades tímbricas dos instrumentos. Neste sentido, duas se destacam: técnica estendida (ou expandida) e instrumentos preparados.

O termo "técnica estendida" surgiu no século XX para nomear maneiras de se tocar um instrumento que fogem da técnica tradicional. Apesar do termo ser novo, essa prática é normalmente apontada como já existente nos períodos anteriores ao século XX. O exemplo mais comum encontrado nos textos que abordam esse tema é o surgimento do *pizzicato* nos instrumentos de cordas, exemplo normalmente utilizado para demonstrar que uma técnica estendida pode se tornar técnica tradicional se passar a ser amplamente utilizada no repertório do instrumento.

Apesar de conceitualmente parecer algo simples, atualmente existe muita discussão e questionamento sobre a precisão desse termo. As principais questões são: como definir o que é técnica tradicional de um instrumento? Quando uma técnica deixa de ser estendida e passa a ser tradicional? Essas questões ficam ainda mais complexas quando estamos tratando dos instrumentos de percussão, já que praticamente todo o repertório solista e o desenvolvimento técnico dos instrumentos ocorreram no século XX. Seria possível definir técnica tradicional dos instrumentos de percussão? A utilização de técnica estendida não pode ser encarada como algo tradicional na percussão?

Atualmente tem surgido novos conceitos e abordagens que tentam solucionar essas questões, entretanto, o termo “técnica estendida” é ainda o mais empregado por compositores, intérpretes e pesquisadores. Na minha visão, essas imprecisões podem ser solucionadas ou, pelo menos minimizadas, a partir de uma análise focada no compositor ou intérprete, ou seja, definir o que é tradicional ou estendido dentro do conjunto de obras de um determinado compositor ou do repertório tocado/estudado por um intérprete. Tocar vibrafone com arco pode ser considerado uma técnica tradicional para um intérprete que já se deparou com várias obras que utilizam arco, mas pode ser algo completamente novo e encarado como uma técnica estendida para um intérprete que está tendo sua primeira experiência com o arco.

Nessa abordagem continuamos tendo um conjunto de técnicas consideradas tradicionais e tudo que foge a ele pode ser considerado como técnica estendida. Além disso, continua existindo a possibilidade de que as técnicas estendidas passem a ser consideradas tradicionais quando amplamente utilizadas. Entretanto, o foco analítico a partir de um compositor ou intérprete facilita estabelecer os limites desses conceitos. Longe de estar tentando apresentar uma solução para a questão, apresento a maneira como eu tenho pensado a técnica estendida. Na minha visão, muito mais importante do que solucionar essa imprecisão conceitual está a riqueza sonora que as técnicas estendidas trazem para o discurso musical e os desafios interpretativos vinculados.

As técnicas estendidas normalmente surgem a partir de experimentos realizados no instrumento. Neste sentido, três fatores foram os que mais favoreceram a grande quantidade e variedade de técnicas estendidas no repertório atual:

1. **Composições colaborativas:** processo composicional onde o compositor trabalha em colaboração com um intérprete do instrumento para o qual está escrevendo;
2. **Improvisação livre:** o surgimento e envolvimento de instrumentistas com a prática da improvisação livre fez com que eles exercitassem constantemente a busca por novos timbres e sonoridades em seus instrumentos. Os resultados dessas experimentações em tempo real podem ser posteriormente aproveitados em obras escritas; e,

3. **Composições de instrumentistas:** apesar de muitos instrumentistas não se considerarem compositores, escrevendo obras para diversos instrumentos, é comum que alguns escrevam obras para seus instrumentos de especialização, onde aplicam o conhecimento técnico e sonoro que possuem e muitas vezes técnicas estendidas que criaram.

Semelhante à performance de percussão múltipla, a utilização de técnicas estendidas pode colocar intérpretes frente a novos desafios em cada nova obra. Assim, o processo de estudo desse repertório torna-se extremamente importante. É praticamente impossível imaginar alguém tocando uma obra que envolva técnica estendida à primeira vista. Neste caso, o processo de estudo da composição é também o de aprendizado de uma nova técnica instrumental. O intérprete só estará preparado para tocar a composição após desenvolver a nova habilidade técnica necessária.

Em 2015, na obra para tímpanos solo *Shuriken*[5], o principal elemento composicional que busquei utilizar foi a exploração tímbrica. Essas explorações ocorreram mediante a utilização de técnicas estendidas, utilização de diferentes tipos de baquetas, utilização de diferentes regiões de toque e exploração do sistema de mudança de afinação do instrumento (TRALDI, 2017).

Figura 02: Instruções das explorações tímbricas utilizadas na obra *Shuriken* (2015).

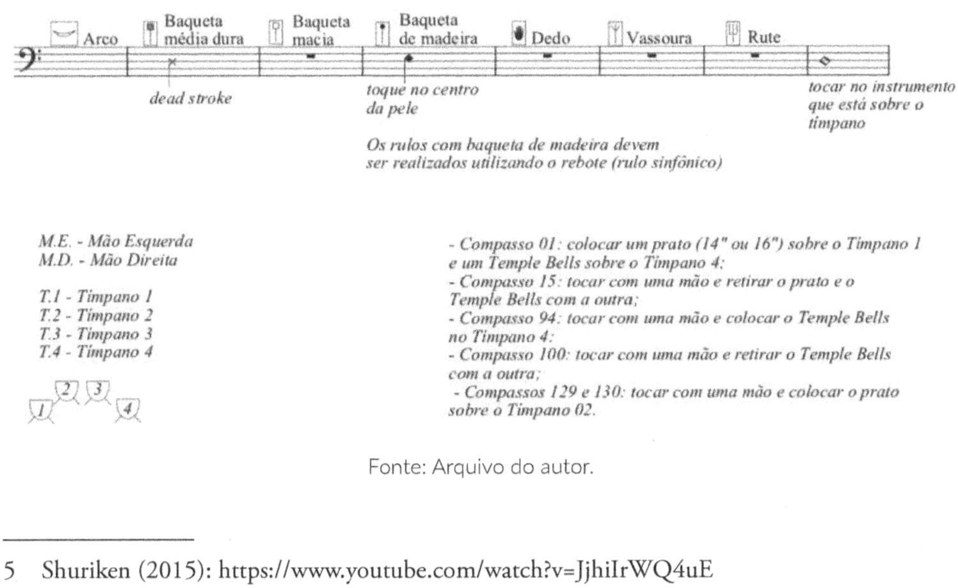

Fonte: Arquivo do autor.

5 Shuriken (2015): https://www.youtube.com/watch?v=JjhiIrWQ4uE

Em 1940, o compositor norte-americano John Cage (1912-1992) criou o piano preparado. Introduzindo pequenos objetos como parafusos e borrachas entre as cordas do instrumento. Cage modificou a sonoridade natural do piano mediante a interferência física no instrumento. Ao criar o piano preparado, este compositor estava criando também o conceito de instrumento preparado, ou seja, instrumentos que sofrem interferências físicas em seu mecanismo de produção sonora, possibilitando novos timbres.

Conceitualmente, técnica estendida e instrumento preparado são coisas diferentes, mas têm a mesma finalidade, ou seja, criar novos timbres em um instrumento musical. Técnica estendida é uma mudança na maneira de tocar o instrumento, enquanto que instrumento preparado é uma modificação no instrumento. Apesar de parecer clara a diferença entre esses dois conceitos, não é difícil nos depararmos com situações onde eles se misturam, gerando dúvida de com qual dos dois estamos lidando. A principal situação dessa dúvida surge quando o preparo de um instrumento também traz a necessidade de mudanças na técnica interpretativa.

Quando realizamos o preparo de um instrumento, ou seja, modificamos fisicamente seu mecanismo de produção sonora, é como se estivéssemos criando um novo instrumento. As técnicas tradicionais do instrumento (sem preparo) podem ser utilizadas para tocar esse novo instrumento (preparado), mas é comum que também surjam novas necessidades técnicas. Essas novas técnicas não são técnicas estendidas do instrumento original, mas sim, técnicas necessárias para se tocar o instrumento preparado. Novamente vemos intérpretes deparando-se com situações em que a performance de uma obra exige grande dedicação e aprendizado técnico específico.

Os processos composicionais colaborativos, prática de improvisação livre e composições de instrumentistas especializados também contribuem para o desenvolvimento e aplicação do conceito de instrumento preparado no repertório atual.

Em 2016 escrevi a obra *Por um fio*[6], na qual utilizei a corda e o cavalete de um violoncelo para criar uma caixa preparada (FERREIRA e TRALDI, 2017).

6 Por um fio (2016): https://www.youtube.com/watch?v=0TWvGxtUGHY

Figura 03: Instruções para o preparo da caixa utilizada em *Por um fio* (2016).

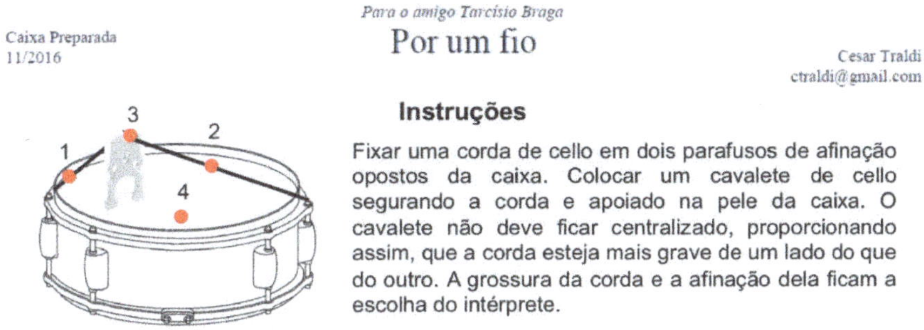

Fonte: Arquivo do autor.

Diferentes modalidades de se combinar instrumentos de percussão

Como já foi mencionado, no início do século XX surgiu a modalidade de percussão múltipla, ou seja, dois ou mais instrumentos de percussão são tocados por um único intérprete e o conjunto de instrumentos é entendido como uma unidade instrumental. Na minha visão, existem outras três possibilidades de se combinar instrumentos de percussão em uma performance que não se configuram como percussão múltipla.

A primeira delas é a performance de dois ou mais instrumentos ao mesmo tempo, mas não como uma unidade. Essa modalidade é muito comum nas bandas de música popular, nas quais os percussionistas executam instrumentos de percussão diferentes ao mesmo tempo. Ou seja, o músico toca dois ou mais instrumentos com funções musicais independentes; nesse caso não existe a ideia de que a somatória deles crie uma unidade instrumental, como ocorre na percussão múltipla.

A segunda possibilidade é a utilização de um instrumento para realizar o preparo de outro. Em 2020 compus a obra para pandeiro solo *Três Momentos para Pandeiro Brasileiro*[7]. No primeiro movimento, deve-se fixar guizos de metal nos parafusos de afinação do instrumento. A inclusão desses guizos ao pandeiro é uma modificação física que traz alteração na sonoridade original do instrumento, ou seja, os guizos foram utilizados para criar um pandeiro preparado.

7 Primeiro movimento – Três Momentos para Pandeiro Brasileiro (2020): https://www.youtube.com/watch?v=HnEeGWYq6Co&t=101s

Figura 04: Instruções para o preparo do pandeiro utilizado no primeiro movimento da obra *Três Momentos para Pandeiro Brasileiro* (2020).

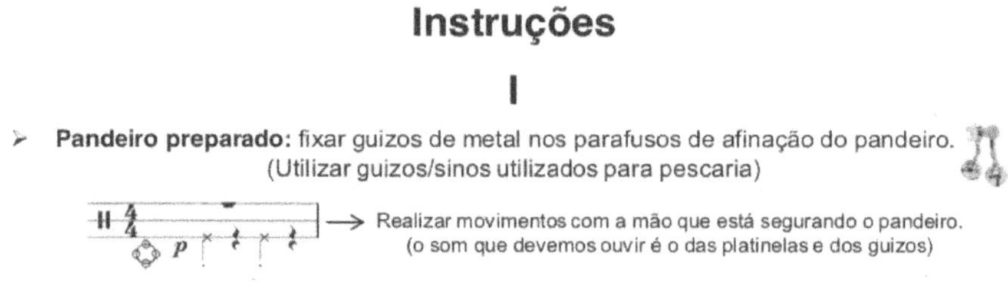

Fonte: Arquivo do autor.

A terceira possibilidade é a utilização de um instrumento de percussão para expandir a sonoridade de outro. Nesse caso, a diferença com a percussão múltipla é muito mais conceitual do que prática. Utilizando outra composição de minha autoria como exemplo, em *SKYY*[8] (2015) para vibrafone solo, na segunda seção da obra é utilizado um par de "ovos chocalho" junto com a performance do vibrafone. Tecnicamente, ocorre a performance de dois instrumentos de percussão ao mesmo tempo e como uma unidade, ou seja, percussão múltipla. Entretanto, conceitualmente a obra é para vibrafone solo e os "ovos chocalho" foram utilizados com a função conceitual de ampliar as sonoridades do vibrafone. Assim, a segunda seção da obra não é pensada como uma seção de percussão múltipla, mas como uma continuidade da obra para vibrafone solo onde um outro instrumento de percussão foi utilizado para expandir as sonoridades do vibrafone (MISINA e TRALDI, 2017).

Figura 05: Segunda seção da obra *SKYY* (2015), onde é utilizado um par de "ovos chocalho" junto com a performance do vibrafone (Letra A - compassos 13 até 39).

Fonte: Arquivo do autor.

8 SKYY (2015): https://www.youtube.com/watch?v=dqAOc8j_U8M

Incorporação de elementos visuais com significado na performance instrumental: música cênica ou música instrumental teatral

A performance de instrumentos grandes como tímpanos, marimbas e *setups* de percussão múltipla destacam a movimentação necessária dos instrumentistas. Alguns compositores passaram a incorporar esses movimentos como um elemento intrínseco de suas obras e não apenas como algo residual. Assim, nessas obras podemos separar os movimentos do intérprete em duas categorias: gesto residual e gesto cênico (TRALDI, 2007 e TRALDI, CAMPOS e MANZOLLI, 2007).

Gesto residual é aquele que resulta do ato de se tocar o instrumento, ou seja, é a movimentação física do instrumentista necessária para realizar a performance instrumental. Boa parte do estudo técnico de um instrumento está ligada ao estudo do gesto residual. Já o gesto cênico é aquele que o intérprete realiza com o objetivo de transmitir uma informação visual para o público sem estar ligado à performance do instrumento. Existe ainda a possibilidade de realizarmos um gesto residual de maneira a ampliar e valorizar o movimento a ponto deste gesto residual ser entendido também como um gesto cênico.

Neste contexto surge na segunda metade do século XX o termo Música Cênica ou Música Instrumental Teatral. Nesta modalidade artística, a visualidade da performance instrumental por meio de gestos cênicos, figurino, iluminação, etc., torna-se tão importante para o discurso da obra quanto o som. Lidar com esse repertório traz um enorme desafio para os músicos, uma vez que a formação musical tradicional tem foco no preparo apenas dos gestos físicos necessários para a performance instrumental (residual). A necessidade de se obter maior consciência corporal e de lidar com esses elementos cênicos faz com que boa parte dos intérpretes que lidam com esse repertório, busque aprimoramento em outras áreas de conhecimento como dança, teatro, etc.

Em 2020, em decorrência da pandemia de Coronavírus, realizei um projeto para composição, gravação e divulgação de vídeos de obras para instrumentos de percussão nas redes sociais[9]. A gravação em vídeo tornou ainda mais evidente o elemento visual da performance musical. Assim, surgiu a ideia

9 Foram gravados 46 vídeos que estão disponíveis em: https://www.youtube.com/cesartraldi

de trazer elementos da música cênica para um dos vídeos que seriam gravados, valorizando esse aspecto visual da performance (SILVA e TRALDI, 2020a). A obra escolhida para essa adaptação foi *Pacumpá*[10] (2014), uma composição para quarteto de tambores, originalmente não pensada como música cênica.

Música eletroacústica mista

É interessante observar que, apesar da música ser conceitualmente uma arte sonora, a visualidade da performance instrumental sempre esteve presente. Até meados do século XX, era impossível ouvir música sem a presença de um intérprete tocando ao vivo. O surgimento da gravação sonora e seus desdobramentos transformaram os meios de se fazer, produzir, vender e consumir música.

A primeira metade do século XX foi marcada por experiências inovadoras e rápidas melhorias nos dispositivos de gravação e reprodução sonora. Entretanto, 1948 é considerado um marco do início da música eletroacústica quando Pierre Schaeffer (1910-1995) iniciou suas experiências na França. Esse movimento ficou conhecido como Música Concreta e tinha como principal característica técnica, a gravação de sons reais posteriormente modificados em estúdio. Na Alemanha, um grupo de compositores iniciava outro movimento conhecido como Música Eletrônica, que tinha como característica técnica a geração eletrônica de sons. Apesar de inicialmente serem correntes opostas, em 1956 o compositor alemão Karlheinz Stockhausen (1928-2007) utiliza tanto sons concretos como eletrônicos em sua composição *Gesang Der Jünglinge* (Canção dos Jovens), quebrando, assim, com a divisão dos dois movimentos iniciais e criando o que seria chamado de música eletroacústica.

Não demorou muito para que compositores combinassem as possibilidades sonoras da música eletroacústica com o universo instrumental. Em 1952, o compositor italiano Bruno Maderna (1920-1973) escreveu a obra *Musica su Due Dimensioni* para flauta, pratos e fita magnética. Essa modalidade da música eletroacústica em que sons instrumentais tocados ao vivo são combinados com sons eletroacústicos ficou conhecida como música eletroacústica mista e, atualmente, pode ser dividida em duas modalidades: 1)

10 Pacumpá (2014): https://www.youtube.com/watch?v=iOJnlYK6cxM

Música eletroacústica mista com suporte fixo; e 2) Música eletroacústica mista com eletrônica em tempo real (*live-electronics*).

Na primeira modalidade, os sons eletroacústicos são trabalhos em estúdio e gravados em um suporte fixo. Inicialmente, esse suporte era a fita magnética. Com o passar do tempo e o surgimento da tecnologia digital, as fitas magnéticas foram substituídas por arquivos digitais e seus diferentes formatos (wav, mp3, etc.). Apesar dessa evolução no suporte fixo utilizado, é comum encontrarmos referências a esse repertório como música para instrumento e *tape* em virtude da fita magnética (*magnetic tape*) utilizada nas primeiras obras.

A interação entre intérprete e processamento ao vivo foi criada por John Cage (1912-1992) na obra Cartridge Music (1960). Posteriormente, em Mikrophonie I (1964) para Tam-tam, microfone e mesa de mixagem, Stockhausen (1928-2007) inaugura a interação com um instrumento de percussão ao vivo, nesta composição o processamento é feito a partir da manipulação do sinal de áudio na mesa de mixagem. No final do século XX, o aumento na velocidade de processamento e o barateamento dos computadores transformaram os meios de se trabalhar e armazenar os sons eletroacústicos.

A música eletroacústica mista com eletrônica em tempo real é uma modalidade na qual sons instrumentais são combinados com sons eletroacústicos que não foram fixados previamente em um suporte fixo (ou parte deles). Os sons são captados, transformados e transmitidos em tempo real.

Apesar da música eletroacústica mista com eletrônica em tempo real ser, muitas vezes, apontada como uma solução para as dificuldades de sincronia entre instrumentistas e sons eletroacústicos normalmente encontradas na música eletroacústica mista com suporte fixo, elas são modalidades diferentes, que possibilitam estratégias composicionais distintas e que trazem para cada uma delas, desafios interpretativos específicos.

Conceitualmente, na música eletroacústica mista ocorre um dueto entre o instrumentista e os sons eletroacústicos. Assim, os desafios interpretativos são muito parecidos com os da música de câmara (sincronia, equilíbrio sonoro, posicionamento no palco, etc.), entretanto, com as especificidades exigidas por um intérprete que não é humano. Existe a possibilidade da música eletroacústica mista, nas suas duas modalidades, ser realizada também por grupos (pequenos e grandes). Nesse caso, soma-se aos desafios relacionados com o universo da música eletroacústica mista, os de se fazer música em grupo. Por exemplo, *Música para Dançar #1*[11] (2020) é para um quarteto de percussão e *tape*. A sincronia pode ser feita com os quatro intérpretes ouvindo a faixa de áudio guia ou por meio de um regente que ouve a faixa e conduz o quarteto.

Um dos grandes desafios para quem vai tocar música eletroacústica mista é lidar com os dispositivos eletrônicos envolvidos. Neste sentido, a modalidade com suporte fixo é normalmente mais simples do que aquela com eletrônica em tempo real. Em ambas as modalidades, os desafios do intérprete com os dispositivos eletrônicos estarão relacionados com três pontos (TRALDI, 2007):

1. **Interação:** Conhecimento e habilidade de lidar com os dispositivos eletrônicos e *softwares*;
2. **Posição:** Distribuição espacial do(s) instrumento(s) e dispositivos eletrônicos no ambiente de performance;
3. **Regulagem:** Equilíbrio dos parâmetros envolvidos na performance (volume de microfones e caixas, sensibilidade de sensores, iluminação, etc.).

De maneira geral, podemos dividir os dispositivos eletrônicos (Interação) utilizados na performance de música mista, de acordo com sua funcionalidade, em três categorias: a) Interfaces, b) Processamento/Tratamento e c) Projeção.

a) Interfaces: São os dispositivos que possibilitam a comunicação entre o instrumentista e os dispositivos eletrônicos. Algumas interfaces servem para transmitir informações para o intérprete: informação temporal em cronômetros, sinais visuais na tela do computador, sinais sonoros em um fone de ouvido (metrônomo, por exemplo), etc. Outras interfaces são responsáveis por colher informações do intérprete para o sistema eletrônico. Essas interfaces são conhecidas como sensores e podem colher informações de áudio, movimentação, iluminação, pressão, temperatura, etc.

Na música eletroacústica mista com suporte fixo utilizamos apenas a primeira categoria de interfaces (transmissão de informação para o intérpre-

11 Música para Dançar #1 (2020): https://www.youtube.com/watch?v=RQcjgkfn_g0

te), uma vez que a parte eletroacústica já está toda definida e não será necessário colher informações do intérprete para o sistema eletrônico. Normalmente, sensores de áudio, ou seja, microfones são utilizados na música mista com suporte fixo apenas para a amplificação dos sons acústicos em busca de equilíbrio entre os sons instrumentais e eletroacústicos e não para transmitir informação (comunicação) para o sistema eletrônico.

A sincronia entre o instrumentista e os sons eletroacústicos é o principal desafio da música eletroacústica mista com suporte fixo. A solução normalmente está na utilização de interfaces que transmitem informações temporais dos sons eletroacústicos para o intérprete. Alguns compositores já preparam esse tipo de informação em suas obras a partir de indicações cronométricas na partitura, faixa adicional de áudio com informações sonoras que o intérprete ouve durante a performance ou indicação de referências sonoras da parte eletroacústica na partitura do instrumentista.

Algumas vezes os compositores não se preocupam em preparar essas informações para o intérprete ou até preparam, mas essas não são suficientes. Assim, nesses casos, é o próprio instrumentista que precisa preparar as informações para a sua performance, criando uma faixa de metrônomo, anotando indicações cronométricas na partitura, identificando e memorizando sonoridades da parte eletroacústica que podem auxiliar na sincronização, etc.

Na música eletroacústica mista com eletrônica em tempo real, as interfaces que transmitem informações para o intérprete também são utilizadas, mas, neste caso, nem sempre com o objetivo de apontar apenas informações relacionadas ao tempo da obra. Podemos ter informações relacionadas ao funcionamento dos sensores, mudanças de comportamento da parte eletroacústica, dados de performance em tempo real, entre outros.

Na música eletroacústica mista com eletrônica em tempo real, quando os sons eletroacústicos também são gerados e/ou processados em tempo real, é necessário colher dados da performance instrumental para o sistema eletrônico. Os sensores são as interfaces responsáveis por desempenharem esse papel, entretanto, cabe ao intérprete desenvolver as habilidades necessárias para realizar sua performance instrumental utilizando esses sensores e levando em consideração as características de funcionamento de cada um deles. Ou seja, o intérprete precisa ter conhecimento dos sensores que serão utilizados na performance e moldar sua postura interpretativa para possibilitar e potencializar a comunicação com o sistema eletrônico. Por exemplo, se o sensor utilizado for de captação gestual, o intérprete terá que estudar e utilizar movimentos pensados, levando em consideração a performance instrumental e também como o sensor irá captar aquele gesto. Assim, muitas vezes, a postura interpretativa tradicional instrumental precisará ser moldada levando em consideração as especificidades dos sensores utilizados.

Instrumentos eletrônicos e os hiperinstrumentos (*Hyperinstruments*) são outra possibilidade de interface entre intérpretes e os sistemas eletrônicos.

Os instrumentos eletrônicos são dispositivos onde os sons do instrumento são gerados eletronicamente. Eles podem ser divididos em duas categorias: 1) Versões eletrônicas de instrumentos acústicos: piano eletrônico, bateria eletrônica, etc. e 2) Instrumentos eletrônicos originais: teremim, reactable, celulares (BARREIRO e TRALDI, 2018), etc.

Os instrumentos eletrônicos podem ser tocados fora do contexto da música eletroacústica mista com eletrônica em tempo real. As baterias eletrônicas, por exemplo, são normalmente utilizadas em grupos instrumentais para substituir uma bateria acústica, no entanto, esses instrumentos eletrônicos podem ser utilizados também para a performance com eletrônica em tempo real e são facilmente conectados a outros dispositivos eletrônicos, seja por meio de sinal de áudio ou do protocolo MIDI (normalmente presente em instrumentos e dispositivos eletrônicos). A utilização de instrumentos eletrônicos também trará desafios interpretativos, principalmente quando são utilizados instrumentos eletrônicos originais. Entretanto, mesmo nos que são versões eletrônicas de instrumentos acústicos, apesar das similaridades, especificidades do funcionamento eletrônico do instrumento e também da interação em tempo real, podem trazer necessidades de adaptações interpretativas.

Em 1986, o compositor e pesquisador Tod Machover (1953-) iniciou experiências de construção de instrumentos híbridos, ou seja, instrumentos acústicos implementados com dispositivos eletrônicos. Esses instrumentos híbridos são os hiperinstrumentos. Conceitualmente toda performance de um hiperinstrumento refere-se a uma música eletroacústica mista com eletrônica em tempo real, já que temos sons acústicos sendo tocados e dispositivos eletrônicos gerando e processando sons em tempo real. A principal diferença é que os sensores não são utilizados para captar dados da performance do instrumento, mas são incorporados como parte do instrumento tocado, ou seja, nesse caso, podemos dizer que deixamos de ter uma performance em dueto entre instrumentista e dispositivos eletrônicos e passamos a ter uma performance solista de um instrumento hibrido. A incorporação dos sensores no instrumento acústico traz novos desafios interpretativos. É necessário estudar e criar habilidades específicas para gerar e controlar simultaneamente tanto os sons acústicos como os sons e processamentos eletrônicos (LIMA e TRALDI, 2017).

b) Processamento/Tratamento: Na música eletroacústica mista com suporte fixo, os dispositivos eletrônicos responsáveis pela reprodução dos sons eletroacústicos são relativamente simples, já que todo o processamento e tratamento são realizados previamente pelo compositor. No momento da performance, basta um simples reprodutor de áudio. Atualmente, o mais comum é a utilização de um computador com placa de áudio e um *software* específico como *Audacity, Sound Forge, Reaper,* etc. A utilização deste tipo de *setup* traz vantagens e possibilidades em relação aos reprodutores comuns de áudio como maior qualidade sonora, controle individual de volume de diferentes canais (estéreo, 4 canais, 8 canais, etc.), possibilidade de envio de retorno para o intérprete, visualização do tempo da reprodução na tela do computador, leitura e/ou conversão de diferentes formatos de arquivo de áudio, entre outros.

Já na música eletroacústica mista com eletrônica em tempo real existe uma grande diversidade de dispositivos de processamento e tratamento sonoro em tempo real como, pedais de efeito, sintetizadores sonoros, dispositivos de *looping* (MENDES, DUARTE e TRALDI, 2018), etc. O computador com *softwares* específicos é a opção mais recorrente e com maior complexidade e variedade de possibilidades. *Softwares* como *Pure Data, Max/MSP,* entre outros, possibilitam a utilização e controle de diversas interfaces e o processamento e/ou tratamento em tempo real de sons, imagens, iluminação, etc. Praticamente qualquer dispositivo possível de ser conectado ao computador pode ser utilizado por esses *softwares* para receber ou gerar informações.

Apesar da programação nesses *softwares* ser normalmente realizada pelos compositores, é necessário, da parte dos intérpretes, conhecimentos básicos do funcionamento e configuração desses *softwares* para o preparo e configurações necessárias de serem realizadas no momento do estudo e performance da obra.

c) Projeção: Trata-se dos dispositivos eletrônicos que projetam as informações para o público. Apesar de existirem diversas possibilidades, as mais comuns no contexto de obras eletroacústicas mistas são as projeções de informações visuais (iluminação, imagens, etc.) e, principalmente, as projeções sonoras. Apesar de normalmente no contexto de obras eletroacústicas mistas os compositores optarem por sistemas estéreos (2 canais), não é tão raro obras utilizarem espacialidade em sistemas multicanais (4 canais, 8 canais ou 5.1).

Se conhecer os dispositivos eletrônicos e suas diferentes funcionalidades (interfaces, processamento/tratamento e projeção) é extremamente importante para compositores e intérpretes interessados na música eletroacústica mista, não menos importante é pensar na disposição espacial desses dispositivos e na regulagem dos parâmetros envolvidos no momento da performance. Apesar de questões importantes serem pensadas pelos compositores no momento de criação de suas obras, entendo que o intérprete deve ser o principal responsável por essas duas tarefas.

Ainda que o compositor possa indicar a disposição espacial dos equipamentos e os níveis dos parâmetros (volume, iluminação, etc.) que considera ideal, a performance da obra em diferentes locais necessitará de adaptações específicas. Nem sempre o espaço disponível permitirá a montagem idealizada pelo compositor; além disso, questões específicas da sala podem modificar o comportamento dos dispositivos eletrônicos. Por exemplo, mesmo que a distância de um microfone em relação ao instrumento seja exatamente igual, a performance em uma sala com maior ou menor tempo de reverberação poderá modificar o comportamento da parte eletroacústica e necessitará de adaptações na regulagem do volume para obter os resultados esperados.

Nem sempre o intérprete poderá contar com o compositor ou com especialistas que possam ajudar na montagem e regulagem dos dispositivos. Assim, é muito importante que o instrumentista tenha os conhecimentos mínimos necessários para fazer as modificações e regulagens, fazendo com que a obra funcione como esperado em diferentes locais. Os intérpretes da música eletroacústica mista devem entender que os dispositivos eletrônicos fazem parte dos seus instrumentos. Assim, precisam ter o mesmo tipo de habilidade para controlar e regular os equipamentos eletrônicos como aquela que possuem para tocar e regular os instrumentos.

Dessa forma, antes de qualquer apresentação envolvendo obras eletroacústicas mistas, o intérprete precisa reservar um tempo razoável para montagem e regulagem dos dispositivos. De maneira geral, nesse período, o intérprete deve verificar:

1. Se os sensores estão funcionando corretamente;
2. Se o equilíbrio sonoro entre os sons instrumentais e eletroacústicos está adequado;
3. Se a disposição dos equipamentos torna possível a visualização de informações necessárias durante a performance como partitura, informações presentes na tela do computador, cronômetro, etc.;
4. Se a disposição de fios e equipamentos eletrônicos não irá atrapalhar a movimentação durante a performance;
5. Se não está ocorrendo realimentação do sinal de áudio, causando microfonias; e,
6. Verificar ainda, qualquer outra configuração necessária relacionada com os dispositivos eletrônicos específicos de cada obra.

Além dos desafios interpretativos relacionadas com os dispositivos eletrônicos utilizados na performance de obras eletroacústicas mistas, existem alguns desafios recorrentes nesse repertório relacionados com: combinação de diferentes instrumentos de percussão (percussão múltipla, performance de dois ou mais instrumentos ao mesmo tempo, etc.); diferentes meios de exploração tímbrica (técnica estendida, instrumento preparado, etc.); incorporação de elementos visuais na performance (não só para controle e interação com a parte eletroacústica através de sensores de movimento); improvisação e partituras abertas; postura de palco; e funções musicais dos sons acústicos e eletroacústicos. Os três primeiros itens já foram abordados neste texto, agora iremos comentar apenas os três últimos.

a) Improvisação e partituras abertas: A exploração de timbres e gestos sonoros na criação do discurso musical utilizada por alguns dos movimentos composicionais surgidos no século XX tornaram, em alguns casos, a escrita musical tradicional desnecessária e até mesmo um fator complicador da performance musical. A utilização de improvisação livre ou improvisação guiada por meio de partituras abertas (partituras gráficas, guias de improvisação, etc.)

Tabela 01: Aspectos relacionados com os dispositivos eletrônicos envolvidos em obras eletroacústicas mistas.

<table>
<tr><td rowspan="16">Interação</td><td rowspan="12">Interfaces</td><td rowspan="4">Transmitem informações para o intérprete</td><td rowspan="2">Visual</td><td>Cronômetro</td></tr>
<tr><td>Tela do computador</td></tr>
<tr><td rowspan="2">Sonora (retorno)</td><td>Metrônomo</td></tr>
<tr><td>Indicações sonoras</td></tr>
<tr><td rowspan="8">Colhem informações do intérprete para o sistema eletrônico</td><td rowspan="5">Sensores</td><td>Áudio</td></tr>
<tr><td>Movimento</td></tr>
<tr><td>Iluminação</td></tr>
<tr><td>Pressão</td></tr>
<tr><td>Temperatura, etc.</td></tr>
<tr><td rowspan="2">Instrumentos eletrônicos</td><td>Versões eletrônicas de instrumentos acústicos</td></tr>
<tr><td>Instrumentos eletrônicos originais</td></tr>
<tr><td colspan="2">Hiperinstrumentos</td></tr>
<tr><td>Processamento</td><td>Dispositivos de processamento e tratamento sonoro em tempo real</td><td colspan="2">Pedais de efeito, sintetizadores sonoros, dispositivos de looping, etc.</td></tr>
<tr><td>Tratamento</td><td>Computadores e Softwares</td><td colspan="2">Pure Data, Max/MSP, etc.</td></tr>
<tr><td rowspan="2">Projeção</td><td>Visual</td><td colspan="2">Luzes, imagens, etc.</td></tr>
<tr><td>Sonora</td><td colspan="2">Sistema de som: Estéreo, 4 canais, 8 canais, 5.1, etc.</td></tr>
<tr><td rowspan="2">Posição</td><td rowspan="2">Verificações</td><td colspan="3">Disposição dos equipamentos e iluminação torna possível a visualização de informações necessárias durante a performance?</td></tr>
<tr><td colspan="3">Disposição de fios e equipamentos eletrônicos não irá atrapalhar a movimentação durante a performance?</td></tr>
<tr><td rowspan="4">Regulagem</td><td rowspan="4">Verificações</td><td colspan="3">Sensores funcionando corretamente?</td></tr>
<tr><td colspan="3">Equilíbrio sonoro entre os sons instrumentais e eletroacústicos está adequado?</td></tr>
<tr><td colspan="3">Está ocorrendo realimentação do sinal de áudio, causando microfonias?</td></tr>
<tr><td colspan="3">Verificar outras configurações específicas dos dispositivos eletrônicos utilizados em diferentes obras.</td></tr>
</table>

Fonte: Arquivo do autor.

facilitam a leitura e trazem maior fluidez na performance de gestos musicais que seriam extremamente complexos de serem escritos e lidos. Na música eletroacústica mista é muito comum encontrarmos essa situação, o que traz maior responsabilidade para os instrumentistas em relação aos resultados sonoros. Assim, é importante que os intérpretes estejam familiarizados com improvisações livres e/ou leitura e interpretação de partituras abertas (BARREIRO, TRALDI, CINTRA e MENEZES, 2011).

b) Postura de palco: O estudo instrumental tradicional é focado em questões técnicas e na postura necessária durante a performance, entretanto, quando o intérprete está envolvido em música de câmara, nem sempre toca o tempo todo. Na situação de um grupo instrumental, aqueles intérpretes que não estão tocando normalmente ficam parados e a atenção do público é direcionada naturalmente para os que estiverem tocando. Já na performance da música eletroacústica mista, no momento em que o instrumentista não está tocando e apenas ouvindo os sons eletroacústicos, o público estará olhando para o instrumentista. Assim, a pergunta: "o que fazer quando não se está tocando?", ganha importância, já que o público mantém a atenção visual no instrumentista.

Se o intérprete relaxar sua postura interpretativa quando não estiver tocando, pode acabar influenciando negativamente a recepção do público. Duas são as possibilidades para que o intérprete não desfaça sua postura interpretativa e mantenha o público atento à obra: 1) permanecer imóvel e concentrado durante todo o período em que não estiver tocando, ou 2) realizar gestos cênicos que possam contribuir com a parte eletroacústica como, por exemplo, movimentar-se lenta e continuamente da posição da última nota tocada no instrumento até o próximo momento em que irá tocar novamente, criando, assim, a sensação de que seu movimento está controlando ou pelo menos está ligado aos sons eletroacústicos que estão sendo ouvidos.

c) Funções musicais dos sons acústicos e eletroacústicos: Na música de câmara, em alguns momentos, determinado instrumento exerce uma função solista e, em outros, de acompanhador. Os compositores normalmente deixam claras essas mudanças na utilização de diferentes dinâmicas e até mesmo na indicação clara dos trechos solistas. Na música eletroacústica mista isso também ocorre, mas nem sempre de maneira tão explícita. Em alguns momentos, a parte instrumental é solista e a parte eletroacústica é acompanhamento, em outros, essas funções se invertem. Também existe a situação em que as duas sonoridades se complementam, ou seja, os sons eletroacústicos podem exercer a função de dueto com o instrumento, mas também podem ser pensados como uma complementação sonora da parte instrumental. Assim, é importante que o intérprete reflita sobre qual função musical está exercendo em cada momento e adeque sua interpretação para cada uma delas. Na obra *Ressonâncias #2*[12] (2020) para triângulo e *tape*, é possível perceber claramente essa mudança de função. Podemos dividir a obra em três partes, onde na primeira (0:00 até 1:45 / compassos 01 até 15) e terceira parte (3:04 até 4:26 / compassos 26 até 42) o *tape* funciona como complemento aos sons do triângulo. Já na segunda parte (1:45 até 3:04 / compassos 16 até 25), ocorre um dueto entre triângulo e *tape*.

Não me aprofundarei no assunto, mas acho importante finalizar essa reflexão sobre a música eletroacústica mista apontando um paradoxo. A rápida evolução tecnológica que estamos vivenciando tem trazido possibilidades inovadoras para a criação e performance musical, contudo, é essa evolução que tem impossibilitado a performance de obras criadas poucos anos atrás. Isso ocorre porque determinados *softwares* e equipamentos eletrônicos deixam de ser produzidos quando novos surgem e/ou versões atualizadas de *softwares* deixam de reproduzir programações feitas em versões mais antigas.

Na música eletroacústica mista com suporte fixo isso não tem sido um problema, já que a transformação do formato de arquivos de áudio é algo relativamente simples de se fazer. Já na música eletroacústica mista com eletrônica em tempo real é possível encontrar um grande número de obras que, mesmo recentes, não são mais possíveis de serem tocadas. Uma solução possível para esse paradoxo é que os compositores registrem por meio de pseudocódigos, a funcionalidade dos dispositivos eletrônicos de suas obras, o que permitiria a reprogramação ou reconstrução, utilizando os dispositivos disponíveis no futuro (LEITE e TRALDI, 2012).

Redes sociais

Um texto que reflete sobre a utilização de novas tecnologias na composição e performance para percussão não poderia ser finalizado sem abordarmos a produção musical dentro das redes sociais. Apesar de não ser uma

---

12 Ressonâncias #2 (2020): https://www.youtube.com/watch?v=kqxk6UHsCbw

novidade, a pandemia vivenciada em 2020/21 trouxe outro olhar dos músicos e do público para essa ferramenta. A divulgação de trabalhos artísticos em redes sociais tornou-se uma ferramenta potente, capaz de alcançar qualquer indivíduo que esteja conectada(o) à internet. Além de vídeos e arquivos de áudio pré-gravados, transmissões de apresentações musicais podem ocorrer em tempo real (*Lives*).

Nesse sentido, escrevi em 2020 a obra *Música para Live*[13], para dois, três ou quatro intérpretes, todos tocando um mesmo *setup* (uma taça com água, quatro tigelas ou panelas de alturas diferentes e um pote cheio de arroz). Nessa obra, foi incorporada a latência como elemento estrutural da composição, possibilitando a performance ser realizada em uma *Live* com os intérpretes em diferentes lugares (SILVA e TRALDI, 2020b). Nas instruções da obra são apresentadas as seguintes explicações: – *todos os intérpretes tocam a mesma partitura e com uma defasagem de tempo de aproximadamente 5 segundos entre eles. O primeiro intérprete inicia a obra, o segundo intérprete inicia 5 segundos depois, o terceiro intérprete inicia 5 segundos depois do segundo (10 segundos depois do primeiro) e o quarto inicia 5 segundos depois do terceiro (15 segundos depois do primeiro) / – os intérpretes não precisam ficar preocupados com sincronização entre eles, apenas devem respeitar os tempos de duração de cada seção e a defasagem inicial indicados na partitura. Sincronias podem ocorrer ao acaso e serão diferentes a cada nova performance.*

Além disso, a tecnologia digital possibilita a conexão e utilização de diferentes linguagens artísticas na mesma criação, gerando novas modalidades artísticas híbridas, dentre as quais, a videomúsica e a videoperformance, modalidades audiovisuais em que sons e imagens se integram. São obras idealizadas para a modalidade audiovisual e que podem envolver a performance instrumental em seu conteúdo. *Devolve papai*[14] é uma videomúsica que fiz em 2020, na qual utilizo brinquedos para criar um discurso musical por meio de *loops*.

Essa produção e consumo em redes sociais não vêm para substituir os formatos tradicionais, mas traz novas possibilidades, principalmente como uma potente ferramenta de divulgação, ensino e conexão entre os músicos, público, professores e alunos.

---

13 Música para Live (2020): https://www.youtube.com/watch?v=r4LHSyHWeFQ&t=162s

14 Devolve papai (2020): https://www.youtube.com/watch?v=h5T2B_2AOkA&t=18s

Reflexões

Se no século XX surgiram diferentes correntes composicionais, criando novas possibilidades para o discurso musical e desafios interpretativos diversos, no início do século XXI essas barreiras são rompidas e vivemos um momento em que diferentes linguagens podem coexistir na mesma obra.

As obras eletroacústicas mistas, principalmente com eletrônica em tempo real, são exemplos claros em que diferentes linguagens composicionais são empregadas simultaneamente. Assim, interação com dispositivos eletrônicos, utilização de diferentes meios de exploração tímbrica instrumental, utilização de gestos cênicos, difusão sonora em vários canais, controle e projeção de luzes e imagens, entre outros, podem coexistir em uma mesma performance.

Além disso, a rápida evolução tecnológica traz constantemente novos meios de se produzir, realizar e consumir música. O intérprete do século XXI deve estar preparado para lidar com essas diferentes possibilidades, uma vez que o virtuosismo não está mais em se especializar em uma determinada técnica ou repertório, mas na capacidade de adaptação aos diferentes contextos musicais.

Referências

BARREIRO, D.; TRALDI, C. A.; CINTRA, C.; MENEZES JUNIOR, C. R. F. **O papel da improvisação em quatro obras para percussão e meios eletrônicos em tempo real**. OuvirOUver (Uberlândia. Impresso), v. 7, p. 82-100, 2011. Disponível em: http://www.seer.ufu.br/index.php/ouvirouver/article/view/17190

BARREIRO, D.; TRALDI, C. A. **Musical conceptions and strategies in creative activities with mobile devices**. In: VIII Workshop de Música Ubíqua (UbiMus), 2018, São João Del Rei. Anais do VIII Workshop de Música Ubíqua (UbiMus). , 2018. p.132. Disponível em: https://www.researchgate.net/publication/334494401_Musical_conceptions_and_strategies_in_creative_activities_with_mobile_devices

FERREIRA, T. S.; TRALDI, C. A. **Exploração tímbrica através de uma caixa preparada**. In: I Congresso brasileiro de percussão, 2017, Unicamp. Anais do I Congresso Brasileiro de Percussão. Campinas: Editora da Unicamp, 2017. p.13. Disponível em: https://www.iar.unicamp.br/wp-content/uploads/2019/11/anais-congresso-percussao-1.pdf

LEITE, D. S.; TRALDI, C. A. **Recriação da parte tecnológica de Névoas e Cristais**. In: XXII Congresso da ANPPOM, João Pessoa: Editora da UFPB, 2012. v. 1. Disponível em: https://antigo.anppom.com.br/anais/anaiscongresso_anppom_2012/Anais_ANPPOM_2012.pdf

LIMA, D.; TRALDI, C. A. **Construindo um Hipertímpano**. In: I congresso brasileiro de percussão, 2017, Campinas. Anais do I congresso brasileiro de percussão. Campinas: Editora da Unicamp, 2017. p.511. Disponível em: https://www.iar.unicamp.br/wp-content/uploads/2019/11/anais-congresso-percussao-1.pdf

MENDES, H. M.; DUARTE, A. J.; TRALDI, C. A. **XyLoops – Composição e performance de uma obra para xilofone e eletrônica em tempo real (live looping)**. Revista Vórtex, Curitiba, v.6, n.2, 2018, p.1-20. Disponível em: http://vortex.unespar.edu.br/mendes_duarte_traldi_v6_n2.pdf

MISINA, G. M.; TRALDI, C. A. **Técnicas estendidas e preparação instrumental no vibrafone: considerações e exemplificações**. In: I congresso brasileiro de percussão, 2017, Campinas. Anais do I congresso brasileiro de percussão. Campinas: Editora da Unicamp, 2017. p.22. Disponível em: https://www.iar.unicamp.br/wp-content/uploads/2019/11/anais-congresso-percussao-1.pdf

SILVA, M. F.; TRALDI, C. A. **A utilização de elementos da Música Cênica na performance musical de obra divulgada em vídeo pela internet**. In: PERFORMUS '20, VIII Congresso Internacional da ABRAPEM, 2020, Goiânia. Anais do PERFORMUS '20, VIII Congresso Internacional da ABRAPEM, 2020(a).

Disponível em: https://abrapem.org/wp-content/uploads/2021/02/PERFORMUS-20-Anais-Comunicac%CC%A7o%CC%83es-Orais-17c.pdf

SILVA, M. F.; TRALDI, C. A. **Estudo e Performance de Música para Live**. In: PERFORMUS '20 VIII Congresso Internacional da ABRAPEM, 2020, Goiânia. Anais do PERFORMUS '20 VIII Congresso Internacional da ABRAPEM, 2020(b). Disponível em: https://abrapem.org/wp-content/uploads/2021/02/PERFORMUS-20-Anais-Comunicac%CC%A7o%CC%83es-Recitais-pp312-3.pdf

TRALDI, C. A. **Interpretação mediada & interfaces tecnologicas para percussão**. 2007. 121 p. Dissertação (mestrado) – Universidade Estadual de Campinas, Instituto de Artes, Campinas, SP. Disponível em: http://repositorio.unicamp.br/jspui/handle/REPOSIP/284325

TRALDI, C. A.; Campos, C.; Manzolli, J. **Percussão e Recursos Visuais**. In: VII Seminário Nacional de Pesquisa em Música, 2007, Goiânia. Anais do VII SEMPEM. Goiânia: Editora da UFG, 2007. p. 140-147. Disponível em: https://files.cercomp.ufg.br/weby/up/270/o/anais_VII_SEMPEM.pdf

TRALDI, C. A. **Percussão e interatividade PRISMA: um modelo de espaço instrumento auto-organizado**. 2009. 121p. Tese (doutorado) – Universidade Estadual de Campinas, Instituto de Artes, Campinas, SP. Disponível em: http://repositorio.unicamp.br/jspui/handle/REPOSIP/283997

TRALDI, C. A. **O processo de pashe-shifting criado por Steve Reich em obra para percussão e eletrônicos em tempo real**. In: 8 Simpósio de Cognição Musical, 2012, Florianópolis. Anais SIMCAM 8. Florianópolis: Editora da Udesc, 2012. v. 1. Disponível em: https://abcogmus.org/category/anais-do-simcam/

TRALDI, C. A. **Estudo e Performance de Processos Rítmicos do Século XX com Auxílio de Dispositivos Eletrônicos**. Revista Música Hodie, [S. l.], v. 14, n. 1, 2014. DOI: 10.5216/mh.v14i1.32926. Disponível em: https://revistas.ufg.br/musica/article/view/32926

TRALDI, C. A. **Exploração tímbrica em composição para tímpanos solo**. OUVIROUVER (ONLINE). , v.13, p.190 – 201, 2017. Disponível em: http://www.seer.ufu.br/index.php/ouvirouver/article/view/35147.

Considerações acerca da prática da regência

José Maurício Brandão

Performance em música é o conjunto de procedimentos utilizados na transformação/decodificação da notação musical, em ações físicas necessárias à execução aos instrumentos musicais, de modo que tal notação seja realizada em sons. Dentro deste universo, situa-se a regência na direção da performance musical a partir de gestos visuais destinados a assegurar unanimidade na execução e interpretação. Entretanto, ao lado deste enfoque, puramente técnico, hão de ser acrescentados outros aspectos que juntos podem determinar o que de fato vem a ser a prática da regência.[1]

Regência pode ser definida como a arte ou método de conduzir um grupo musical (um coro, uma banda, uma orquestra, uma performance operística ou de balé, por exemplo), por meio de gestos, que envolvem a marcação de tempo, garantindo entradas corretas e a moldagem dos materiais musicais. Por uma questão de necessidade, a Regência nasceu como um pulso métrico audível e evoluiu para um código silencioso, a fim de evitar interferências no texto musical. Hoje a Regência é uma forma de comunicação não verbal, com aproximadamente 150 anos, destinada a organizar – em todos os seus elementos e aspectos – a atuação e funcionamento de conjuntos musicais. O *Grove Dictionary of Music* adiciona mais detalhes ao conceito:

> A regência moderna combina pelo menos três funções: 1) o maestro marca o tempo com as mãos ou com um bastão na performance; 2) o maestro efetua decisões interpretativas sobre obras musicais e implementa essas decisões em ensaios e performances; 3) o maestro participa da administração do conjunto musical. A palavra regência adquiriu seu significado atual no Século 19, conforme a prática se desenvolveu em sua forma moderna. A

---

1 As citações trazidas pelo autor em língua estrangeira foram traduzidas por ele e a as referências constam nas notas de rodapé, junto com o texto original.

> regência é amplamente limitada à tradição da música artística ocidental, embora outras tradições tenham adotado a prática.[2]

O conhecimento e domínio dos princípios das relações humanas são úteis ao regente no sentido de habilitá-lo a se comunicar com pessoas, de modo a obter delas o máximo em rendimento, com a melhor qualidade possível e com a plena satisfação de todos. Para Max Rudolf "O regente deve ser um músico treinado, deve saber como trabalhar com pessoas em grupo e deve ser capaz de conduzir suas intenções aos seus executantes através de gestos" [3]

Considerando-se a diversidade de elementos necessários à formação de um regente, faz-se necessário questionar em que medida a aptidão a esta atividade pode ser um fator de importância na busca da excelência neste campo: "Em verdade, em todas as profissões a medida do sucesso é inseparável de um talento inato"[4], mas neste caso específico, aparte a musicalidade, a aptidão à liderança é condição *sine qua non*. É sabido que – do mesmo modo como se pode aprender a dominar procedimentos de comunicação necessários a um progresso satisfatório nas relações humanas, úteis nas atividades de direção de um grupo qualquer – a capacidade de concatenar as pessoas e suas atividades de modo a obter o resultado desejado é um "talento" ou "aptidão" particular. Ainda, a disposição de estar sempre exposto (o elemento que tem função destacada dentro de um grupo) e assumindo a responsabilidade de condução, o que significa arcar com méritos e deméritos dos resultados obtidos, são realidades inerentes à prática da regência.

Sob o ponto de vista da execução musical o regente deve dominar aquilo que pretende realizar, de modo a manipular o material musical e humano

---

2 "Modern conducting combines at least three functions: 1) the conductor beats time with his or her hands or with a baton in performance; 2) the conductor makes interpretative decisions about musical works and implements these decisions in rehearsal and performance; 3) the conductor participates in the administration of the musical ensemble. The word conducting acquired its present meaning in the 19th century, as the practice developed in its modern form.Conducting is largely limited to the tradition of Western art music, although other traditions have adopted the practice." John Spitzer et alli. "Conducting" in *Grove Music Online*.

3 "The Conductor must be a trained musician, must know how to work with people in a group, and must be able to convey his intentions to his players by means of gestures." Max Rudolf. *The Grammar of Conducting*.(New York: Schirmer, 1980). p. xv.

4 "True, in every profession the measure of success is inseparable from an inborn talent." Ibid. p. xiii.

que dispõe, estando preparado para efetuar as escolhas e decisões que julgar pertinentes, com o intuito de obter o resultado esperado, seja com respeito ao ideal estético ou interpretativo. Neste sentido deve eleger nos seus estudos, pesquisas e capacitação, aquilo que determinará como "correto" e como "bonito",[5] o que deve estar fundamentado em todo o conjunto de conhecimentos de arte, música, história, estética, etc., cuja formação e amadurecimento não são aptidões inatas, mas sim conhecimentos construídos: "Musicalidade e conhecimento de psicologia, entretanto, ainda não criam um regente. Existe uma técnica de regência assim como existem as técnicas de execução nos instrumentos." [6]

Técnica de regência

No senso geral a técnica consagra-se como "conjunto de regras aptas a dirigir eficazmente uma atividade qualquer".[7] Nas artes, especialmente na música, o termo está sempre relacionado a todos os procedimentos cognitivos, a partir dos quais é possível desenvolver uma atividade prática, com vistas à obtenção da realização musical. Deste modo, podemos classifica-la em inúmeras vertentes: técnica vocal, técnica instrumental, técnica composicional, técnica de regência, as quais, enquanto procedimentos cognitivos, independem de aptidões inatas.

Convém salientar que o termo '*técnica de regência*', em muitos momentos, pode ser confundido com outros termos, tais como: técnica gestual, técnica de ensaio, técnica de preparação de partitura, técnica de acompanhamento, entretanto, se a técnica de regência é entendida em um sentido amplo, todos os termos supracitados passam a ser elementos constitutivos da técnica de

---

5 "Em 1832, Ludwig Spohr publicou um tratado de execução do violino – *Violinschule* – no qual expressa, sob o seu ponto de vista o que é 'correto' e o que é 'bonito' na execução musical ('*Richter Vortrag*' e '*Schöner Vortrag*', respectivamente). Uma execução 'correta' inclui uma afinação apurada, ritmos exatos, uniformidade dos tempos além da observação das indicações do compositor. Uma execução 'bonita' requer um refinado tratamento das dinâmicas, acentos, agógica e fraseados. Além disso, mudanças de andamento podem ser sugeridas por afetos de cada determinada passagem". Conf. Spohr apud Max Rudolf. Op. Cit. p. 331.

6 "Musicianship and knowledge of psychology, however, still do not make a conductor. There is a technique of conducting just as there is a technique of playing an instrument." Max Rudolf. Op. Cit. p. xv.

7 Nicola Abbagnano. *Dicionário de Filosofia.* (São Paulo: Martins Fontes, 2003). p. 939.

regência, cuja excelência depende dos desdobramentos qualitativos de cada uma destas técnicas específicas.

A técnica de regência envolve particularmente o desenvolvimento daquilo que em um termo abrangente pode ser denominado de técnica gestual, ou seja, o conjunto de gestos de ambos os braços em funções específicas, o uso da batuta, a postura corporal e em maior extensão, o uso dos olhos e feições. Note-se que todos estes elementos devem estar direcionados no sentido de implementar uma comunicação visual entre o regente e os músicos, tendo como objetivo a obtenção da uniformidade de execução e interpretação proposta pela conceituação do termo regência.

Ordenando-se os elementos que compõem a linguagem visual a que se presta a técnica gestual, encontram-se três possíveis níveis: em primeiro nível, a pulsação, o andamento, as entradas e cortes, e as fermatas; no segundo nível temos os elementos de dinâmica, agógica, articulação e fraseado; e no terceiro nível os elementos de expressão e interpretação. Uma regência eficaz, clara, concisa e precisa depende em muito do domínio de todos estes elementos, enquanto conhecimento musical e recursos gestuais. Focar um ou dois destes níveis – ainda que muitas vezes seja o senso comum – não é condição para a constituição de uma regência satisfatória: "Para isso [obter um resultado artístico satisfatório] a mera *marcação do tempo* não é suficiente; o gesto apropriado para cada expressão musical deve ser bem dominado, antes de podermos falar de *regência*".[8]

Além dos elementos técnicos que devem ser aprendidos como constituintes da técnica gestual, um procedimento básico deve ser incorporado aos "hábitos" do regente – a habilidade de pensar sempre antecipadamente os fatos reais que podem ocorrer no momento da execução musical. Tal procedimento concorre para a excelência em diversos aspectos da prática da regência: 1. Pensando adiante do que se deseja obter durante a execução, o regente pode imprimir ao gesto, o exato significado do que espera obter como resultado; 2. Antes mesmo da execução o regente deve prever os possíveis problemas de uma peça e, dessa maneira, direcionar a regência de modo a tentar evitar a ocorrência destes problemas; 3. Considerando-se que a regência funciona por

8 "For this, [to obtain a satisfactory artistic result] mere *time-beating* is not enough; the appropriate gesture for each musical expression must be mastered, before we can speak of *conducting*." Max Rudolf. Op. Cit. p. xvi.

meio de preparações e gestos anteriores ao acontecimento dos "fatos musicais", o regente, deve conduzir a orquestra de forma racional, antevendo esses fatos. Deduz-se, por conseguinte, que os diversos gestos preparatórios não são aplicáveis tão somente no início de uma peça, mas ao longo de todo o processo da regência. "Neste sentido, toda a regência é preparação – indicando previamente o que está para acontecer".[9] Max Rudolf assim se pronuncia com respeito a essa situação:

> Para realizar isto, [existem diferenciadas maneiras de execução – os músicos saberão quando tocar *legato* ou *staccato* apenas seguindo sua batuta] você deve pensar adiante; se você não está seguro do que deseja obter, seu gesto não convencerá os executantes.[10]

Como fator determinante da qualidade e da precisão do gestual de um regente, deve estar presente o equilíbrio entre os diversos recursos disponíveis em sua técnica gestual, a saber: ambas as mãos e braços, a batuta, o corpo e os olhos. Do mesmo modo, pode ser necessário a utilização de mais de um recurso gestual com o mesmo significado, como exemplo, a utilização de ambos os braços, batuta e olhos para indicar a entrada de determinado instrumento. O mero espelhamento entre os recursos gestuais não concorre para uma boa regência, principalmente no que concerne à sua clareza e precisão. O balanço na utilização de cada recurso gestual se resume em uma ideia que exprime o ideal de qualidade da regência enquanto linguagem visual. Como cada ideia musical deve estar associada a um gesto específico que a traduz, qualquer elemento adicional associado a este gesto, normalmente será supérfluo ou redundante. Uma técnica de regência bem construída, no que se refere à técnica gestual, deve primar antes de mais nada pela *economia de gestos,* o que confere, além da precisão e concisão desta linguagem visual, a elegância do executante.

Outro aspecto de fundamental importância a uma boa regência é a clara determinação dos tipos de gestos no que concerne à sua função dentro de uma execução. É sabido que o grau de curvatura ou de linhas retas no gráfico dos

---

9 "In a sense, all conducting is preparation – indicating in advance what is to happen." Ibid. p. 243.

10 "To do this, [There are different ways of performing...he will know when play legato or staccato just by following your baton] you will have to think ahead; if you are not sure of what you want, your gesture will not convince the player." Ibid. p. 52.

gestos está ligado ao tipo de articulação que se deseja obter: *legato*, *staccato*, *detaché*, entre outros. A dosagem com que se marca o ponto de mudança de direção da curvatura do gráfico gestual está ligado à dose de acentos que se deseja executar nos tempos ou frações de tempo de uma passagem musical: *marcato*, *tenuto*, etc. A envergadura do gesto está normalmente ligada às expressões de dinâmica. No que tange especificamente à função do gesto dentro de uma execução, estes podem ser classificados em quatro tipos fundamentais:[11] tempos neutros ou mortos; tempos de preparação – estes denominados gestos passivos; tempos de entradas; tempos contínuos, de pulsação ou condução – e estes denominados gestos ativos – todos podendo ser definidos como intenções de gestos. O tempo neutro ou morto ("neutral beat" ou "dead beat") é marcado quando nenhum "fato musical ativo"[12] está acontecendo, mas a marcação está a prosseguir. Acontece nas contagens de pausas, em recitativos, em compassos vazios e quando da marcação de tempos anteriores a um tempo de preparação. O tempo de preparação ("preparation beat") é marcado sempre adiante de cada ocorrência musical em preparação à sua realização: entradas diversas, início da peça, acentos, inflexões variadas, etc. O tempo de entrada ("cuing beat") é marcado normalmente em sequência a um tempo de preparação, é o tempo de realização do que foi a ação do tempo de preparação. O tempo contínuo, de pulsação ou de condução ("continuous beat" ou "metrical beat") é marcado em sequência a execução de uma passagem qualquer de uma peça. A realização clara destas intenções de gesto determina o grau de precisão que pode ser conferido na relação entre ideia musical e o gesto adequado que será realizado durante a execução.

Ainda no que concerne ao gesto como conjunto de elementos de comunicação visual, um aspecto importante reside no controle do espaço onde toda técnica gestual deve ser desenvolvida, o que normalmente é denominado campo ou plano de marcação ("field of beating").[13] Um bom controle deste "espaço" revela-se de particular importância na clareza dos gestos, uma vez que confere aos músicos uma referência fixa de onde devem concentrar sua

11 Termos utilizados por diversos autores: Max Rudolf, Nicolai Malko, Elizabeth Green, e outros.

12 Fato musical ativo quer significar todo elemento da realização musical no qual não existe som sendo executado, ou o silêncio contido numa pulsação contínua.

13 Vide nota 11.

atenção na regência.[14] Da combinação destes elementos resulta uma regência verdadeiramente útil como ação unificadora da execução conforme a definição do termo regência.

A pequena argumentação de F. Goldbeck: "Nada é mais simples que o princípio da marcação dos tempos, mas a prática da regência é complexa"[15], pode questionar o propósito da técnica gestual dentro da regência, uma "comunicação músico-visual", enquanto recurso de execução musical. Sobre essa questão ele argumenta:

> Palavras faladas nos ensaios, quer sejam ordens ou explicações, são endereçadas à inteligência dos executantes. Ações de presença são captadas pela sua musicalidade inconsciente ou subconsciente. Os gestos do regente são endereçados, por etapas ou simultaneamente, à mente dos executantes e aos seus instintos,[16] à orquestra disposta a obedecer, e à orquestra que deve ser conduzida. Desenhos fascinantes são desenhados no ar pelas mãos e batuta. É difícil para o público não os observar, quase impossível para a orquestra não os seguir. Estes sinais e desenhos compartilham de duas diferentes naturezas: ambos são ordens explícitas, conduzidas por um código de SINAIS CONVENCIONADOS e ações de presença visíveis conduzidas pelo GESTO EXPRESSIVO.[17]

Deste modo, muito mais que uma função unificadora, a regência deve deter todos os elementos da geração do som e de sua qualidade na execução musical em grupo:

---

14 Vale ressaltar que numa orquestra, os instrumentistas – que estão lendo suas partes, operando seus instrumentos e atuando em conjunto – percebem a regência majoritariamente por meio de visão periférica e reagem à regência por ato reflexo. Por isso uma clara delimitação e efetivo uso de um plano de marcação concorre positivamente para clareza e eficácia da regência.

15 "Nothing is simpler than the principle of time-beating, but the practice of conducting is complex." Frederick Goldbeck. *The Perfect Conductor*. (New York: Pellegrini & Cudahy, 1951). p. 148.

16 Vide nota 14

17 "Words spoken at rehearsals, whether orders or explanations, address the players' intelligence. Action of presence is taken in by their unconscious or half-conscious musicality. The conductor's gesture addresses, by turns or simultaneously, the player's mind and his instinct, the orchestra willing to obey, and the orchestra that has to be carried away. Fascinating designs are drawn in the air by hand and baton. It is difficult for the listener not to watch them, almost impossible for the orchestra not to follow them. These signs and designs partake of two different natures: being both explicit orders conveyed by a code of CONVENTIONAL SIGNALS and visible action of presence conveyed by EXPRESSIVE GESTURE." Ibid. p. 149.

> Todo som produzido pela orquestra ou coro, igualmente depende diretamente de um gesto do regente, ou está sob o controle de dois gestos sucessivos. O som brota do gesto, depende dele e é definido por ele. A orquestra e o coro obedecem aos gestos do regente, transformam-se em instrumentos em suas mãos.[18]

Sobre isto acrescenta Nicolai Malko: "O movimento da mão, especialmente do punho conduz tão bem a orquestra que o regente deve estar seguro que suas mãos expressam suas intenções clara e corretamente".[19] Deste modo o gesto deve ter o propósito de obter dos executantes, instrumentistas ou cantores, o melhor resultado possível enquanto ideal técnico, estilístico e estético, enquanto fidelidade às ideias do compositor e enquanto realização artística: "Isto põe uma grande responsabilidade sobre o regente. Sua regência deve realmente corresponder ao som que deseja produzir e ter o objetivo de expressar idealmente todas as intenções indicadas pelo compositor".[20]

Para tal fim configuram-se os processos da técnica de regência, o conjunto de processos cognitivos, cujo domínio possibilita a execução de música em grandes grupos. Neste sentido, a técnica propicia o conhecimento e domínio dos elementos necessários à direção dos grupos musicais, de tal modo a conferir-lhes segurança e obter deles a excelência de resultado. Tais processos funcionam a partir de um estudo do movimento, do controle de gestos físicos e da expressão corporal, em prol de uma equilibrada linguagem visual, conforme relata Max Rudolf:

> O controle de gestos físicos e movimentos, necessários a todos que aparecem em público, é especialmente importante para o artista, porque seu equilíbrio e facilidade de movimentação não apenas impressiona o públi-

---

18 "Every sound produced by the orchestra or chorus either depends directly on one gesture of the conductor, or it is under the control of two successive gestures. The sound springs from the gesture, depends upon it, and is defined by it. The orchestra and chorus, obeying the conductor's gesture, become an instrument in his hands." Nicolai Malko. *The Conductor and his Baton*. (Copenhagen: Wilhelm Hansen, 1950). p. 123.

19 "The movement of the hand, especially of the wrist, conveys so much to the orchestra that the conductor must make sure that his hand expresses his intentions clearly and correctly." Ibid. p. 116.

20 "This puts a great responsibility on the conductor. His conducting must really correspond to the sound he wants to produce, the aim being to express in his conducting ideally all that is indicated by the composer." Ibid. p. 123.

> co, mas – e isto é bastante mais significativo – também afeta a sua própria performance. O regente necessita de liberdade de movimentos mais do que qualquer músico, porque seu trabalho consiste na comunicação da expressão musical diretamente a partir dos gestos. Como outros executantes, ele deve encontrar um meio adequado entre tensão e relaxamento; ele mostrará isto na maneira com que sobe ao *podium* e olha os executantes – e decerto em todos os gestos que fizer.[21]

Regência de Ópera

Do mesmo modo como o gênero artístico Ópera se especializou pelas suas particularidades técnicas, estruturais, estéticas e interpretativas, a regência deste repertório também se configura como um aspecto particular da regência enquanto execução musical. "A função do regente de ópera combina duas funções: o regente determina os andamentos e pulsações visíveis aos cantores e instrumentistas; o regente controla ou colabora com outros profissionais em muitas áreas da interpretação musical e dramática".[22]

No que concerne à técnica, a regência de ópera e de repertório sinfônico não apresenta diferenças. Max Rudolf argumenta: "Em termos de técnica de batuta, reger uma ópera não é diferente de conduzir música sinfônica".[23] Contudo, o autor relata três aspectos que são de particular importância na realização dos gestos na regência operística: a clareza e flexibilidade, a visibilidade e a exatidão das intenções de gestos. A clareza e flexibilidade dos gestos são um elemento essencial para o controle eficiente das frequentes mudanças de tempo e metro, das passagens em *rubato*, *fermatas*, *cadenzas*, dentre outros ele-

---

21 "Control of physical gestures and movements, necessary to everyone who appears on a public platform, is especially important for the artist, because his poise and ease of movement not only impress the public, but – and this is far more significant – also affect his own performance. The conductor needs freedom of motion more than any musician, because his work consists of communicating musical expression directly by gestures. Like other performers, he must find a happy medium between tension and relaxation; he will show this in the way he mounts the podium and faces the players – and indeed in every gesture he makes." Max Rudolf. Op. Cit. p. 233.

22 "The opera conductor's role combines two functions: the conductor sets tempos and beats time visibly for singers and instrumentalists; the conductor controls or collaborates with others in many areas of musical and dramatic interpretation." John Spitzer e Neal Zaslaw. "Conductor" in *The New Grove Dictionary of Opera.* (London: Macmillan, 1998). Vol. 1, p. 914.

23 "In terms of baton technique, conducting an opera is not different from leading symphonic music." Max Rudolf. Op. Cit. p. 397.

mentos particulares, e tão comuns neste repertório.[24] A visibilidade dos gestos é um aspecto que requer especial atenção em virtude das disposições de palco na realização de produções operísticas. Considerando-se que a orquestra está posicionada dentro do fosso, os cantores estão no palco em diversas posições e a iluminação não pode ser colocada especificamente como na realidade de um concerto sinfônico, dois cuidados devem ser observados: tanto o regente deve ter absoluto controle do seu campo de marcação, como também deve cuidar para que este esteja bem iluminado. Max Rudolf com relação a isso relata:

> Também, um regente de ópera, dirigindo em um fosso de orquestra pouco iluminado, deve estar certo que seus gestos estão dentro da área iluminada de seu *podium* [...] Atenção especial deve ser devotada à visibilidade da marcação. A escolha dos gestos pode depender da disposição da orquestra dentro do fosso e da distância dos cantores no palco. Também, problemas de iluminação são comuns. O regente deve estar certo que seu gesto é sempre visível por todos os executantes.[25]

A exatidão das intenções de gestos, se ativos ou passivos, é um fator importante na regência operística, pois a diversidade de elementos em uma partitura de ópera vem a requerer do regente a capacidade de conduzir os executantes – cantores e instrumentistas – para uma realidade na qual cada parte em separado não apresenta, na maioria das vezes, uma estruturação linearmente óbvia, como por exemplo, a grande quantidade de compassos de espera, os longos trechos de acompanhamento, os trechos de texto falado, etc. Neste contexto, "dead beats" e "preparatory beats" realizados de maneira clara e precisa são chaves efetivas de uma direção eficiente.

Nos seus elementos estruturais o repertório operístico apresenta os recitativos como aspecto particular a ser tratado pela regência. A condução do cantor em solo ou em grupo, tendo a orquestra por acompanhamento, revelase uma das mais delicadas tarefas do regente, para a qual o domínio técnico é

24 Conf. Max Rudolf, Op. Cit. p. 397

25 "Also, an operatic conductor, directing in a darkened orchestra pit, must be certain that his gestures are within the lighted area of his desk.(...)
Special attention must be given to the visibility of the beat. The choice of gesture may depend on the orchestra's seating in the pit and on the distance from the performers on stage. Also, problems of lighting are quite common. The conductor must make sure that his beat is always visible to all performers." Max Rudolf. Op. Cit.. pp. 235 e 397.

de capital importância. Tecnicamente, a regência de um recitativo não difere da condução de uma parte solista com a orquestra, mas por hábito, muitos regentes tendem a conduzir recitativos como uma série de tempos fortes, o que deve ser de toda maneira evitado.

> Muitas vezes, durante um recitativo, a orquestra terá apenas acordes em bloco. Se estes ocorrem em tempos fortes, não há problema; mas frequentemente estão fora da cabeça de compasso – no segundo, quarto ou entre tempos. Alguns regentes executam estes acordes – independentemente de onde ocorram – no primeiro tempo. Este é um mau hábito e gera confusão àqueles que têm pausas nas suas partes. Eles perdem a contagem. Em um recitativo, o início de um compasso deve ser marcado no primeiro tempo, mesmo quando aí exista uma pausa. Não há razão porque, um acorde acontecendo no segundo tempo, o regente não possa seguir o padrão gráfico-gestual normal e marcar este tempo com um movimento claro do centro para a esquerda (preparado no primeiro tempo).[26]

No que concerne a questões interpretativas, alguns elementos diferenciam a atitude da regência no trabalho com ópera: o libreto e a tradição. Sobre o libreto são estruturados todos os elementos de uma ópera no âmbito da composição e, por conseguinte, também da execução. "Inspirado pela história e seus personagens principais, um compositor de ópera esforça-se para integrar música, texto, e ação cênica. Por isso, um regente de ópera deve primeiramente concentrar-se em uma revisão do *libretto* e seu *background*".[27] A tradição nas práticas interpretativas em ópera são um elemento de tal importância, chegando a criar um elenco de informações adjuntas às partituras deste repertório – normalmente adequações efetuadas pelos cantores em suas performances, ou mesmo alterações efetuadas pelos compositores quando das

---

26 "Often, during a recitative, the orchestra will have a single chord. If it occurs on a downbeat there is no problem; but frequently it is on an offbeat – the second, the fourth, or between beats. Some conductors give these chords – wherever they occur – on downbeats. This is a bad habit and confusing to those who have rests. They lose count. In a recitative the beginning of a measure should be given on a downbeat, even when there is a rest. There is no reason why, because the chord happens to be on a second beat, the conductor cannot follow the normal beat-pattern and give this beat with a clear motion from the middle to the left (prepared by the first beat)." Emil Kahn. *Elements of Conducting*. (New York: Schirmer, 1975). p. 253.

27 "Inspired by the story and its leading characters, an opera composer attempts to integrate music, words, and stage action. Therefore, an opera conductor's first concern should be to review the libretto and its background." Max Rudolf. Op. Cit. p. 396.

primeiras execuções das obras – e passadas como "regras" de execução. Atualmente tem sido uma opção dos regentes seguir fielmente as indicações escritas nas partituras ou ceder às questões da tradição.

Ainda acerca da regência de ópera, dois fatores são relevantes como requisitos à excelência nesta atividade: a prática no trabalho com cantores, e como pianista colaborador/coach (co-repetição). Tais fatores não apenas se mostram como requisitos ao sucesso do regente de ópera, como de fato, em muitas escolas operísticas são o campo de formação do regente para este tipo de repertório. A importância do domínio destes aspectos está ligada diretamente à dupla função do regente na direção do repertório deste gênero: dirigir e acompanhar.

> Um regente de ópera assume a dupla função de líder e acompanhante. Quando conduzir e quando "seguir com a cena" não pode ser determinado. Tais decisões normalmente geradas em um impulso de momento, dependem de circunstâncias imprevisíveis.[28]

Neste sentido, o domínio do instrumento *Piano* não somente é útil como ferramenta de estudo do regente, como o é também na atividade de acompanhar e preparar cantores. Deste modo, pode-se determinar um meio eficaz entre conduzir e acompanhar, assim como deve ser a sua função na regência de uma ópera. "Muito também depende da habilidade do regente em trabalhar com cantores. Ensaiar cantores é razoavelmente diferente de reger instrumentistas. Uma extensa experiência em preparação de cantores é necessária na identificação com os executantes no palco".[29]

Em suma, como atividade de direção, a regência de ópera deve antes de mais nada refletir a exata ideia do regente sobre a obra que executa, principalmente em concordância com todos os elementos componentes da produção: instrumentistas, cantores – solistas e coro – ação cênica, elementos de palco (cenografia, maquinaria, indumentária e figurino, iluminação, etc.), dança e

---

28 "An opera conductor assumes the dual role of leader and accompanist. When to lead and when to "go with the stage" cannot be formulated. Such decisions, often made on the spur of the moment, depend on unpredictable circumstances." Ibid. p. 406.

29 "Much also depends on the conductor's ability to work with singers. Rehearsing vocalists is quite different from directing instrumentalists. Extensive experience in vocal coaching is needed to identify with the performers on stage." Ibid. p. 405.

demais elementos. Neste sentido, a técnica gestual deve ser essencialmente concisa de modo a atuar como fator de unificação na execução, quando então todos os elementos estão sendo acionados simultaneamente.

> A autoridade deste gestual deve estar no antecipar [e concentrar] o caráter particular do início, que pode variar do tranqüilo e contemplativo ao vivo e enérgico.[30]

Preparação pessoal

Sob uma visão geral, a preparação pessoal do regente pode ser resumida em uma frase que encerra o objetivo deste processo: o regente deve conhecer verdadeiramente a partitura que executa e determinar exatamente o que espera obter dela. Neste sentido, a regência é a mais delicada das atividades de execução musical, pois a realização da ideia do compositor não é produto direto de sua vivência, mas sim do que consegue transferir aos seus executantes.[31]

> É esta a problemática de todos os intérpretes [o problema do relacionamento com a obra]; mais premente, porém, no caso da regência, pois que a convicção de regente deve ser tão profundamente vivenciada, que possa ser transferida para os músicos como se fosse produto da vivência de cada um deles.[32]

Esta realidade proporciona ao regente, enquanto executante, uma vivência completamente distinta dos demais *performers* – instrumentistas ou cantores – uma vez que, antes de qualquer realização musical concreta, ele deve criar no seu ouvido interno todas as condições, elementos e circunstâncias da performance a ser realizada. "Esta imagem deve refletir todos os aspectos do fazer musical, dos mínimos detalhes à ampla fluência da música, do primeiro ao último compasso".[33] De todo modo, transposta a fase de es-

---

30 "The authority of this gesture must be in keeping with the particular character of the opening, which may vary from quiet and contemplative to vivacious and energetic." Ibid. p. 77.

31 Enquanto um instrumentista produz som com seu instrumento nas próprias mãos, e os cantores com suas próprias vozes, um regente precisa produzir sua música pelas mãos e vozes de outrem.

32 Sergio Magnani. "Algumas observações sobre o ofício e a arte da regência" in *ART 010: Revista da Escola de Música e Artes Cênicas da UFBA*. Vol. 10 (Salvador: UFBA, 1984). pp. 20 e 21.

33 "This image must reflect all the aspects of music making, from minute details to the broad flow of the music from the first to the last measure." Max Rudolf. Op. Cit. p. 313.

colha de repertório, a preparação do regente inicialmente deve se focar no estudo da partitura. Trata-se de um procedimento de escolhas, um elenco de decisões acerca de andamentos, articulações, fraseados, dinâmicas e demais elementos da estruturação musical, que ao lado dos conceitos estético-estilísticos, do conhecimento de práticas interpretativas e de uma considerável dose de bom senso, irão compor o ideal interpretativo a ser atingido na execução. Por conseguinte, este processo depende do *background* do músico regente, seja na determinação de um andamento, de uma articulação ou de determinado elemento do seu gestual. De fato, sua segurança na transmissão das ideias que deseja realizar aos seus executantes estará fundamentada em todo o conjunto de conhecimentos de música e das áreas mais diversas do conhecimento que adquiriu em sua formação.

S. Magnani, no que denomina "relacionamento regente-obra", divide o processo de preparação do regente, com relação ao estudo da partitura, em três fases: a primeira denominada crítico-filológica; a segunda denominada estratégica, e a terceira denominada tática.[34] Na primeira fase, ele classifica a atividade do regente como filológica, linguística e crítica, no sentido da captação e extração da leitura mais "correta e autêntica" possível do texto musical. Na segunda fase ele acredita que o regente deve determinar o grau de sua liberdade no que concerne aos elementos que utilizará e sua respectiva dosagem na construção do seu ideal interpretativo. Na terceira, ele define os procedimentos que serão utilizados no ensaio, de modo a obter dos executantes o resultado que deseja.

Como citado anteriormente, com referência à regência de ópera, a preparação de uma partitura deste repertório, ou mesmo de uma partitura da literatura vocal-sinfônica, vincula-se ao texto que deu origem à peça musical. A partir dele, todas as demais circunstâncias extramusicais adjuntas à obra poderão ser estudadas. Então, na ópera, particularmente, o estudo do libreto é certamente o primeiro passo a ser efetuado, inclusive porque, do conhecimento conjunto de libreto e partitura, o regente poderá efetuar a escolha dos solistas e demais elementos da montagem.

Um outro aspecto particular da preparação pessoal do regente reside no cuidado dedicado ao seu material de trabalho: a obtenção de partituras e

34 Sergio Magnani. Op. Cit. pp. 21-23.

materiais de orquestra de uma mesma edição e de editoras confiáveis; partes de orquestra, de coro e *vocal scores* de boa qualidade, legíveis e adequadamente marcadas. Neste sentido, o regente cuidará de cada parte, efetuará meticulosamente as revisões e correções. De um bom material dependerá um bom ensaio, principalmente no que concerne à otimização do tempo, além de não causar desconfortos aos executantes, o que normalmente se traduz em indisposições e indisciplinas – justificáveis em verdade – por parte deles.

Em suma, além dos aspectos aos quais um estudo sistemático deve ser devotado, a preparação pessoal do regente deve consistir na capacidade de sistematizar e planejar suas ações em muitos níveis. Do mesmo modo como na técnica gestual, a ideia de preparações primando pela economia de movimentos deve ser a essência de uma boa regência, o planejamento de cada atividade, cercando todos os possíveis pontos de problema, revelam-se determinantes na qualidade do trabalho efetuado e do resultado obtido. Há que se considerar que nem todos os elementos de um ensaio ou performance são completamente previsíveis, como também a *práxis* pode revelar aspectos exatamente distintos daqueles determinados no estudo e preparação da obra, neste caso a capacitação técnica por um lado e, por outro lado, a experiência e a intuição, são fatores que concorrem para o sucesso desta atividade.

É certo também que competência e humildade devem caminhar juntos em qualquer atividade. O regente deve chegar à frente de um grupo para dirigi-lo tão somente se realmente domina o material que será trabalhado, suas circunstâncias e consequências. Deve estar aberto a todas as sugestões que em verdade venham a ser adições preciosas ao seu trabalho, pois ele não é o dono da verdade sobre qualquer assunto e nem tem maneira perfeita e única para desenvolver determinado repertório. Neste particular, Max Rudolf relata:

> Algumas das ideias do regente podem mudar ao longo dos ensaios. Todavia, começando com o primeiro ensaio, ele deve encarar a orquestra com a clara concepção da partitura e estar preparado para responder às questões propostas pelos músicos acerca da performance de suas partes. Sua autoridade sofrerá ao menos que ele possa instruir seus executantes rápida e eficientemente.[35]

---

35 "Some of the conductor's ideas may change in the course of rehearsals. Still, beginning with the first rehearsal, he must face the orchestra with a clear conception of the score and be prepared to answer questions asked by musicians regarding the performance of their parts. His

Sérgio Magnani também se manifesta quanto a essa questão:

> O problema do relacionamento com a obra, todavia, não se esgota no primeiro contato. Toda reaproximação de uma partitura já estudada e realizada deve ser uma revelação, assim como todo reencontro com uma mulher amada deve ser o desejo de desvendar novos horizontes do amor. [...] E lá [no ensaio] ele deve chegar como um bom general, com os planos bem traçados, as ordens definidas, sem que isto exclua uma razoável margem de fantasia para as intuições do momento na transição da teoria à 'praxis', ou para as sugestões de um colaborador eficiente.[36]

O ensaio

> Um verdadeiro líder deve ser um mestre em dois extremos de um espectro: ideias no mais alto nível de abstração e ações no nível mais mundano de detalhes.[37]

É somente a partir de ensaios bem feitos que o regente atinge uma performance satisfatória. Sob essa perspectiva está presente a capacidade do regente de bem conduzir os ensaios no intuito de obter os melhores resultados com o maior prazer e satisfação dos elementos humanos disponíveis; esse é um fator determinante da capacidade e do carisma de um regente, o que é retribuído com respeito, dedicação e disciplina.

Focando a regência enquanto execução musical, deve-se compreender que a realização de uma obra é fruto de três momentos: a preparação pessoal, o ensaio e a performance. Nesta ordem, estas atividades se entrelaçam: a preparação pessoal (o estudo) deve ser concisa e detalhada, no sentido de habilitar bons ensaios, que por sua vez deverão gerar boas performances: "O sucesso do ensaio começa com um regente que conhece a partitura que executa – não apenas casualmente, mas intimamente"[38] e se complementa com o respeito

authority will suffer unless he can instruct the players quickly and efficiently." Max Rudolf. Op. Cit. p. 313.

36 Sergio Magnani. Op. Cit. pp. 20, 23-24.

37 "An effective leader must be the master of two ends of the spectrum: ideas at the highest level of abstraction and actions at the most mundane level of detail." Thomas J. Peters e Robert H. Waterman Jr. *In Search of Excellence*. (New York: Harper & Row, 1982). p. 44.

38 "The success of the rehearsal starts with a conductor who knows his score – not just casually, but intimately." Elizabeth Green. *The Dynamic Orchestra*. (Englewood Cliffs: Prentice-Hall, 1987). p. 83.

e distinção com os quais o regente trata seus executantes. Do mesmo modo como o ensaio é o terreno onde o regente deve ser provado nos seus conhecimentos técnicos de música e de cultura geral, é também onde fica evidenciada a sua capacidade de se relacionar com as pessoas.

O que poderia ser determinado como um bom ensaio? Certamente, a obtenção da realização musical desejada mediante uma equilibrada dose de disciplina, polidez e capacitação técnica; ou ainda, a verdadeira satisfação de executantes e regente pelo trabalho executado; " É a feliz combinação de objetividade e iniciativa, racionalidade e sensibilidade, discernimento e intuição que, em adição às habilidades técnicas, são os fatores decisivos na condução de ensaios bem-sucedidos"[39]

Três fatores devem ser alvo de contínuo controle por parte do regente, no sentido de obter bons resultados:

1. A economia e otimização do tempo – O tempo conspira sempre contra o regente, poder-se-ia dizer que sempre haverá menos tempo que o necessário para a "preparação ideal" de uma determinada obra. Entretanto, à medida que se controla o tempo disponível para cada atividade de ensaio, o regente poderá dispor de maior concentração, atenção e trabalho, nos elementos que, por um lado, estão a requerer mais aprofundamento, e, por outro, aquele que o regente previamente sabe que poderão gerar efeitos indiretos de progressos em demais aspectos da obra. Ainda o regente deve entender que o ensaio é momento de trabalho com o grupo e não de questionamentos próprios, mesmo que sobre o seu trabalho naquele instante.

> Um bom regente sabe que ele não pode se dar ao luxo de desperdiçar até mesmo um precioso minuto de seu ensaio 'ao vivo'. Por isso, convém que ele esteja completamente preparado antes de realizar a performance, seja em um coro, em uma banda ou em uma orquestra.
> Se um problema a ele se configurar durante um ensaio para o qual não está preparado a resolver, ele deve marcar este ponto com um lápis e continuar o ensaio. A solução deverá ser trabalhada à parte, antes do ensaio seguinte.

---

39 "It is the happy combination of objectivity and initiative, rationalization and feeling, discernment and intuition that, in addition to technical ability, is the decisive factor in leading a successful rehearsal." Max Rudolf. Op. Cit. p. 396.

> O valioso tempo de ensaio não deve ser usado para resolver os problemas do regente.[40]

2. A determinação e clareza de propósitos – O regente não é, ou não deve ser, um "comandante autocrático", portanto, todos os procedimentos de ensaio devem ser coordenados de modo que os executantes tenham sempre uma visão clara do que está sendo trabalhado, onde estão os pontos problema da peça e o que deve ser feito para atingir o resultado esperado. Neste sentido, o domínio dos processos que levarão à execução deve estar aliado ao bom senso; o regente deve saber onde podem se configurar os problemas e como resolvê-los e também deixar a execução fluir quando a qualidade obtida é satisfatória. Os executantes devem sentir prazer e a utilidade do seu trabalho. Havendo motivos para paralisar o ensaio, o regente deve trazer para os instrumentistas elementos e informações que trarão acréscimos e melhorias ao resultado que pretende obter e nunca efetuar repetições desnecessárias: " Observe, ao estudar a partitura, todos os possíveis problemas. Tenha soluções trabalhadas em sua mente antes de ir ao ensaio. Mas use estas soluções *apenas se elas se fizerem necessárias*"[41]

3. A clareza na comunicação – Do mesmo modo como o gestual por si só deve significar e conter todas as intenções que o regente tenciona transmitir aos seus executantes, as indicações verbais – quer enquanto sugestões quer como correções – devem ser claras e definidamente expressadas, de tal forma a se constituírem elementos de esclarecimento e não de geração de dúvidas. Um tom de voz sóbrio e sereno traduz autoridade e coerência sem revelar tirania. Saber quando falar a todo o conjunto, ou a um grupo em particular, tendo

---

40 "A good conductor knows that he cannot afford to waste even one precious minute in the 'live' rehearsal. Therefore, it behooves him to be superbly prepared before he makes the music sound on the instrument itself, be that instrument the chorus, the band or the orchestra.
If a problem confronts him during rehearsal which he is not prepared to solve, he should check it with a pencil and continue the rehearsal. The solution should then be worked out in detail before the next rehearsal. Valuable rehearsal time should not be used to mull over the conductor's problems." Elizabeth Green. *The Modern Conductor*. (Englewood Cliffs: Prentice-Hall, 1969). p. 205.

41 "Notice all of these possible danger spots as you study the score. Have solutions worked out in your mind before you go to the rehearsal. But use the solutions *only if they are needed*." Ibid. p. 210.

em ambos os casos, o objetivo de claramente definir a questão ali pendente, constituem-se elementos da comunicação, de cuja concisão resultarão simpatia e economia de tempo.

> Eles [os executantes treinados] também esperam autoridade e eficiência do seu líder quando ele [o regente] julga necessário abordar passagens cujo rendimento requer explicações verbais. A habilidade de se expressar de maneira plena e concisa é uma parte importante no ofício do regente. É sua responsabilidade determinar o momento do ensaio no qual a música deve ser interrompida.[42]

Os três fatores ora citados congregam os procedimentos do que é denominado planejamento de ensaio. Como qualquer atividade de liderança, o planejamento responde pelo ordenamento dos recursos materiais, humanos e temporais, no sentido da realização dos objetivos propostos e da obtenção dos melhores resultados. Adotados estes procedimentos os ensaios podem seguir sob diferentes modalidades: ensaio de naipes, ensaios gerais, ensaios com cena, preparação de solistas, etc. A escolha e consequente determinação da utilidade e aplicabilidade deste ou daquele tipo de ensaio depende diretamente do resultado que se espera obter, do tempo que se dispõe e de suprir as necessidades de cada um dos executantes que estão à disposição do regente. Neste sentido, o planejamento de ensaio tanto se refere ao ordenamento e escalonamento de atividades dentro de cada ensaio, como também à escolha dos tipos de ensaio que deverão ser realizados ao longo da preparação de uma performance.

Não se pode perder de vista que neste planejamento prévio, o regente deverá ter o controle absoluto dos elementos que circundam a obra, como realizá-los, como obter o melhor padrão de qualidade do grupo, tanto no sentido de retirar o que de melhor eles poderão oferecer, como também trabalhar de forma a obter um crescimento crescente destes instrumentistas: "É responsabilidade do regente estabelecer o mais alto nível possível na performance desde o início do ensaio. Decerto, os primeiros cinco minutos são frequen-

42 "They [skilled musicians] also expect authority and efficiency from their leader when he [the conductor] finds it necessary to discuss passages whose rendition needs verbal explanation. The ability to express himself plainly and concisely is an important part of the conductor's craft. It is his responsibility to keep up the momentum of the rehearsal while music is interrupted." Max Rudolf. Op. Cit. p. 387.

temente decisivos para os resultados de uma sessão de trabalho"[43]. Assim, no estudo, no conhecimento da partitura, na otimização do tempo, na relação que o regente estabelece com os executantes, reside o fator fundamental de qualidade do trabalho de ensaio. Paralelamente, intuição e bom senso devem equilibrar as ações do regente.

O ensaio deve revelar, em todos os aspectos possíveis, a performance que o regente almeja executar, e nesse particular ele deve ter em mente que tudo que não funciona ou que falhou no ensaio serão certamente os problemas concretos de uma execução pública. "O ato de ensaiar grupos musicais é uma *performance para o regente*, mas um ensaio para os músicos"[44]; por isso a exata medida entre o necessário, o útil e o agradável, ao lado do mais amplo controle possível de todo o processo, são fundamentais na realização de ensaios eficazes: "Concluindo, determine os mais altos padrões possíveis de performance como objetivo. Para este propósito insista na mais estrita disciplina, mas tenha paciência e senso de humor, e nunca deixe o tempo ser desperdiçado com práticas de ensaio ineficientes"[45]

A performance

> Toda prática, todo estudo da partitura, todo trabalho de ensaio tem como objetivo final a apresentação frente a uma plateia.[46]

A performance deve ser entendida basicamente sob dois enfoques: é o objetivo para o qual todos os esforços devem ser direcionados, e é a realização de um ideal artístico de modo satisfatório, coerente e feliz. Não se deve associar a performance apenas com respeito a obtenção de resultados, ou

43 "It is the conductor's responsibility to establish the highest possible level of performance from the very beginning of a rehearsal. Indeed, the first five minutes are often decisive for the results of a working session." Ibid. p. 386.

44 "The act of rehearsing the musical organizations is a *performance for the conductor*, but a rehearsal for the musicians." Elizabeth Green. *The Modern Conductor*. (Englewood Cliffs: Prentice -Hall, 1969). p. 205.

45 "In conclusion, set the highest possible standards of performance as the goal. For this purpose insist on strictest discipline, but have patience and a sense of humor, and never let time be wasted by inefficient rehearsal practices." Emil Kahn. Op. Cit. p. 222.

46 "All of the training, all of the score study, all of the rehearsing have as their ultimate goal the presentation before an audience." Nicolai Malko e Elizabeth Green. *The Conductor's Score*. (Englewood Cliffs: Prentice-Hall, 1985). p. 99.

seja, os fins justificando os meios, ou então como uma estrita valorização da construção dos procedimentos, ou seja, os meios justificando os fins. Todos os elementos, desde a escolha da peça ao corte da última *fermata* da partitura na derradeira execução de uma temporada, devem ser ordenados de modo a se constituírem em motivos de crescimento e prazer para todos, sejam eles o compositor, regente, executantes, público e todos os recursos humanos adicionais disponíveis e envolvidos: " O compositor, o executante, o ouvinte, esta trindade forma um fenômeno orgânico unitário. E neste círculo completo está a essência da arte musical" [47]

Neste sentido, a regência oferece ao músico regente uma posição de particular importância e delicada responsabilidade dentro do universo da execução musical. É o regente o elemento concatenador, como definem os italianos: *Maestro Direttore e Concertattore*,[48] cujo ofício é ser ponte de ligação entre: compositor-executantes, obra-execução, obra-público, e compositor-público como consequência.

Enquanto líder de um grupo e com a função de ordenar todos os elementos da realização artística, o regente deve acima de tudo inspirar total confiança nos seus comandados. Para tal, alguns fatores simples revelam-se de fulcral importância: um deles consiste no hábito de olhar atenta e carinhosamente para cada um dos seus executantes, durante a maior parte do tempo possível, pois ao mesmo tempo que controla os eventos que se processam na execução, convida cada um dos músicos ou cantores a realizar aquela sua parte, dando-lhes a certeza que não estarão sozinhos, mas sim apoiados pela condução do regente.

Outro fator, já citado anteriormente, consiste no regente pensar sempre adiante dos fatos do momento. O regente também não deve se descontrolar emocionalmente, ele deve sempre adotar uma dose racional e manter o controle sobre o ideal que busca realizar: "Desta maneira, o regente é capaz de pensar adiante e estar alerta para qualquer emergência, e os executantes

47 "The composer, the performer, the listener, these three form one united, organic phenomenon. In its completed circle it is the essence of musical art." Ibid.

48 Termo utilizado especificamente na definição italiana do regente de ópera.

sentem que podem confiar nele em qualquer situação".[49] Por isso, o regente deve ser treinado e estar preparado para manter a calma em qualquer situação, como também ser capaz de prever os possíveis problemas antes que eles aconteçam.[50]

> A função do regente, contudo, vai mais além do mero exercício de controle. Sua técnica deve ser o meio através do qual ele vitaliza a orquestra. A música deve sempre cantar dentro dele; então seus gestos não serão mecânicos. Quando o domínio técnico é combinado com inspiração musical, o regente faz seus executantes sentirem que ele está trabalhando *conjuntamente* com eles. Na ausência destas qualidades, os executantes sentem-se restritos e são afetados *negativamente*. Um bom regente trabalha como um líder artístico e não como um disciplinador; ele está estimulando e contaminando seus executantes *positivamente*. Apenas um acesso direto e positivo inspira os executantes a uma execução vívida.[51]

Considerações finais

Combinando os talentos inatos com os conhecimentos adquiridos em sua formação, o regente – aqui verdadeiramente pesquisador, educador e executante – implementa uma cadeia de procedimentos e relações interdependentes para com seus músicos, cuja exata medida é assunto para uma reflexão ao longo de toda a sua vida. A extrema necessidade de buscar, a cada dia, uma perfeição cada vez mais intensa no seu exercício profissional faz reverberar com muita positividade os ensinamentos do maestro S. Magnani:

> O carisma, se quisermos empregar esta palavra apesar de seu conteúdo demasiadamente esotérico, nasce da autoridade, a qual por sua vez é o resultado da seriedade profissional, do conteúdo humano e da convicção que

---

49 "In this way, the conductor is able to think ahead and is alert for any emergency, and the players feel that they can rely on him in any situation." Max Rudolf. Op. Cit. p. 233.

50 Ibid. p. 311.

51 "The conductor's function, however, goes far beyond the mere exercise of control. His technique must be a means through which he vitalizes the orchestra. The music must always sing within him; then his gestures will not become mechanical. When technical mastery is combined with musical inspiration, the conductor makes his players feel that he is working *with* them. In the absence of these qualities, the players feel restricted and are affected *negatively*. A good conductor works as an artistic leader and not as a disciplinarian; he is stimulating and affects his players *positively*. Only a direct and positive approach inspires the players for a vital performance." Ibid. p. 312.

> o regente comunica pela sua própria convicção e coerência. A imposição é ditadura, a convicção democracia [...] Semelhantes atmosferas nascem da persuasão, a qual deve ser exercida com a maior sobriedade possível.[52]

Assim, a humildade, configurada como a eterna necessidade de aprender mais, melhorando suas capacidades, ou mesmo como o sincero reconhecer das próprias limitações, incompetências e incapacidades, deve ser um referencial a não ser perdido de vista. Kurt Thomas relata: "Não existem coros ruins – existem apenas maus regentes! " [53] Guardadas as devidas proporções da existência de grupos musicais de níveis, capacidades e origens diversas, esta colocação faz-nos perceber a importância de trabalharmos adequadamente cada um desses grupos, com o intuito de obter um resultado plausível e eficaz. Cabe ao regente encontrar e realizar o melhor que cada grupo pode render. A impossibilidade de realizar esta função é que determinará o bom ou mau regente.

A humildade também deve estar presente na relação que o regente estabelece com os seus comandados. Neste sentido, Max Rudolf relata: "O trabalho do regente é de ajudar [conduzir] a performance e não de disciplinar os executantes".[54] Neste sentido, a humildade é entendida como respeito:

> O melhor conselho a ser dado a um regente é: *Respeite seus músicos! Eles merecem seu respeito. Eles não estariam numa orquestra profissional se não tivessem provado sua excelência, musicalidade e técnica.* Eles são especialistas no que se refere à performance nos seus instrumentos.[55]

As posturas aqui relatadas funcionarão somente e tão somente se fundamentadas na competência. Deste modo a formação do regente deve ser, antes de mais nada, um amplo conjunto de estudos que contemplem as mais di-

---

52 Sergio Magnani. Op. Cit. p. 25.

53 "Es gibt keine schlechten Chöre, – es gibt nur schlechte Chorleiter!" Kurt Thomas. *Lehrbuch der Chorleitung.* (Wiesbaden: Breitkopf & Härtel, 1956). p. 4.

54 "The conductor's job is to help the performance and not to discipline the players." Max Rudolf. Op. Cit. p. 311.

55 "The best advice to give any conductor is: *Respect your musicians! They deserve your respect. They would not be in a professional orchestra if they had not proven their worth, musically and technically.* They are the experts concerning performance on their chosen instruments." Elizabeth Green. *The Dynamic Orchestra.* (Englewood Cliffs: Prentice-Hall, 1987). p. 83.

versas áreas do conhecimento: acústica, idiomas, história, literatura, filosofia, folclore, artes em geral – arquitetura, artes plásticas, teatro, dança, retórica e principalmente música, bem como especulações acerca de psicologia, antropologia, sociologia, administração e relações humanas.

> Um dos pecados de muitos regentes, jovens e veteranos, é a falta de *background*. Eles concentram preocupação em trinados e detalhes dos seus concertos e esquecem a vasta porção de conhecimento requerida à uma boa regência. Sua ignorância é muitas vezes aflitamente aparente nas suas interpretações.[56]

Hermann Scherchen avalia as falácias dos músicos de seu tempo como falta de imaginação, o que é em verdade gerado por uma má formação cultural em um senso amplificado:

> O principal defeito da vida musical hoje é a falta de imaginação por parte dos artistas. Executantes adquirem conhecimento nos instrumentos que executam, mas nunca acerca das peças que desejam executar. A técnica instrumental torna-se então um fim em si mesma.[57]

É obrigação na formação do regente uma vasta cultura geral e um detalhado conhecimento dos aspectos diretamente afins a este ofício. A única chance de o regente desenvolver um trabalho frutífero nesta área é ter uma formação sólida, com bases diversas e bem estruturadas, considerando-se sua responsabilidade perante o compositor, os executantes – seus comandados – e o público no que concerne à sua função enquanto músico e enquanto líder.

Independente da sua formação, do seu talento inato e da sua perseverança no crescimento profissional, o regente não pode perder de vista que seu trabalho é um ofício visionário, pois ele planeja e cria a realização de uma

---

56 "One of the faults of many conductors, young and old, is lack of background. They become preoccupied with the thrills and details of their concerts and forget that a vast amount of knowledge is required for good conducting. Their ignorance is often woefully apparent in their interpretations." Brock McElheran. *Conducting Technique.* (New York: Oxford University Press, 1966). p. 7.

57 "The main defect in musical life to-day (sic) is lack of imagination on the part of artists. Performers acquire a knowledge of the instruments they play, but never of the works they wish to perform. The technique on instruments become an end in itself." Hermann Scherchen. *Handbook of Conducting.* (London: Oxford University Press, 1956). pp. 1-2.

música elaborada por outras mãos que não as suas, além de ser ofício de um operário, pois ele deverá realizar os procedimentos que construirão a ideia real e concreta que foi pré-concebida.

> Como ele [o regente] está tocando num instrumento vivo, ele deve entender não apenas as leis de sua arte, mas também as idiossincrasias deste seu instrumento vivo; então ele encontrará necessariamente o dever de formar consequentemente uma concepção mais alta e mais espiritual destas leis.[58]

Muitas vezes questionado acerca de como alguém pode se tornar um regente, Charles Münch respondia ser necessário acima de tudo muita coragem, muito entusiasmo, muito amor e muita paciência, sem levar em conta os métodos técnicos e o talento inato que devem ser desenvolvidos.[59] Faço minhas as palavras de Münch, acrescentando ainda bom senso, disciplina, humildade, respeito, honestidade e sinceridade. Um líder enfim!

Referências

Abbagnano, Nicola. **Dicionário de Filosofia.** São Paulo: Martins Fontes Editora, 2003.

Goldbeck, Frederick. **The Perfect Conductor: an introduction to his skill and art for musicians and music-lovers.** New York: Pellegrini & Cudahy, 1951.

Green, Elizabeth A. H. **The Dynamic Orchestra: Principles of Orchestral Performance for Instrumentalists, Conductors, and Audiences.** Englewood Clifs, NJ: Prentice Hall Inc., 1987.

______. **The Modern Conductor.** 2ª edição. Englewood Clifs, NJ: Prentice Hall Inc., 1969.

Green, Elizabeth A. H. e Nicolai Malko. **The Conductor's Score.** Englewood Clifs, NJ: Prentice Hall Inc., 1975.

Kahn, Emil. **Elements of Conducting.** 2ª edição. New York: Schirmer Books, 1975.

---

58 "As he [the conductor] is playing upon a live instrument, he must understand not only the laws of his art, but also the idiosyncrasies of this instrument; and he will find perforce that he has to form a higher and more spiritual conception of these laws in consequence." Ibid. p. 1.

59 Charles Münch. *Ich bin Dirigent.* (Zürich: Arche, 1956). p. 19.

Magnani, Sérgio. "Algumas observações sobre o ofício e a arte da regência." **Art 010 – Revista da Escola de Música e Artes Cênicas da UFBA**, volume 10. Salvador, abril, 1984.

Malko, Nicolai. **The Conductor and his Baton: Fundamentals of The Technic of Conducting**. Copenhagen: Wilhelm Hanses, 1950.

McElheran, Brock. **Conducting Technique: For Beginners and Professionals.** New York: Oxford University Press, 1966.

Münch, Charles. **Ich bin Dirigent.** Tradução para o alemão do original: *Je suis chef d'orchestre* por Hermann Eggmann. Zürich: Arche, 1956.

Peters, Thomas J. e Robert H. Waterman Jr. **In Search of Excellence.** New York: Harper & Roe, 1982.

Rudolf, Max. **The Grammar of Conducting: A Practical Guide to Baton Technique and Orchestral Interpretation**. 2ª edição. New York: G. Schirmer Inc., 1980.

Scherchen, Hermann. **Handbook of Conducting.** Tradução do alemão por M. D. Calvacoressi. 8ª impressão. London: Oxford Univ. Press, 1956.

Spitzer, John, Neal Zaslaw, Leon Botstein, Charles Barber, José A. Bowen, e Jack Westrup. "Conducting." **Grove Music Online.** 2001. Acessado em 25 de agosto de 2020. https://www.oxfordmusiconline.com/grovemusic/view/10.1093/gmo/9781561592630.001.0001/omo-9781561592630-e-0000006266

Spitzer, John e Neal Zaslaw. "Conductor" in **The New Grove Dictionary of Opera.** 3ª edição em 4 volumes, 1ª impressão em paperback. London: Macmillan Publishers Corp., 1998. Vol. 1.

Thomas, Kurt. **Lehrbuch der Chorleitung.** 11ª edição em 3 volumes. Wiesbaden: Breitkopf & Härtel, 1956.

Aspectos introdutórios à "Fenomenologia Zen-Budista" de Sergiu Celibidache

Flávio Apro

Introdução

No início dos anos 2000, escrevi uma dissertação que abordava os fundamentos da interpretação musical dialogando com os autores Luigi Pareyson e Umberto Eco, aprovada pelo Programa de Pós-Graduação em Música da Universidade Estadual Paulista (APRO, 2004). Desde essa época, me interessei em aprofundar minhas investigações acerca dessa temática, buscando compreender, de maneira cada vez mais abrangente, quais seriam as possíveis interconexões entre a *performance* musical e as áreas filosóficas da hermenêutica e da fenomenologia. Quando iniciei as abordagens desta última, não fazia idéia da profundidade das águas que estava pisando. A própria motivação inicial, que me levou a delinear algumas bases interpretativas dentro das perspectivas da formatividade pareysoniana e da semiologia econiana, foi se desenvolvendo até culminar no legado de Sergiu Celibidache (1912-1996), um dos mais conhecidos adeptos da fenomenologia husserliana aplicada à música. Tal motivação, de buscar diretrizes que orientassem a *performance* musical, desde o início esteve atrelada às minhas escolhas particulares como intérprete, nas quais busquei explorar o máximo de expressividade a partir de um texto musical (e sempre que este o permita), através da adoção de tempos mais lentos e da exploração de camadas de significados que pudessem ser evidenciados a partir de um uso consciencioso das típicas ferramentas interpretativas: articulação, timbragem, agógica, fraseado, dentre outras. Assim, foi sendo gestada, de forma espontânea, uma busca pela "fenomenologia da interpretação musical" e, inevitavelmente, uma aproximação com o pensamento e legado do nosso excêntrico personagem.

Atualmente, estou intensificando a abordagem dessas questões interpretativas em uma pesquisa institucional subsidiada pela Universidade Estadual de Maringá,[1] percorrendo, num primeiro momento, as etapas iniciais de conhecer as bases epistemológicas e léxicas da fenomenologia filosófica e, paralelamente, procurando compreender a apropriação pessoal que Celibidache realizou a partir de sua dupla formação em Música e Filosofia em Berlim, cidade onde também teve seu primeiro contato com o Zen-Budismo,[2] quais eram essas idéias e o que Celibidache fez com elas na prática. A meta deste projeto é revelar os pontos essenciais da fenomenologia clássica que Celibidache se apropriou, bem como compreender de que forma ele a absorveu e a traduziu para a construção de uma "fenomenologia-musical-zen-budista-celibidachiana", além de seus efeitos musicais práticos. O presente texto pretende traçar uma síntese preliminar de alguns conceitos-chave que foram abordados pelo regente romeno em cursos e palestras.

Fenomenologia Clássica

De forma sintética, podemos afirmar que a fenomenologia clássica, dentro da tradição husserliana, se estabeleceu como uma ciência da mente que oferece explicações radicais a respeito das estruturas de funcionamento da consciência.[3] Antes, porém, de alcançar essa categoria científico-filosófica (e de, mais tarde, incorporar novas ramificações, como a hermenêutica e o

---

1 É imprescindível registrar sinceros agradecimentos a alguns dos ex-discípulos de Celibidache que colaboram de forma direta ou indireta nesse projeto de pesquisa, em especial ao engenheiro/violoncelista Theodoro Coachman Rombauer, à pianista canadense Christyna Kaczynski-Kozel, ao maestro norte-americano Markand Thakar, além do subsídio concedido pela Universidade Estadual de Maringá – patrocinadora direta deste projeto, e aos colegas de estudos em fenomenologia os professores Ricardo Miranda Nachmanowicz, Glaucio Adriano Zangheri, membros do Grupo de Pesquisa CNPq "Filosofia da Música" <http://dgp.cnpq.br/dgp/espelhogrupo/751397>

2 Destaco uma personalidade que exerceu forte influência em minha formação musical nos anos 1990, Adolfina Raitzin Távora, sobretudo nos campos da interpretação e da *performance* musical, que mais tarde me inspiraria a mergulhar nesses assuntos em âmbito acadêmico. Curiosamente, a Srª Távora era também adepta (não-praticante) da doutrina zen-budista, tendo inclusive me recomendado, durante suas aulas, a leitura e o estudo de um clássico do zen intitulado *A Arte Cavalheiresca do Arqueiro Zen*, de Eugen Herrigel (2006). De certa forma, a mescla da fenomenologia com o zen-budismo já havia penetrado na minha trajetória pessoal há 30 anos.

3 Aquilo que aqui denomino, genericamente, como "fenomenologia clássica" costuma ser dividido pelos especialistas filósofos em *Primeira fenomenologia* (idealista transcendental, husserliana) e *Segunda fenomenologia* (hermenêutica existencial, heideggeriana).

existencialismo), o termo "fenomenologia" passou por diversas acepções. O primeiro uso deste vocábulo remonta a 1764, na obra *Neues Organon* do matemático e filósofo J. H. Lambert que, ao examinar os princípios da ciência, o emprega em sentido pejorativo enquanto "aparência ilusória", aquilo que costuma turvar a observação da realidade e constitui-se, portanto, em fonte de erros (ABBAGNANO, 2007, p. 438). Duas décadas mais tarde, o termo passa por nova transformação, passando a ser empregado por I. Kant para descrever "o movimento em relação à sua aparição aos sentidos". G. W. F. Hegel, por sua vez, cunhou o conceito de "Fenomenologia do Espírito" numa obra de 1807 sob o mesmo título, já encaminhando seu significado rumo a uma ciência da mente e da experiência da consciência. Antes das primeiras publicações de Husserl no início do século XX, o filósofo escocês W. Hamilton associou a fenomenologia, em 1860, à psicologia descritiva, e E. von Hartmann, em 1879, introduz o conceito de "fenomenologia da consciência moral" (id, ibid.).

Foi com a entrada em cena do matemático-filósofo Edmund Husserl que, a partir de 1900, a *fenomenologia* foi retomada a partir do zero, sendo alçada ao *status* de grande temática filosófica e dotada de metodologia científica própria.[4] O próprio conceito de *fenômeno*, a partir de então, rompe com a tradicional dicotomia entre sujeito e objeto, um dos temas mais debatidos na Filosofia desde a Grécia Antiga, para designar a correlação e a inseparabilidade dessas duas dimensões: dessa forma, o fenômeno tomado como "aquilo que aparece à consciência" (REIS, HOLANDA, GOTO, 2017, p.632), é a fusão da consciência com os objetos do mundo exterior (fora da nossa mente); assim: a mente está no objeto da mesma forma que o objeto está na mente.

A psicologia descritiva ofereceu as bases para que Husserl re-significasse as estruturas da consciência dentro das categorias da lógica filosófica. Alguns conceitos de F. Brentano são recuperados e aperfeiçoados por Edmund Husserl, a fim de descrever os processos mentais que envolvem a atividade da consciência, sobretudo a noção de *intencionalidade*: *[...] para esclarecer a natureza das vivências, isto é, da consciência em geral, Husserl vale-se da noção de*

4 O Dr. Ricardo Nachmanowicz, professor do departamento de Filosofia da UFOP, nos esclareceu que "Em Husserl, o termo *fenomenologia* não é tratado em sentido histórico, mas original, do mesmo modo como se usa um termo latino antigo para se nomear uma organela que acabou de ser descoberta ao microscópio ou uma nova espécie de animal".

intencionalidade, já utilizada por Brentano para definir o caráter dos fenômenos psíquicos (ABBAGNANO, 2007, p.191).[5] A partir de então, Husserl passa a desenvolver, ao longo de mais de 30 anos de publicações, alguns conceitos-chave da fenomenologia clássica: *intersubjetividade, epoché, noema/noesis, redução eidética,* etc.[6] A importância dessas estruturações mentais de Husserl é ter unido, com objetividade e pioneirismo, os elementos da relação sujeito/objeto (antes separados pelas tradições filosóficas, a depender da linha com ênfase em um ou noutro) em uma relação interdependente e dinâmica. A consciência passou a ser descrita como o resultado de uma relação dinâmica

---

5 Uma das dificuldades da fenomenologia está em seu vocabulário técnico, ao adotar termos aparentemente simples e que raramente significam aquilo que aparentam. Conceitos de alta complexidade, embora encapsulados em terminologias que se confundem com o uso cotidiano, são por vezes dotados de uma ampla dimensão filosófica, como por exemplo *intencionalidade,* que corresponde a um ato mental (estado mental) que pode ser reconhecido através da expressão "Toda consciência é consciência de algo" (HUSSERL, 2006, §96). Esses estados mentais intencionais definem correlativamente um objeto observado e o modo como se direcionam a ele, através de um ativamento de conteúdos previamente registrados na consciência, nas seguintes formas: por associação (memória de um objeto), discrição (percepção de um objeto) ou projeção (imaginação de um objeto), e que podem ser ativados pelos processos de memória ou por um estímulo sensorial aleatório. Um interessante exemplo literário que descreve um *ato intencional* disparado por um estímulo sensorial pode ser ilustrado pela cena descrita por Marcel Proust em *Busca do Tempo Perdido,* na qual o personagem central Marcel experimenta uma forte evocação da memória involuntária, em forma de nítidas imagens provenientes de sua infância, provocada pelo simples contato do paladar disparado por um biscoito molhado no chá.

6 Como o nosso objetivo é mostrar algumas conexões entre a fenomenologia clássica e a de Celibidache, não teremos a oportunidade de aprofundar as categorias fenomenológicas citadas. Para maiores esclarecimentos sobre esses conceitos, remeto a leitor a Edmund Husserl e a alguns de seus comentadores: a) para uma síntese geral dos conceitos, cf. SOKOLOWSKI e SANTOS, Hernani Pereira dos. A teoria da intencionalidade nas obras de Husserl e de Gurwitsch: entre fenomenologia transcendental e Psicologia da Gestalt. 2015. 268f. Dissertação (Mestrado em Psicologia). – Faculdade de Ciências e Letras, Universidade Estadual Paulista "Júlio de Mesquita Filho", Assis, 2015; b) para o conceito de *intersubjetividade,* cf. Edmund Husserl: Husserliana (coletânea de textos esparsos de Husserl, em 3 volumes) e Meditações Cartesianas; c) para o conceito de *intencionalidade* cf. Edmund Husserl: Ideias I; d) para o conceito de *epoché* e a diferença entre *atitude natural e fenomenológica* cf. Edmund Husserl: Ideias I; e) para o conceito de *redução eidética* cf. Edmund Husserl: Investigações Lógicas, também FERREIRA, Elizia Cristina. O sentido fenomenológico da noção de redução em Edmund Husserl: a relação entre transcendental e natural. 2008. 134 p. Dissertação (Mestrado) – Programa de pós-graduação em Filosofia. Universidade Federal de Santa Catarina, Florianópolis, 2008. Agradeço a Drª. Vanessa Furtado Fontana, professora do departamento de filosofia da Unioeste – Toledo e especialista em Edmund Husserl, que nos indicou estas sugestões bibliográficas.

entre um sujeito (o ser que percebe a realidade estimulada pelos fenômenos externos) e um objeto (o fenômeno que se mostra à consciência), o que talvez tenha sido o passo definitivo rumo à construção de uma "filosofia da mente".

A fenomenologia husserliana foi continuada por vários filósofos das gerações posteriores, espalhando-se rapidamente pela Europa e atravessando as fronteiras da filosofia, permeando outras áreas de conhecimento como a Psicologia,[7] Lingüística, Educação, História, etc. O Existencialismo, por exemplo, fundado por M. Heidegger e desenvolvido posteriormente pelos filósofos franceses (M. Merleau-Ponty, J. P. Sartre), é tributário da fenomenologia clássica husserliana no uso de sua matriz metodológica. Hoje é difícil atrelar a fenomenologia a uma ferramenta exclusiva de análise, visto que não existe mais uma metodologia única: são tantas e tão diversas as suas ramificações que não é possível determinar exatamente quais seriam os seus domínios e os seus limites. Ainda assim, o termo parece dotado de um poder atrativo e é recorrentemente utilizado em *lato sensu*, uma espécie de "panacéia universal" para designar qualquer tipo de processo mental ou psicológico, o que definitivamente não caracterizaria a fenomenologia ou um método inspirado nela. Embora seja frequentemente invocada, nem tudo pode ser rotulado como tal: é necessário saber onde se está pisando.

Fenomenologia Musical

O método fenomenológico não tardaria a chegar à música, sobretudo por meio de dois regentes de orquestra com sólida formação acadêmica: Ernest Ansermet e S. Celibidache – o primeiro realizando uma abordagem mais rigorosamente científica e teoricamente sistematizada; o outro, de forma prática e aplicada.

Em linhas gerais, a fenomenologia musical busca uma explicação descritiva da música enquanto fenômeno:

> A fenomenologia é utilizada como ciência auxiliar da análise musical, como ferramenta para a descrição profunda dos fatos presentes nas obras. O valor deste tipo de análise reside no fato de assumir a percepção como ponto de partida para a obtenção do conhecimento. Também houve tra-

7 É interessante observar como a fenomenologia surge, de forma indireta, da Psicologia e divorcia-se dela, para novamente retornar a ela, transformando-a em sua metodologia.

> balhos em que a fenomenologia da música estende sua ação para além da análise particular das obras ou do estudo da percepção para entrar em um campo mais próximo da ciência-mãe, a filosofia, em conexão com as ciências exatas para encontrar as características essenciais da música (ASTOR, 2000, p.27).

Considerando os conceitos de *consciência pura* e *redução eidética* da fenomenologia clássica, o fenômeno musical pode ser percebido como *objeto ideal*,[8] ou seja, livre dos conhecimentos sedimentados,[9] permitindo uma aproximação redutível a um "mínimo denominador comum", reconhecido por qualquer consciência. Juan Antonio Roca ressalta que:

> Desde o início, a fenomenologia da música levantou alguns problemas já tratados pela filosofia da música com autores como Platão, Aristóteles, Santo Tomás de Aquino e, com influência mais próxima, Hegel e Kant. Problemas como a própria natureza do som e sua transformação em música. O que é música? Sua relação com o homem e sua consciência; o *ethos*, sua estrutura em camadas, suas semelhanças com a linguagem, etc. A fenomenologia tenta despir tudo o que lhe é estranho, de todos os significados que lhe foram atribuídos e expor apenas o fenômeno sonoro e sua relação direta com a consciência humana (ROCA, 2017, p.17).

Historicamente, tudo indica que a fenomenologia musical tenha de fato sido iniciada no trabalho de Carl Stumpf – outro aluno de Brentano e amigo pessoal de Edmund Husserl – no final do século XIX. Os estudos perceptivos da música e da psicologia do som realizados por Strumpf influenciariam o jovem Husserl, que incorporou sugestões de seu colega veterano na formação de seus próprios conceitos descritivos. À medida que Husserl ia transitando do rigor lógico matemático para as reflexões sobre a fonte psicológica dos substratos básicos da consciência, começa a se delinear um paralelo entre o estudo fenomenológico da matemática e da música (BURNS, 2006, p. 58).

---

8 Para os conceitos de consciência pura, redução eidética, objeto ideal, cf. NASCIMENTO, 2016.

9 Conhecimentos sedimentados referem-se aos conteúdos históricos e sociais que se sobrepõem aos objetos por meio da experiência, ou seja, conteúdos exteriores de aprendizado que encobrem o estrato básico da auto-doação intuitiva. Um exemplo de conhecimento sedimentado é a associação comumente feita dos ritmos sincopados à cultura africana, ou do intervalo de terça menor descendente como sendo "religioso".

Em 1898, Carl Stumpf publica um importante estudo sobre percepção do som que, embora tenha obtido maior atenção e aproveitamento pela psicologia experimental, representou um passo importante na aproximação da metodologia fenomenológica com a música. Tal estreitamento prosseguiu através do mesmo personagem, pois, de acordo com Ellen Burns:

> A marca da fenomenologia – passar da teoria à prática – é evidenciada na próxima fase da carreira de Stumpf, que gerou seu terceiro filho intelectual: a musicologia comparada, ou etnomusicologia como é chamada hoje. Depois de fundar o Arquivo de Fonogramas de Berlim em 1900 no Instituto de Psicologia da Universidade de Berlim, ele adquiriu gravações coletadas na África na tentativa de continuar suas investigações psicológicas da experiência musical, que deu origem à Escola de Musicologia Comparada de Berlim (id, ibid.)

Nos anos 1940, o filósofo e sociólogo austríaco Alfred Schütz realizou uma expressiva contribuição no campo da teoria fenomenológica da consciência de Husserl, por meio de críticas, revisões e desenvolvimentos em direção a uma confluência desta com as ciências sociais. Além disso, avançou ainda mais na constituição de uma fenomenologia da música, com a publicação de dois ensaios[10] e de uma pesquisa não concluída, hoje editada por Fred Kersten e batizada como *Fragments on the phenomenology of music*. Nesta pesquisa, Schütz explorava a consciência dos sons e da música por meio de dois conceitos amplos: A) a natureza e a estrutura do tempo interno, desdobrando-o em três categorias básicas: continuidade, uniformidade e movimento, e B) a unificação (ou síntese) de fluxos dentro do presente vivido. O editor F. Kersten (2008, p.9) observa que:

> Existem três doutrinas da teoria da consciência fenomenológica com as quais Schütz lida e que são de importância central para a elaboração de uma fenomenologia da música. A primeira é a distinção entre constituição "monotética" e "politética"; o segundo é o conceito de "síntese passiva"; e a terceira é o estatuto ideal de uma obra musical.

Outra contribuição fundamental para o campo da fenomenologia musical foi realizada pelo maestro suíço Ernst Ansermet com sua obra referencial *Les*

10 *Making music together. A study in social relationship* (1951) e *Mozart and the philosophers* (1951) (KERSTEN, *apud* SCHUTZ, 1976, pp.7-8)

Fondements de la Musique dans la Conscience Humaine, publicada pela primeira vez em 1961. Devido as similaridades conceituais compartilhadas entre Ansermet e Celibidache, nos deteremos brevemente em alguns conceitos desenvolvidos pelo primeiro.[11] Os paralelos não são somente conceituais, mas também biográficos: devido à sua dupla formação – em música e em matemática – e à sua destacada atuação como fundador da *Orchestre de la Suisse Romande*, suas investigações são um marco fundamental para a construção de uma teoria fenomenológica abarcando os campos da composição, da *performance* e da recepção. A diferença entre Ansermet e Celibidache é que o primeiro sistematizou uma doutrina por escrito, tendo ele também absorvido a tradição husserliana para investigar quais seriam os princípios gerais que regem o funcionamento da consciência musical, a partir de uma análise rigorosamente descritiva, partindo da concepção de que a música não se apresenta como um objeto estático, mas como um organismo dinâmico. Embora seja um organismo dinâmico, ela pode também ser rebaixada à categoria de objeto estático no momento em que é teorizada ou conservada em um suporte material, como uma partitura musical.[12] Portanto a tarefa preponderante da fenomenologia musical é lidar com os fenômenos da consciência como objeto. A partir dessa premissa, o maestro-matemático desenvolve uma teoria que abarca as dimensões do compositor, do intérprete e do ouvinte diante do fenômeno musical. Ao se referir à música enquanto um fenômeno dinâmico, Ansermet o aplica na acepção da Física, ou seja, forças que geram movimento. Um fenômeno dinâmico sob o prisma da fenomenologia musical é traduzido como os movimentos internos que conduzem a consciência em direção aos pontos de apoio (acúmulo, ápice, dissipação), por sua vez provocados pelas tensões que atuam dentro do nível psíquico (expectativa e relaxamento). A música atua, portanto, como um organismo transcendental dotado de tensões internas em movimento e que circula diretamente nas consciências internas de seus atores. Essas tensões internas estão fundamentadas naquilo que ele chamava *Projeto da Dominante* (ANSERMET, 1958: 79).[13] A

11 Embora Ansermet tenha sido um defensor tenaz da música tonal, não entraremos nessa questão particular.

12 Há, aqui, um importante ponto de contato entre Ansermet e Celibidache, quando este último proclamava que a música só existe no momento de sua *performance* – esse ponto será retomado adiante.

13 Em síntese, o Projeto da Dominante demonstra a força motriz contida no intervalo de quinta justa ascendente e os efeitos por ela provocados, descritos nos âmbitos de sua significação on-

circulação desse fenômeno musical, como um objeto intangível e que atravessa as consciências de seus criadores, emissores e receptores, pode ser traduzida enquanto *sentimento musical*, o que é considerado por ele como uma categoria exclusiva de emoção. A música pode ser conhecida na imaginação, mas somente percebida no mundo real no momento da *performance*. Enquanto fenômeno que atua diretamente na consciência, a música equivale à própria experiência. Esse sentimento só é possível de existir através da *consciência intencional* (Brentano/Husserl), rebatizada pelo regente suíço como '*consciência afetiva musical*' (ANSERMET, 1958: 82). O ciclo de produção musical funciona a partir de uma ideia seminal dentro da mente de um criador, que nasce como uma *imagem sonora*[14]. O intérprete, por sua vez, possui a incumbência de transmitir essa imagem sonora evidenciando as tensões internas, indo além do texto (o que se constitui no grande paradoxo da *performance*):

> A música não é feita com sons. Ela é feita de melodias e harmonias ordenadas pelo ritmo em um determinado tempo e que os músicos trazem à tona através dos sons... a música não é um objeto físico ou mesmo um objeto real, é uma imagem que sua execução e somente sua execução comunica ao ouvinte por uma certa forma de frasear, modelar e acentuar os sons (ANSERMET, 1971, p. 71).

Assim, o fenômeno musical pode ser compreendido como a soma de uma consciência auditiva, aliada àquilo que projeta o dinamismo interno, gerando dessa forma uma *consciência musical*. Mas, para que ela aconteça, é necessário que sejam reunidas três condições fundamentais: a *necessidade de um objeto* – uma fonte sonora material; *a presença da intersubjetividade* – uma consciência que intenciona projetar uma obra musical em contato com uma outra que se dispõe a recebê-la; e a *evidência de sentido* – ou seja, a música só acontece no instante em que é experimentada, no momento vivido, sendo que qualquer tipo de racionalização significa a diminuição de seu *status*, de fenômeno dinâmico para um objeto estático. Em outras palavras, o fenômeno musical é irredutível

---

tológica (como um agente de acumulação de energia), de provocador de um vetor temporal que aponta para o futuro, e de possibilidades de caminho (gerador de tensão), em oposição às dimensões da quarta descendente, que carrega consigo características opostas. (ANSERMET, 1958, p. 79 et.seq.).

14 Pierre Schaeffer qualifica o mesmo fenômeno como '*tema*', sendo que os registros, edições, performances e lembranças de escuta são classificados como '*versões*' (2003, p.55-56).

à análise. Celibidache compartilhava a maior parte dos conceitos estudados por Ansermet, havendo inclusive testemunhos de ex-alunos de que ele conhecia o tratado do maestro/matemático suíço (ROCA, 2017, p.65-67).

Novos teóricos viriam a despontar nesta nascente intersecção entre fenomenologia e música nas décadas de 1970-90. A fim de expor um quadro geral de como a fenomenologia musical se desenvolveu ao longo dessas décadas, farei breves menções às obras de alguns desses teóricos, como R. Ingarden, T. Clifton e L. Ferrara, bem como de suas abordagens.

Roman Ingarden foi um influente filósofo polonês, diretamente ligado à tradição de Husserl, inclusive por ter sido seu discípulo em Freiburg e Gottingen. Suas contribuições para a Estética abriram caminhos para a aplicação do método fenomenológico idealista nos campos da literatura, arquitetura, pintura e música. A experiência musical, segundo esse autor:

> [...] é distinta das experiências de seus compositores e ouvintes, e não pode ser identificada com nenhum evento sonoro individual, performance ou cópia da partitura. Mas também não pode ser classificada como entidades ideais, pois é criado por um compositor em um determinado momento, não apenas descoberto [INGARDEN, *apud* ROCA, 2017, p. 61].

Em *The work of music and the problem of its identity*, Ingarden separa e analisa as dimensões da atividade musical dentro das categorias de experiência de consciência, registro em partitura e execução. Ao situar essas dimensões dentro de categorias temporais, o esteta polonês conclui que a obra musical é um objeto não-real, puramente intencional, com sua fonte de ser nos atos criativos do compositor e seu fundamento ôntico na partitura (INGARDEN, 1962, p. 46; 1989, p. 42; ZANGHERI, 2018, p.136). "No entanto, ao contrário da obra literária, a obra de música não é uma entidade em camadas, uma vez que não há função representacional essencial dos sons da obra musical (ao contrário dos sons de um romance) " (THOMASSON, 2016).

Possivelmente o teórico norte-americano Thomas Clifton seja o nome mais associado à fenomenologia da música, devido a novidade que seu livro *Music as Heard* (1983) trouxe nos âmbitos teórico, analítico e prático. No entanto, a morte prematura deste autor deixou em aberto todo um horizonte de possibilidades de abordagem musical descritiva e rigorosa, iniciada nesta obra. Nas palavras de Judith Lochhead:

> *Music as Heard é um trabalho oportuno e ambicioso. Questiona as premissas e resultados subjacentes da teoria musical atual e oferece uma abordagem alternativa à investigação musical. Clifton apresenta não apenas uma teoria e um método analítico que são formulados sobre uma noção de música como algo ouvido – como algo experimentado por um ouvinte – mas também uma filosofia da percepção musical.* [...] (abrindo) uma direção vibrante para a teoria musical ao introduzir novos objetivos e uma nova perspectiva. O trabalho de Clifton demonstra algumas maneiras novas que a música pode ser investigada, redefine os elementos estruturais básicos da música para incluir fenômenos temporais, textura, dinâmica, gesto, timbre e estratégia, e afirma que a teoria deve explicar não técnicas, mas estruturas ouvidas. A teorização de Clifton – seu desenvolvimento do que chamo de categorias estruturais – exemplifica, em grande parte, esses tipos de preocupações teóricas (LOCHHEAD, 1985, pp. 355-364).

Lawrence Ferrara é um teórico americano bastante ativo no campo da fenomenologia musical desde os anos 1980, pelo menos por três décadas. Ferrara propõe uma abordagem mais próxima da hermenêutica-existencialista heideggeriana, ampliando dessa forma o escopo analítico de materiais musicais heterogêneos (desde os madrigais renascentistas à música eletroacústica), por meio de um método de análise dividido em etapas – a depender da época de publicação, os passos de Ferrara podem ser menores ou maiores (cf. FERRARA, 1984 apresenta o método em cinco passos; FERRARA, 1991 o expande para 10 passos). Christensen ressalta que o objetivo de Ferrara "é revelar o significado musical, abrir todas as dimensões potenciais de significado que podem surgir em uma obra musical" (CHRISTENSEN, 2012, p.19). O intuito deste teórico é pragmático, no sentido de oferecer uma ferramenta de análise funcional que prescinde dos conhecimentos da fenomenologia filosófica. No artigo *Phenomenology as a Tool for Musical Analysis* (1984), este autor propõe que o analista deve responder às questões colocadas pela obra: "O intérprete descobre que, no sentido tradicional dos termos 'sujeito' e 'objeto', ele agora é objeto; a música, como sujeito, questiona o analista" (p. 356). Sua análise do *Poème* électronique (1958) de Edgar Varèse inclui, dentro dos cinco passos descritos, escutas abertas, escuta fenomenológica (deixar o objeto musical falar por si mesmo), busca dos significados semânticos (significados referenciais, na dimensão hermenêutica), significado ontológico (os possíveis contextos sociais em torno da obra, na perspectiva existencialista), e descrição reflexiva. Ferrara parte de três pressupostos perceptivos básicos: *extremos*, *contraste* e *fechamento*, ou seja, conteúdos analíticos claramente associados a uma postura característica da *Gestalt* (cf. MEYER, 1956; LERDAHL, JACKENDOFF, 1983). Propõe também uma análise dinâmica baseada em uma atitude de retorno à música, ao utilizar o conceito de *entidade dinâmica* (em sintonia com Ansermet). Em suma, a construção de seu método de análise envolve basicamente três níveis de sentido: *sintático* (formal), *semântico* (estrutural) e *ontológico* (conteúdos extramusicais).

A partir desses autores e com o incremento da interdisciplinaridade nas pesquisas acadêmicas, constata-se uma quantidade expressiva de pesquisadores interessados nessa fusão entre fenomenologia e música.

Para finalizar esta visão panorâmica sobre a aplicação das ferramentas fenomenológicas à música, ressalto um dos trabalhos mais recentes que foi publicado em 2011 pelo professor de regência Markand Thakar (ex-aluno de Celibidache). Seu livro *Looking for the Harp Quartet* (2011) apresenta conceitos teóricos de fenomenologia musical dispostos em duas partes com três capítulos cada. A primeira parte é escrita no estilo de diálogo socrático, em que dois personagens fictícios (um aluno norte americano de graduação em música – *Icarus* e seu professor – *Dedalus*) discutem o *Quarteto Nº10 (Harpa)* de Beethoven dentro dos domínios da recepção, da composição e da performance. É nítido nestes diálogos maiêuticos, a transição da atitude natural de Icarus para a atitude fenomenológica, estimulada por seu professor. Nesta primeira parte, em uma escrita que beira a informalidade, é possível absorver conceitos complexos de fenomenologia de forma clara e com exemplos da prática musical contemporânea, sendo um material atualizado dentro dessa temática e acessível a músicos que não estejam familiarizados no assunto.[15] Na segunda parte, são apresentados três artigos acadêmicos, nos quais os conceitos anteriormente discutidos pelo mestre-discípulo são aprofundados de forma mais técnica, valendo-se dos conceitos clássicos da fenomenologia para complementar os diálogos da parte anterior. Thakar, que foi fortemente influenciado por Celibidache, nos mostra como a fenomenologia musical funciona como uma adequada ferramenta de explicação do funcionamento dos fenômenos mentais disparados pelos âmbitos da composição, *performance* e recepção.

---

15 Para mencionar alguns desses conceitos (todos eles alinhados a diversos conceitos de Husserl e de Ansermet): *ato da consciência X ato mental, qualidade essencial, presente estendido, memória X retenção, modos de consciência, experiência de consciência pura, redução, relacionamento representacional*, etc.

Celibidache: Fenomenologia-Budista ou Zen-Budismo Fenomenológico?

Celibidache foi uma figura polêmica e cultuada dentro do universo musical, cuja personalidade sempre despertava os extremos entre paixão e ódio. Nascido em 11/07/1912 na cidade de Roman (Romênia), sua família projetava nele uma carreira política. Isso levou o jovem a abandonar o círculo familiar a fim de seguir sua vocação musical. Essa busca o levou primeiramente a Paris em 1935 e, no ano seguinte, a Berlim durante os anos sombrios da II Guerra. Além dos estudos musicais na *Musikhochschule*, freqüentou cursos de Filosofia e Matemática na *Friedrich Wilhelm Universität*. Foi nesse ambiente que se naturalizou alemão e travou contato com a fenomenologia clássica de tradição husserliana, orientado pelos filósofos e professores Nicolai Hartmann e Eduard Sprangler.[16]

> A ideia de que a música não pode ser explicada ou descrita, que deve ser experimentada e que o som tem efeito na consciência de cada pessoa é importante para a definição de toda a sua filosofia. Mas é a combinação de seus estudos científicos com temas budistas, seu interesse pela fenomenologia de Husserl e pela filosofia de seu professor Hartmann, além da psicologia da *Gestalt*, que teve forte impacto na época, que resulta em um sistema de conteúdo filosófico próprio que Celibidache sintetizou durante esses anos e que transmitiu como ensinamento a quem quisesse ouvi-lo (ROCA, 2017, pp. 42-43).

Ainda durante os anos de sua formação acadêmica na capital alemã, teve a oportunidade de conhecer Martin Steinke, um famoso monge zen-budista alemão (rebatizado como Tao Chün após convertido) da escola *mahayana*, figura que exerceu poderosa influência sobre o jovem estudante (WEILER, 1993).[17] A partir de então, a combinação entre fenomenologia e o zen-budismo passa a ser determinante na prática e no pensamento musical de Celibidache.

No início da década de 1940, Celibidache torna-se celebridade instantânea como maestro da Orquestra da Rádio de Berlim, seguindo-se à titulari-

16 Nos anos 1930, Berlim foi considerada um dos mais reconhecidos centros das discussões de fenomenologia da Europa, por reunir alguns dos mais destacados discípulos e colegas de Husserl, como Hartmann, Sprangler, além da famosa Escola de Psicologia Experimental de Berlim, dirigida por Carl Stumpf.

17 Anos mais tarde, Celibidache tornar-se-ia amigo do famoso guru indiano Sathya Sai Baba.

dade interina na prestigiosa Filarmônica de Berlim durante o processo de desnazificação de W. Furtwängler, de 1945 a 1952. Após a controversa dispensa do (romeno) Celibidache da Filarmônica de Berlim em favor do (austríaco) Herbert von Karajan, o maestro passa a atuar como regente convidado itinerante em diversas orquestras européias de primeira classe – Paris, Londres, Roma, Madrid e, mais frequentemente em Stuttgart (*Radio-Sinfonieorchester Stuttgart des SWR)*, até sua contratação em 1979 como titular da Orquestra Filarmônica de Munique.[18]

A partir da frustrada expectativa de reassumir a *Berliner*, Celibidache fez questão de cultivar e manter a fama de maestro anti-*pop*, numa atitude de antítese em todos os sentidos de seu maior desafeto, Karajan.

> Karajan preferia um som opulento, Celibidache pintava com cores bem graduadas, (...) Karajan preferia arcos de escalas exageradamente afetados, Celibidache as recuava em prol de uma paralisação quase meditativa. E acima de tudo: se Karajan gravava, e depois em CD, Celibidache se recusava a ambos (WIENER ZEITUNG, 2012).

É possível que este trauma tenha deixado marcas profundas na personalidade do maestro-budista, a ponto de desenvolver nele uma personalidade ácida e excessivamente egocêntrica: Celibidache passou a se colocar contra tudo e contra todos (Karl Böhm: "saco de batatas", Arturo Toscanini: "fábrica de notas", Claudio Abbado: "sem talento", Bernard Haitink: "gazela viking"), além de várias outras rabugices: preconceito contra a cultura norte-americana ("eles se sentem no direito de fazer virtuosismos sobre as nossas idéias profundas"), diversos escândalos decorrentes de seu comportamento misógino em relação às mulheres que tocavam em orquestras (culminando num desgastante processo judicial envolvendo a trombonista da Filarmônica de Munique, Abbie Conant), e insistentes declarações anti-marxistas (cf. CELIBIDACHE, 1974; WIENER ZEITUNG, 2012; OSBORNE, 1994).

---

18 A Filarmônica de Munique, sob a direção de Celibidache entre os anos de 1979-96, talvez tenha sido o maior laboratório de fenomenologia musical da história. Além disso, o regente romeno foi responsável por elevar o nível técnico e as qualidades sonora e musical dessa orquestra, a qual antes se dizia ser uma orquestra de segunda linha, transformando-a em uma das melhores orquestras do mundo.

Durante os 24 anos em que atuou como regente convidado em famosas orquestras na Europa e América do Sul (sobretudo na Venezuela), passou a se dedicar também a uma intensa atividade como professor e palestrante, com ênfase em cursos abertos na Universidade de Mainz. Sua influência pedagógica foi impactante, ao ponto de gerar um séqüito de discípulos que o acompanhava em todas as localidades da movimentada agenda do maestro, que era fluente em oito idiomas. Além de nunca cobrar pelas suas aulas, Celibidache permitia que seus discípulos assistissem a todos os seus ensaios, e foi nessas aulas, palestras e ensaios que se espalhou sua visão particular sobre música, vida e sua síntese entre as filosofias ocidental e oriental – ou, melhor dizendo: a "fenomenologia-budista celibidachiana".

A consagração de Celibidache com a titularidade na Filarmônica de Munique marca o início da construção de uma lenda em torno de si próprio. As rabugices e excentricidades atingem níveis cada vez mais chamativos, especialmente à imprensa, sua personalidade começa a ser cultuada, seu rechaço às gravações faz seus concertos lotarem. Nem mesmo os compositores consagrados escapavam de seus comentários mordazes:

> Bach disse que mais de três seqüências vão decepcionar qualquer um. Isso não impediu Vivaldi de fazer onze seqüências! Ele era um homem que não tinha nenhuma idéia de harmonia ou qualquer que seja o seu estilo entendido sob harmonia. Não tinha noção de música (CELIBIDACHE, 1984).

Simultaneamente a isso tudo, Celibidache começa a concentrar seu repertório em A. Bruckner e passa a adotar andamentos cada vez mais lentos nessas performances, chamando ainda mais a atenção do público e da crítica musical.

Em julho de 1989, apenas quatro meses antes de um dos maiores eventos históricos do Ocidente: a queda do muro de Berlim, morre o seu maior desafeto e maestro titular da Filarmônica de Berlim, Karajan. O convite para que Celibidache regesse o concerto em homenagem a esse evento fora inicialmente recusado, sendo necessário um telefonema do primeiro ministro alemão para convencê-lo a superar as mágoas do passado. Esse concerto, regendo a *Sinfonia Nº7* de Bruckner, é um imenso registro histórico e possivelmente a maior consagração de sua carreira. Após esse concerto, seguem-se suas estréias em solo estadunidense, igualmente reverenciado pelo público e crítica. Celibidache faleceu no dia 14/08/1996, em sua residência (e retiro espiritual, como ele costumava dizer) em La Neuville-sur-Essonne (França).

Fenomenologia e Zen-Budismo em aulas e palestras

Realizar um apanhado dos ensinamentos de Celibidache não é tarefa fácil, e talvez nem mesmo seja possível: são imensas as dificuldades, visto que o maestro fenomenólogo-budista não deixou nenhum legado escrito sobre sua filosofia particular, nem tampouco sistematizou seus ensinamentos. Em suas palestras, costumava falar sobre os mesmos conceitos, mas de formas distintas de acordo com o tipo de público presente em cada ocasião. Os numerosos relatos de sua numerosa legião de discípulos são inconsistentes e apenas demonstram que cada um absorveu, de forma distinta, e por vezes contraditória, uma parte de sua filosofia. As fontes primárias disponíveis são alguns poucos registros audiovisuais (entrevistas, aulas, palestras – algumas transcritas e publicadas), dois artigos em forma de crítica, e cerca de 650 gravações "não -autorizadas" de seus concertos, publicadas postumamente.[19] Em suma: pesquisar a fenomenologia-budista celibidachiana equivale a montar um imenso quebra-cabeça com diversas peças ausentes.[20]

Os primeiros registros de palestras em que Celibidache começou a usar conceitos da fenomenologia remontam aos cursos de regência em Siena iniciados em 1963 (ROCA, 2017, p.17). Existem, pelo menos, três fontes primárias fundamentais dentre os registros audiovisuais acima mencionados: duas palestras registradas na íntegra, incluindo a transcrição da *Conferência de Munique* (1985) – em alemão – e o vídeo da aula ministrada na *Radiotelevisione Italiana RAI* (1974) – em italiano, além de uma extensa entrevista à Televisão Francesa (s.d.). Essas são as fontes mais seguras em que podemos extrair, em primeira mão, uma linha de raciocínio mais completa do nosso personagem. É com base nessas fontes que me debruçarei nesta abordagem preliminar.

---

19 Celibidache negociou com a Filarmônica de Munique um tipo de contrato no qual a orquestra publicaria os registros de concertos ao vivo somente após sua morte.

20 A fim de trazer uma pequena seleção de pesquisas acadêmicas que tratam da fenomenologia musical apropriada por Sergiu Celibidache, devo mencionar os trabalhos de Miguel Eduardo Astor (2000), Anna Quaranta (2007), Lucia Marin 2015 e Juan Roca (2017).

Em suas palestras e conferências, é possível perceber que Celibidache falava de improviso, porém percorrendo uma estrutura comum: começava com descrições acústicas do fenômeno sonoro enquanto objeto potencial a ser percebido, seguido de uma descrição temporal dos harmônicos parciais, finalizando em especulações sobre como a consciência absorve os objetos sonoros e os correlaciona, enfatizando certas questões e problemas atinentes à performance ao vivo, tais como afinação, acústica, andamento, etc. Dois tópicos eram constantes em suas discussões com seus alunos: a psicofísica do som e sua relação com a consciência humana:

> O que é a música, neste sentido? Não basta haver tantas possibilidades, tantos sons. Seria possível falar de música mesmo se não houvesse consciência humana? Então, uma sensação que não percebemos e, na música, se trata de uma diferença ainda mais substancial. Eu posso perceber dois sons, e se eu os percebo individualmente, eu permaneço ao nível da consciência perceptiva; ao contrário, se eu pudesse, depois de ter percebido este em relação à aquele, eu supero a consciência perceptiva. A capacidade de perceber a relação, quer dizer, no tempo e no espaço, de dois fenômenos, é a caracterização do talento, da capacidade de percepção musical (CELIBIDACHE, 1974)
>
> Se você procurar em uma enciclopédia sob fenomenologia, ela tem sessenta páginas para explicá-la. Mas o que pretendemos sob a fenomenologia é a abordagem do som e de todos os seus aspectos. O que é som? Não a definição física do som, ou a definição acústica. Isso não tem valor para nós. Em segundo lugar – o principal objeto do estudo fenomenológico – como o som funciona na mente humana? E para torná-lo menos abstrato, ontem dei um exemplo de repetição. Não existe tal coisa como repetição. Quando ouvimos algo já estamos fecundados. Nossas sensibilidades estão engajadas; na segunda vez é diferente. Então, na terceira vez não nos interessa porque uma repetição não é um fato em si. Encontra-se em um contexto. Então, como será a terceira vez? Depende do que vier (CELIBIDACHE, s.d.).

Enquanto descrevia o objeto sonoro, o vocabulário utilizado era mais científico ou filosófico: *frequência, ato de consciência, epifenômeno,*[21] *redução, estruturação sonora* (cf. SCHONBERG, 1984). Quando o assunto atingia a questão da percepção da consciência, o maestro passava para um estilo de ora-

---

21 *Epifenômeno*, para Celibidache, equivale à percepção dos sons harmônicos no som de uma orquestra, cujo equilíbrio sempre deveria ser controlado. No entanto, trata-se de um termo alheio à tradição fenomenológica clássica, incorporado de forma livre por Celibidache, talvez mais por uma proximidade léxica do que conceitual.

tória com matizes místicos – ou zen-budistas: "o destino inexorável do som", "a origem no Universo e o retorno a ele", "a música não é nada: o som pode se tornar música", "o fim deve estar no começo e o começo no fim", "eu estou aqui porque não estou aqui", "a música é o agora se tornando agora".[22]

Celibidache evitava promulgar qualquer definição fechada sobre fenomenologia musical, preferindo levantar (de forma zen-budista) a problemática por uma espécie de conceito negativo:

> O que é a fenomenologia da música? Mesmo que começássemos com esta pergunta ingênua, natural, descritivo-psicológica, não poderíamos esclarecer o que seja fenomenologia dentro desta hora tão curta da minha vida; mas somente parcialmente, no que diz respeito à investigação de alguns aspectos parciais, o que ela não é de jeito nenhum (CELIBIDACHE, 1974, negrito nosso).

Não obstante, o regente circundou a espinhosa definição de música em diversas ocasiões, utilizando-se de algumas ferramentas fenomenológicas encapsuladas em vocabulário próprio. Se, por um lado, afirmava que a "Música não é algo que se possa definir com uma redução mental" (CELIBIDACHE, s.d.), por outro, sustentava a ideia de que a fenomenologia musical possuía a tarefa de objetivar as leis de organização sonora, permitindo-lhe, assim, proclamar com segurança a definição de que a "música é movimento", ou seja, o movimento de uma ideia imaterial transferido da consciência de um criador às consciências de seus ouvintes e intérpretes (CELIBIDACHE, 1974).

Filarmônica de Munique: tempo real X velocidade captada

Um dos atributos mais conhecidos em relação às gravações de performances de Celibidache são os tempos lentos, compensados pela intensidade e profundidade sonora que ele obtinha de suas orquestras, desde as amadoras/estudantis até a prestigiosa Filarmônica de Munique. Qual o princípio que orientava essa atitude musical? Juan Roca aborda essa questão ao relatar que:

22 Além das conferências de Munique (1985) e RAI (1974), cf. THAKAR, 2017.

> No documentário "El Jardín de Celibidache" gravado por seu filho, Celibidache relata um momento de seu relacionamento com Furtwängler, uma anedota que muitos de seus alunos repetiriam mais tarde. Celibidache uma vez perguntou a Furtwängler como interpretar uma frase de uma peça e ele lhe disse que "depende de como soa". Isso fez com que Celibidache meditasse muito sobre o que mais tarde seria um de seus pilares fenomenológicos: o andamento e sua relação com a interpretação (ROCA, 2017, p.38).

Celibidache gostava de repetir essa mesma história em diversas entrevistas, nas quais ele acrescenta a menção de que essa resposta lhe foi dada quando perguntou qual o andamento correto de uma determinada obra musical.

Já na palestra para a RAI, o maestro amplia essa discussão, aludindo à relação entre 'pressão vertical' e 'pressão horizontal' (também atribuída por ele aos ensinamentos de Furtwängler), na qual uma estrutura mais complexa de acordes demandaria mais tempo para ser absorvida pela consciência dos ouvintes (CELIBIDACHE, 1974). Ainda nessa mesma conferência, ele demonstra que uma sala com acústica mais reverberante tende a preencher os espaços entre cada unidade sonora, ao passo que salas mais secas geram espaços vazios entre eles, resultando na necessidade de se tocar em andamento mais acelerado ("tudo depende de como soa").

O conceito fenomenológico clássico de *redução*, da maneira utilizada por Celibidache, era entendido como uma simplificação da complexidade, transformando pluralidade em unidade:

> O tempo é uma condição através da qual um conjunto de informações contidas no som pode ser encapsulado numa unidade. Afinal de contas, nossa mente só é capaz de processar um evento de cada vez. Ela salta de uma mônada a outra e nós reduzimos essa complexidade. [...] Não se pode transcender esta realidade quando ela é de natureza dual. Se ela é uma unidade, se não é muito rápida, muito aguda, muito incisiva, muito áspera, podemos realizar a sua unidade: reduzimos e nos apropriamos dela, a fim de saltarmos para a próxima. É exatamente isso o que a nossa mente realiza: ela salta de uma mônada para a seguinte. Transcendemos a primeira, nos livramos dela, nos apropriamos, para abrir espaço para percebermos a seguinte (CELIBIDACHE, s.d.).

Celibidache também costumava alegar que a projeção dos harmônicos superiores ('epifenômenos') era imprevisível em tempo real, variando a cada *performance* devido às condições acústicas, quantidade de público, disposição física dos músicos da orquestra, dentre outros fatores. Desta linha de raciocínio, justifica-se também a sua indisposição para as gravações, uma vez que o processo de captação distorce a qualidade do som, mantendo a velocidade, porém eliminando e reduzindo o espectro de informações sonoras (harmônicos superiores), resultando em uma sensação de tempo mais lento. Para ele, o *tempo* é uma condição resultante da quantidade de informação sonora envolvida no processo: quanto maior a quantidade de informações, mais rápida será a percepção de velocidade. Assim, *tempo* é uma condição na qual conseguimos apreender os sons.

Performance Idealista Transcendental

Dentre as diversas contribuições de Celibidache aos estudos da fenomenologia aplicada à música, destaca-se sua atuação prática registrada em memoráveis concertos – cujas gravações revelam uma sonoridade hipnotizante, especialmente aquelas com a Filarmônica e Munique,[23] além de suas próprias aulas e palestras em que abordava diretamente o assunto da *performance*.[24] Sua versão pessoal da fenomenologia trouxe um imenso subsídio para a área da *performance* musical, cujas questões e problemas, dentro de sua linha de pensamento fenomenológica-budista, apontavam sempre para as próprias concepções filosóficas e de estrutura da consciência atinentes à linha de pensamento idealista transcendental husserliana, constituindo-se, na prática, naquilo que classifico como '*Performance Idealista Transcendental*'. Nesta concepção, a execução musical é orientada para uma abordagem da obra enquanto *objeto ideal*, ou seja, um fenômeno de *consciência pura*. Este objeto é tratado como um *ato de consciência estendido*, gerando um tipo de execução musical em que todos os parâmetros sonoros são rigorosamente controlados: a estruturação dos acordes (por meio do equilíbrio total entre os sons distribuídos nos registros graves, médios ou agudos; os sons articulados de acordo com a resposta acústica no momento exato da *performance* e das condições vigentes; os andamentos direcionados à

23 Muitos deles registrados, embora o maestro fosse contrário por diversos motivos ("a música se faz no aqui-agora", redução do espectro sonoro, alteração da sensação de velocidade).

24 Celibidache rejeitava veementemente a utilização do termo *interpretação*, alegando que "a música não pode ser interpretada" (CELIBIDACHE, 1974). É possível que o conceito de interpretação, por estar mais tradicionalmente associado a uma perspectiva hermenêutica, fosse rejeitado por Celibidache por sugerir outra dimensão performática, ligada à historicidade e às tradições vigentes, o que se vincularia mais à fenomenologia da linhagem existencialista heideggeriana.

compreensão plena dos ouvintes (e igualmente dependente das condições acústicas); as reações e modificações *in loco*, incluindo a possibilidade de alteração de andamento em tempo real (uma de suas frases favoritas, de estilo zen-budista, era de que "a música só pode acontecer no aqui-agora"), dentre outros parâmetros. A observação atenta e o controle dessas estratégias visavam a entrega de uma experiência sonora integralmente coesa e coerente, a fim de possibilitar aos ouvintes uma *experiência estética transcendental*, desde que estes estivessem abertos ou propensos a tal recepção, na qual é possível vivenciar uma obra musical como uma unidade integral. Dizia ele: "o fim está no começo, o começo está no fim". Juan Roca reforça essa mesma ideia ao comentar que:

> Esta atitude, que hoje continuaria a criar muitos problemas (se é que alguma vez aconteceria), visava que os músicos pudessem compreender que uma execução musical é única e que cada momento depende do anterior. Cada frase musical tinha que vir da anterior para fazer do todo uma unidade (ROCA, 2017, p.40).

Celibidache buscava, nas suas execuções musicais, uma espécie de unidade total, sendo particularmente hábil em obter tal resultado tanto com orquestras profissionais quanto amadoras. Embora seja difícil explicar sua sonoridade (sendo o mais adequado remeter o leitor às gravações do nosso regente-fenomenólogo a fim de que a experiência seja sentida, ou vivenciada), é possível descrever que uma orquestra sob sua direção costumava soar com uma qualidade sonora única, cujo som é permanentemente robusto e intenso, sustentado à sua máxima potência e sem perda de energia, seja na fase de expansão ou na fase de dissipação: uma experiência sonora capaz de levar qualquer ouvinte aberto a um verdadeiro estado de transcendência estética.

Em suma, meu objetivo foi lançar algumas questões preliminares dentro de uma profusão de idéias e conceitos que o nosso polêmico maestro romeno costumava proferir, de forma não metódica nem tampouco indexada, em suas aulas e conferências. Dentro deste breve panorama, o que é possível auferir? É nítida a relação entre a fenomenologia clássica (da qual ele teve contato através de fontes fidedignas) e a fenomenologia celibidachiana, mas também suas diferenças. Esta tentativa de se construir uma fenomenologia personalizada da música – ainda que não sistematizada e fortemente calcada na prática – foi suficiente para dar conta das três dimensões da cadeia produtiva musical (compositor-intérprete-ouvinte). Se, por um lado, lamentamos a falta de um tratado que sistematizasse tal originalidade de pensamento filosófico-musical, seu legado fonográfico talvez seja a melhor demonstração dos benefícios que essa combinação inusitada entre fenomenologia e zen-budismo é capaz de oferecer aos buscadores de uma abordagem musical única e de alto poder de comunicação transcendental *strictu sensu*.

Dessa forma, encerro esta abordagem preliminar afirmando que Sergiu Celibidache foi a prova viva de que a fenomenologia aplicada à música não se traduz a uma técnica com receitas prontas, mas antes de tudo, a uma combinação de atitudes em relação ao pensamento e à prática musical, resultando em uma única: a atitude zen-fenomenológica.

Frankfurt

24/05/2022

Referências

ABBAGNANO, N. **Dicionário de filosofia**. Tradução de Alfredo Bossi e Ivone Castilho Benedetti. 5. ed. São Paulo: Martins Fontes, 2007.

ANSERMET, Ernest. **Coloquios sobre el arte contemporáneo**. Madrid: Guadarrama, 1958

______. Écrits sur la musique. Neuchâtel : Ed. de la Baconnière, 1971.

______. **Les fondaments de la musique dans la conscience humaine**. Neuchâtel: Éditions de la Baconnière, 1961.

APRO, Flávio. **Os Fundamentos da Interpretação Musical: aplicabilidade nos 12 Estudos para violão de Francisco Mignone**. Dissertação (Mestrado em Música) – Instituto de Artes, Universidade Estadual Paulista, São Paulo, 2004.

ASTOR, Miguel. **Aproximación fenomenológica a la obra musical de Gonzalo Castellanos Yumar**. Facultad de Humanidades y Educación Universidad Central de Venezuela, 2002.

BALSLEV, Anindita Niyogi Balslev. Analysis of I-consciousness in the transcendental phenomenology and Indian philosophy. In: CHATTOPADHYAYA, D.P.; EMBREE, L.; MOHANTY, J. (Ed.) **Phenomenology and Indian Philosophy**. New York: State University of New York Press, 1992. pp. 133-140.

BURNS, E. Musical Progeny: The Case of Music and Phenomenology. In: **LOGOS OF PHENOMENOLOGY AND PHENOMENOLOGY OF THE LOGOS. BOOK FIVE: Aesthetic Ciphering in Fine Arts, Literature and Aesthetics**. Dordrecht: Springer, 2006, pp.57-66.

CELIBIDACHE, S. **Sergiu Celibidache Teaching Session**. Transcribed from Audio Recording. Curtis Institute of Music, 1984 Disponível em: https://www.dananigrim.com/linkset/music/performance/conductors/celibidache/Celibidache_org%20-%20Curtis%20Institute%20of%20Music%20-%201984%20Lecture%20Excerpt.htm. Acesso em: 25 mai. 2022.

______. *Sergiu Celibidache explique sa philosophie de la musique*. **[S. l.: s. n.], s.d. 1 vídeo (31 min 10 seg). Publicado pelo canal Résonance[s]. Disponível em: https://www.youtube.com/watch?v=*-10cChpnXXk&t=228s&ab_channel=R%C3%A9sonance%5Bs%5D Acesso em: 25 mai. 2022.***

______. Über musikalische Phänomenologie: Ein Vortrag. Augsburg: Wißner-Verlag, 2008.

______. **Lição de Fenomenologia Musical**. [S. l.: s. n.], 1974. 1 vídeo (37 min 34 seg). Tradução: Flávio Apro. Publicado pelo canal Flávio Apro. Disponível em: https://www.youtube.com/watch?v=IcAyeketniA&t=29s&ab_channel=FlavioApro. Acesso em: 25 mai. 2022.

CHRISTENSEN, Erik. Music Phenomenology: A Tool for Describing the Listening Experience. In: **Music Listening, Music Therapy, Phenomenology and Neuroscience**. (Chapter 2). PhD Thesis, Aalborg University, Denmark 2012,

FERRARA, L. Phenomenology as a Tool for Musical Analysis. In: The Musical Quarterly, Volume LXX, Issue 3, WINTER 1984. pp. 355–373.

______. **Philosophy and the Analysis of Music: Bridges to Musical Sound, Form, and Reference**. Excelsior Music Publishing Company, 1991.

FERREIRA, Elizia Cristina. **O sentido fenomenológico da noção de redução em HUSSERL, E.: a relação entre transcendental e natural**. 2008. 134 p. Dissertação (Mestrado) – Programa de pós-graduação em Filosofia. Universidade Federal de Santa Catarina, Florianópolis, 2008.

HERRIGEL, E. **A Arte Cavalheiresca do Arqueiro Zen**. São Paulo: Pensamento, 2006.

HUSSERL, E. **Husserliana – Gesammelte Werke**. Martinius Nijhoff, Haia, 1973.

_________. **Ideias para uma fenomenologia pura e para uma filosofia fenomenológica**. Prefácio de Carlos Alberto Ribeiro de Moura. Tradução: Márcio Suzuki. Aparecida: Ideias e letras, 2006.

_________. **Investigações Lógicas, I**. Rio de Janeiro. Forense Universitária, 2012.

_________. **Meditações cartesianas e conferências de Paris.** Tradução de P. M. S. Alves. Lisboa: Centro de Filosofia da Universidade de Lisboa, 2010.

_________. **Ideias (I) Ideias para uma fenomenologia pura e para uma filosofia fenomenológica**. Aparecida: Ideias & Letras, 2006.

INGARDEN, R. **The work of music and the problem of its identity**. Londres: Palgrave Macmillan uk (1986)

______. **Untersuchungen zur Ontologie der Kunst: Musikwerk – Bild – Architektur – Film**. Tübingen: Max Niemeyer Verlag, 1962.

KERSTEN, F. Intentionality. In: EMBREE, L. **Encyclopedia of Phenomenology.** (Contributions to Phenomenology, 18, Band 18)**.** Gebundene Ausgabe – 31. Berlim: Springer-Science+Business Media, 1997.

LERDAHL, F.; JACKENDOFF, R. **A Generative Theory of Tonal Music**, Cambridge: MIT Press, 1983.

LOCHHEAD, J. Review of Music as Heard: A Study in Applied Phenomenology by Thomas Clifton. In: **The Journal of Musicology**, Vol. 4, No. 3 (Summer, 1985 – Summer, 1986), pp. 355-364.

MARIN, Lucia. **Basic fundamentals of phenomenology of music by sergiu celibidache as criteria for the orchestral conductor**. Theses and Dissertations – Music. University of Kentucky, 2015.

MEYER, L. B. **Emotion and Meaning in Music**. Chicago: Chicago University Press, 1956.

NASCIMENTO, C. S. **A vivência intencional da consciência pura em Husserl**. In: Filogenese. Volume 9. Marília, 2016.

OSBORNE. W. **You Sound Like A Ladies Orchestra: A Case History of Sexism Against Abbie Conant In the Munich Philharmonic**. [S. l.: s. n.], 1994. Disponível em: http://www.osborne-conant.org/ladies.htm. Acesso em: 25 mai. 2022.

QUARANTA, A. **Teoria e prassi di Sergiu Celibidache.** Dottorato in Musicologia e Beni musicali. UNIVERSITY DI BOLOGNA, 2007.

REIS, B. B.; HOLANDA, A. F.; GOTO, T. A. HUSSERL E O ARTIGO PARA ENCICLOPÉDIA BRITÂNICA (1927): PROJETO DA PSICOLOGIA FENOMENOLÓGICA. In: **Psicologia em Estudo**, Maringá, v. 21, n. 4, p. 629-640, out./dez. 2016.

ROCA, J. A. G. **Fenomenologia de la** música de **Sergiu Celibidache y su influencia em la dirección de orquestra en España**. Dissertação de mestrado apresentada à Universidad Nacional de la Rioja, La Rioja, 2017.

SCHAEFFER, Pierre. **Tratado de los objetos musicales**. Madrid: Alianza Editorial, 2003.

SCHONBERG, H. **Celibidache arrives at last and speaks his mind**, 1984. Disponível em: https://www.nytimes.com/1984/02/26/arts/celibidache-arrives-at-last-and-speaks-his-mind.html. Acesso em: 25 mai. 2022.

SCHUTZ; Alfred; KERSTEN, Fred. **Fragments on the phenomenology of music**. Londres: Routledge, 1976.

SOKOLOWSKI e SANTOS, Hernani Pereira dos. **A teoria da intencionalidade nas obras de Husserl e de Gurwitsch: entre fenomenologia transcendental e Psicologia da Gestalt**. Dissertação (Mestrado em Psicologia). – Faculdade de Ciências e Letras, Universidade Estadual Paulista "Júlio de Mesquita Filho", Assis, 2015

THAKAR, M. **Tribute to a Teacher**. Depoimento a @celibidache1912 (página do Facebook). Disponível em: https://www.facebook.com/celibidache1912/posts/tribute-to-a-teacher-by-markand-thakarmusic-is-nothingsound-could-become-musicth/1393914114052530/. Publicado em: 17 set. 2017.

______. **Looking for the Harp Quartet: An Investigation Into Musical Beauty.** Rochester: University of Rochester Press, 2011.

THOMASSON, Amie. Roman Ingarden. In: **The Stanford Encyclopedia of Philosophy** (Fall 2016 Edition), Edward N. Zalta (ed.). Disponível em: https://plato.stanford.edu/archives/fall2016/entries/ingarden. Acesso em: 25 mai. 2022.

WEILER, K. **Celibidache Musiker und Philosoph**. Munique: Schneekluth, 1993.

WIENERZEITUNG. Ein Dirigent für Gläubige Disponível em: https://www.wienerzeitung.at/nachrichten/kultur/mehr-kultur/467816-Ein-Dirigent-fuer-Glaeubige.html. Acesso em: 25 mai. 2022.

ZANGHERI, Glaucio Adriano. **Para além do som: música e fenomenologia em Roman Ingarden**. Tese apresentada ao Programa de Pós-Graduação em Música – Escola de Comunicações e Artes / Universidade de São Paulo. São Paulo, 2018.

A inclusão da disciplina "Música e Movimento" no currículo dos cursos de música da UFPR: uma proposta na interface entre música e dança

Rosane Cardoso de Araújo

Introdução

Na Universidade Federal do Paraná (UFPR), o curso de música possui duas habilitações: Bacharelado e Licenciatura em Música. No Bacharelado a ênfase é para a formação em criação musical e produção sonora, enquanto que na Licenciatura a ênfase está na formação docente para os múltiplos espaços de atuação dos professores de música.

Nos últimos anos o curso de música da UFPR teve reformulações e adaptações curriculares de modo a atender, da melhor forma possível, as necessidades observadas pelo corpo docente, pelos discentes (por meio de avaliações por eles realizadas) e pelo Núcleo Docente Estruturante (NDE). Neste sentido, houve uma reestruturação das disciplinas do núcleo comum e foram criadas várias disciplinas optativas buscando oferecer um leque maior aos estudantes para a escolha de seus percursos profissionais. Dentre as disciplinas implementadas, destaco neste capítulo a criação da disciplina de "Música e Dança", que posteriormente teve seu título alterado para "Música e Movimento". Esta disciplina surgiu da interface entre o campo da música e da dança e tem como objetivo proporcionar aos alunos uma experiência mais ampla da prática musical a partir do movimento corporal e dos processos criativos que envolvem o corpo e o som.

Inicialmente esperava-se que apenas alguns alunos se interessassem pela disciplina, no entanto ela passou a ser uma das disciplinas com maior adesão entre as disciplinas optativas, sendo que em alguns semestres, as 30 vagas ofertadas eram rapidamente preenchidas e ainda restavam alunos em lista de espera. Para melhor acompanhar as expectativas dos alunos e os resultados da disciplina foi realizada uma breve avaliação com turmas de 2016, 2017 e 2018. Buscou-se, por meio dessa avaliação coletar dados sobre as expectativas dos alunos a respeito da disciplina e das experiências vivenciadas por eles, de modo a compreender suas percepções/opiniões sobre o trabalho realizado e sobre a proposta de se ter uma disciplina na interface entre música e dança.

A proposta da disciplina de "Música e Movimento": escopo e fundamentos

A proposta da disciplina "Música e Movimento" tem como objetivo proporcionar, por meio de atividades musicais associadas à dança e ao movimento, experiências criativas para auxiliar os alunos de licenciatura e bacharelado em suas próprias práticas musicais. Para os alunos de licenciatura, a vivência de diferentes experiências corpóreo/musicais deve servir para suas próprias experiências didático/musicais; e para os alunos de bacharelado, a experimentação de inúmeros processos criativos na interface entre música e dança deve proporcionar recursos para desenvolvimento de práticas de composição. Também foi objetivo para a disciplina, auxiliar os alunos no desenvolvimento de atividades em contexto colaborativo, buscando por meio de inúmeras atividades de grupo, desafiá-los para a prática criativa coletiva.

Esta disciplina foi associada aos estudos de dança criativa de Rudolf Laban (1978, 1990) e estudos de psicologia cognitiva sobre resolução de problemas (Sternberg, 2009). A partir destes fundamentos teóricos é que a disciplina de "Música e Movimento" foi idealizada para ser realizada em contexto universitário.

Tornou-se base desta disciplina os estudos de dança educativa de Rudolf Laban, desenvolvidos em conjunto com a experiência musical. Rudolf Laban foi dançarino e coreógrafo e segundo Maletic (2011) ele pode ser considerado um grande teórico da dança do século XX. Segundo Laban (1978) os movimentos no ser humano são desencadeados por razões objetivas e subjetivas e podem gerar diferentes formas de "mover-se", interpretados pelo espectador de diferentes maneiras, podendo ter um significado dramático ou não. Seus estudos sobre o movimento permitem compreender as diferentes motivações que levam o indivíduo a se mover. O movimento, segundo o autor, pode revelar muitas coisas diferentes, por exemplo, um gesto objetivo, um humor momentâneo, um estado mental, uma atmosfera, um personagem, entre outros; bem como, serve para separar pessoas em um determinado espaço ou agrupá-las. Laban (1990) acreditava que a dança era uma forma primária e privilegiada de expressão do ser humano.

A pesquisa de Laban (1990) sobre o movimento, segundo Zagatti (2009), leva a uma visão global da dança moderna que inclui sua expressão nas esferas social, simbólica, educacional, estrutural, artística e estética. Nesse sentido, ele elaborou uma proposta educacional de dança para favorecer que esta forma de expressão artística fosse levada para as escolas. Em sua proposta ele buscou incluir atividades exploratórias para o movimento a fim de reforçar a consciência do movimento e também do processo criativo (Zagatti, 2009). Assim os estudos posteriores, sobre a proposta de Rudolf Laban, foram desenvolvidos especialmente no contexto da dança (Maletic, 2011; Zagatti, 2009; Scarpato, 2001), entre outros).

Na disciplina de "Música e Movimento" o foco voltou-se para a aplicação da proposta de Rudolf Laban na interface com a área da música em um contexto específico: um curso de graduação em música. Esse foco foi buscado por meio do desenvolvimento de atividades de resolução de problemas como forma de propiciar aos discentes, processos criativos de movimento/dança e música

A resolução de problemas é um processo relacionado ao estudo da inteligência e também da criatividade, na perspectiva da psicologia cognitiva (*Creative Problem Solving*). Weisberg (2006) explica que para resolver um problema, o indivíduo deve ser capaz de aplicar operações que produzam mudanças, transformando o estado do problema em estado objetivo. Sternberg (2009) sugere que a resolução de problemas envolve etapas (ciclo de resolução de problemas) que incluem: identificação do problema / definição do problema e representação, construção de uma estratégia para a resolução do problema, organização da informação sobre um programa, alocação de recursos, resolução motriz do problema e avaliação da resolução do problema. Esta proposta de resolução de problemas, que tem sido utilizada em sala de aula por docentes em diferentes contextos[1] é, portanto, a base para o desenvolvi-

1 Ver, por exemplo, Molnár e Csapó (2018) e Süß e Kretzschmar (2018).

mento dos conteúdos e atividades de caráter prático na disciplina de "Música e Movimento".

O programa da disciplina e avaliação

O programa da disciplina de música e movimento foi elaborado desde 2014 (na primeira versão da disciplina, chamada então de "Música e Dança") e aperfeiçoado anualmente até 2020, ano de implementação do novo currículo do Curso de Música da UFPR. A disciplina é totalmente prática e sua proposta foi baseada em um planejamento básico que incluí quatro tipos de atividades:

- exploração individual de atividades de criação de movimento com música;
- exploração colaborativa de atividades de criação de movimento com música;
- atividades individuais de exploração sonora/criação musical e criação de movimento;
- atividades colaborativas de exploração sonora/criação musical e criação de movimento.

A estrutura básica das atividades desenvolvidas seguiu elementos da teoria do movimento desenvolvida por Laban. Ele descreveu cinco elementos fundamentais para analisar o desempenho do movimento: corpo, esforço, forma, espaço e ritmo; e também categorizou o movimento de acordo com a Energia (ou esforço-*effort*): peso, fluxo, espaço, tempo.

Assim o programa da disciplina incluiu tópicos sobre movimento/dança na interface com a música por meio dos seguintes conteúdos:

- introdução a Rudolf Laban;
- utilização do espaço e direção com base nos andamentos musicais;
- foco e intencionalidade no movimento e na música;
- ações de movimento relacionadas a diferentes gêneros musicais;
- percursos com criação sonora;

- fluxo de movimento e articulação em música (*legato*, *stacatto*, etc);
- forma do corpo, forma criativa em grupo (escultura), escultura sonora e forma musical;
- movimentos espelhados em dupla com diferentes gêneros//estilos musicais;
- movimentos de imitação em duplas e entre indivíduo e grupo, com diferentes gêneros/estilos musicais;
- utilização de improvisação de movimentos com diferentes partes do copo e com sonorização;
- movimentos com diferentes velocidades e andamento em música;
- movimentos em engrenagens formulados com base na tessitura musical;
- atividades criativas com partes do corpo;
- criação de pequenas sequências de movimentos com música;
- criação de coreografias mais elaboradas com música improvisada e/ou gravada e/ou executada.

A avaliação da disciplina é de caráter processual, isto é, uma avaliação que considera a participação, empenho e cumprimento das atividades práticas propostas a cada aula. Também foi incluída uma avaliação somativa ao final da disciplina. Assim, a partir da realização de atividades de criação musical associadas à criação de pequenas sequências de movimentos, busca-se, como proposta de avaliação final, levar os estudantes a elaboração de coreografias mais complexas, de até oito minutos como atividade de conclusão final da disciplina (ver figuras 1 e 2). O grande desafio para os alunos é criar, no final do semestre, um pequeno espetáculo, com coreografias bem elaboradas que incluem a seleção musical, que pode ser música executada, música gravada ou mesmo uma criação musical do grupo. Todos esses elementos são trabalhados em processos individuais, coletivos e interativos, por meio de proposta de resolução de problemas.

Figura 1: Criação de coreografia

Figura 2: Criação de coreografia

A disciplina na ótica dos alunos: alguns resultados

Ao longo dos últimos anos foi possível coletar algumas impressões dos alunos sobre a disciplina de forma a compreender como a experiência vivenciada por eles foi compreendida em termos de formação pessoal; como experiência para desenvolvimento da própria criatividade e como forma de ampliação de possibilidades na atuação didática (para alunos de licenciatura) e de criação musical (para os alunos do bacharelado).

Assim foram coletados entre os anos de 2016, 2017 e 2018, 68 questionários de avaliação da disciplina. A idade dos participantes (n=68) era de

18 até 33 anos, sendo alunos de diferentes períodos (do segundo ao oitavo período) e das duas habilitações (bacharelado e licenciatura).

Questionando especificamente as atividades práticas das aulas, foi perguntado se os alunos se sentiam capazes de realizar as propostas de música e movimento/dança. As questões continham uma escala *Likert*[2] com as seguintes opções: *Discordo totalmente*, *Discordo parcialmente*, *Neutro*, *Concordo parcialmente* e *Concordo totalmente*. Nesse caso, os alunos indicaram que se sentiam confiantes (*Concordo totalmente* = 77%) ou parcialmente confiantes (*Concordo parcialmente* = 20%) para realizar as atividades propostas em aula.

Os alunos também foram questionados se acreditavam ter vivenciado processos criativos durante as aulas, considerando-se que as aulas eram baseadas na perspectiva do processo de resolução de problemas. Nesta questão, 49 (n = 49) alunos (73%) concordaram totalmente com esta afirmação; 13 (n = 13) alunos (19%) indicaram que concordaram parcialmente; cinco (n = 5) tiveram uma resposta neutra (7%); e apenas um aluno (n = 1) indicou *Discordo parcialmente* (1%). Os alunos também foram questionados se futuramente poderiam usar as experiências das aulas de música e movimento em sua prática como professores de música ou em práticas musicais. Muitos concordaram com essa possibilidade. Nesse sentido, 79% indicaram concordar totalmente e concordar parcialmente; 16% não concordam ou discordam (neutro); 4% indicam discordar parcialmente; e 1% discordou totalmente.

Estes resultados indicaram que para a maioria dos alunos a experiência com a disciplina era significativa e que eles se sentiam confiantes em participar das atividades. Estes dados, portanto, são relevantes para indicar que sendo uma disciplina na interface entre música e dança, o desafio proposto pela disciplina era aceito pelos alunos, mesmo se considerando que a maioria não possuía nenhuma experiência anterior no campo da dança.

Conclusão

A criação desta disciplina de "Música e Movimento" no Curso de Música da UFPR permitiu verificar o potencial da utilização do estudo da mú-

---

2 Escala *Likert*: Escala de qualidade psicométrica, utilizada neste estudo para coletar dados sobre a opinião dos alunos.

sica na interface com a dança. Após alguns anos de inclusão da disciplina no currículo como disciplina optativa, foi possível avaliá-la como: uma disciplina inédita; de ampliação da vivência de propostas artísticas; voltada para conteúdos práticos de música, movimento e dança, cujo escopo veiculou o desenvolvimento criativo músico/corporal, por meio da perspectiva da resolução de problemas (Sternberg, 2009).

Além disso, analisando algumas das respostas dos alunos obtidas no questionário coletado entre 2016 e 2018, é possível observar que eles perceberam que durante as aulas foram impulsionados a viver experiências em processos criativos e que tais experiências poderão auxiliá-los futuramente em suas práticas didáticas e práticas musicais. Nesse sentido, observa-se que o uso do corpo não é uma especificidade do campo da dança, mas também está presente na aprendizagem musical e deve ser valorizado. Para Laban (1990) é por meio da experiência corporal que o indivíduo vivencia o mundo.

Referencias

LABAN, R. (1978). **Domínio do Movimento.** São Paulo: Summus.

LABAN, R. (1990). **Dança educativa moderna.** São Paulo: Ícone, 1990.

MALETIC, V. (2011). Rudolf Laban: **Corpo Spazio, espressione.** Palermo: L'Epos.

MOLNÁR, G. ; CSAPÓ B. (2018). The Efficacy and Development of Students' Problem-Solving Strategies During Compulsory Schooling: Logfile Analyses. **Frontiers in Psychology,** *9* (302), 1-17.

SCARPATO, M. T. (2001). Dança educativa: um fato em escolas de São Paulo. **Cadernos Cedes,** 21(53), 57-68.

STERNBERG, R. J. (2009). **Cognitive Psychology**. 5th Ed. Belmont: Wadsworth, Cengage Learning.

SÜß, H-M.; KRETZSCHMAR, A. (2018). Impact of Cognitive Abilities and Prior Knowledge on Complex Problem Solving Performance – Empirical Results and a Plea for Ecologically Valid Microworlds. **Frontiers in Psychology,** *9* (626), 1-22.

WEISBERG, R. W. (2006). **Creativity: understanding innovation in problem solving, science, invention and the arts.** Hoboken, N.J.: John Wiley & Sons.

ZAGATTI, F. (2009). **La danza educativa**. Bologna: Mousikè.

A música no ambiente escolar: sua função e aplicabilidade

Sonia Regina Albano de Lima

A complexidade da sociedade contemporânea, os avanços tecnológicos, a diversidade cultural e as transformações socioculturais ocorridas nas últimas décadas, justificam a preocupação dos educadores e professores de música em viabilizarem um modelo de ensino musical capaz de contribuir para o desenvolvimento bio/psíquico/social dos indivíduos. Nesse sentido, torna-se importante verificar quais os procedimentos pedagógicos do passado que ainda podem ser aplicados e quais devem ser refutados. Assim, passado, presente e futuro formam um só corpo de análise, permitindo a implantação de um ensino musical que atenda as reais necessidades humanas e sociais nas suas diversas inter-relações e dimensões, seja nos espaços educacionais formais, informais ou não formais – uma proposta de ensino musical com início na educação básica que se estenda até os cursos superiores de formação musical e que não esteja voltada apenas para um aprendizado tecnicista. Este tipo de aprendizado tem se estendido por muitas décadas, promovendo o isolamento gradual da área e afastando a música de um convívio salutar com as demais áreas de conhecimento e com as diversas linguagens artísticas. Nas Licenciaturas em Música, conceitos pedagógicos importantes destinados à formação dos professores de música para lecionar na educação básica são um tanto menosprezados, habilitando profissionais com bom desempenho técnico-musical, mas com pouco conhecimento didático pedagógico e sem uma real vinculação com os problemas socioculturais que afligem a área.

Há que se admitir que a música, considerada por muitos anos uma atividade artística e não uma área de conhecimento, não foi uma disciplina obrigatória presente na matriz curricular do ensino fundamental inicial e final, transformando-se em uma linguagem de aprendizagem um tanto elitista frente às demais linguagens artísticas, sem contar que o ensino da matemática e da língua portuguesa sempre obtiveram melhor destaque desde a educação infantil até o ensino médio.

Na atual conjuntura, um ensino musical que tenha a tarefa de auxiliar o indivíduo a se enquadrar cultural, psicológica e profissionalmente na sociedade e atuar nos seus espaços problemáticos, seria muito bem-vindo. Esta proposta pedagógica não se apresenta reducionista e, muito menos, disjuntiva, pois manifesta um pensamento que, embora permeado de incertezas, contradições e ambiguidades, busca soluções favoráveis para os problemas que circundam a área e a sociedade como um todo. Ela retrata um pensamento em que as determinações cerebrais, culturais, sociais e históricas codeterminam o objeto de conhecimento e que não trabalha com uma somatória de conteúdos informacionais abstratos, desvinculados da malha societária. Ela propicia maior inter-relação com as diversas linguagens, artísticas ou não; ressignifica conceitos estratificados; enfatiza com maior propriedade o entorno que envolve o cenário musical. Essa proposta se apossa de uma perspectiva pedagógica do ensino musical multidimensional e holística, permitindo a desconstrução do conhecimento puramente tecnicista, em direção a um outro tipo de abordagem musical que procura valorizar aspectos da cultura, o cotidiano dos alunos e dos professores e os processos intelectuais presentes nas demais áreas de conhecimento que possam incorporar em parte o cenário musical.

É importante, na atualidade, avaliarmos até que ponto as políticas públicas e as instituições de ensino musical têm proporcionado um aprendizado significativo para a área. Nesse sentido, estariam os ambientes educacionais formais, não formais e informais habilitando profissionais, gestores e docentes de música sob uma perspectiva mais holística e não tão tecnicista?

A música pensada como uma produção cultural da humanidade, necessita, como qualquer outra área de conhecimento, contemplar a historicidade dos fatos sociais, avaliar o local, o espaço, o tempo onde ela atua e a missão pedagógica que lhe foi atribuída nas diversas etapas deste ensino. Não se cogita, com esse seguimento, valorizar apenas o fazer musical, isso transformaria a música em uma técnica e não em uma área de conhecimento, ainda que os cursos técnicos de música tenham como missão pedagógica preparar o aluno a conhecer e praticar a música nas suas diversas habilidades, tendo em vista que a missão pedagógica desses cursos é bem diferenciada das demais vertentes de ensino musical. Esta missão configura-se como uma das etapas deste ensino, mas não a única e visa, principalmente, preparar o músico para atuar no mercado de trabalho sob bases técnicas bastante sólidas. Estas escolas têm sido procuradas com frequência pelos indivíduos interessados em seguir uma carreira profissional, seja na função de regente, compositor, instrumentista ou cantor e, via de regra, tal a procura e o número restrito de vagas ofertadas, precisam realizar processos seletivos de ingresso bastante concorridos.

A LDB nº 9394/96 estabelece as diretrizes e bases para essa modalidade de ensino, intitulada *educação profissional técnica de nível médio*. Os cursos desta natureza podem ser articulados de forma oficial no próprio estabelecimento de ensino médio ou em cooperação com instituições especializadas em educação profissional, ou ainda, em cursos subsequentes a quem já tenha concluído o ensino médio. Como exemplo, em São Paulo temos a ETC de Artes e os Conservatórios de Música com reconhecimento para ofertar este curso, a exemplo, o Conservatório Dramático e Musical "Dr. Carlos de Campos", em Tatuí- S.P e a Fundação das Artes de São Caetano do Sul. O ensino técnico musical pode ainda ser realizado em escolas livres de música voltadas para qualquer faixa etária, sem a necessidade de abrigar estudantes com vínculo escolar em instituições de ensino médio oficializadas. Na cidade de São Paulo temos a Escola Municipal de Música de São Paulo, a Escola Municipal de Iniciação Artística de São Paulo e a EMESP Tom Jobim. Na mesma linha seguem os Conservatórios Livres, a saber, o Conservatório Villa Lobos, além das Escolas Livres de Música, algumas voltadas para o ensino da música popular, como exemplo, a Escola de Música e Tecnologia EM&T e o Centro Livre de Aprendizagem Musical (CLAM). Essas instituições não estão sujeitas a qualquer ordenamento pedagógico e, na maioria das vezes, fazem parte do currículo profissional de inúmeros músicos atuantes.

Uma tarefa fundamental para o ensino musical na atualidade seria analisar as ações docentes que deveriam nortear as diversas etapas de aprendizagem musical; também seria importante que a música, enquanto área de conhecimento, integrasse a matriz curricular da educação básica, ainda que sob perspectivas pedagógicas diferenciadas em cada etapa de aprendizagem, mesmo que ministrada de forma polivalente como determina a legislação atual; fato que não ocorre na atual conjuntura político-pedagógica brasileira. Ela, quando ensinada, não segue um percurso regular entre uma etapa e outra e em boa parte dessas escolas é pensada mais como uma atividade que serve de acessório ao sistema de aprendizagem, do que propriamente uma linguagem artística integrada às demais linguagens artísticas. É interessante refletirmos que se a música na educação infantil foi ensinada como um elemento primordial para o desenvolvimento da criança, não significa que ela terá continuidade no ensino fundamental 'anos iniciais' e 'anos finais.

Essa falta de continuidade no aprendizado musical sobrecarrega muitíssimo o ensino superior de música que conta com alunos, em grande número, com um conhecimento musical um tanto limitado para seguir a carreira. Essas instituições, principalmente as instituições privadas, quase sempre são obrigadas a oferecer um ensino muito voltado ao aprendizado e a compreensão da linguagem musical, fato que não ocorre com alunos vindos dos cursos técnicos de música, que, a contar desse aprendizado obtido anteriormente, poderiam seguir seu aprendizado musical de forma mais célere, caso houvesse maior flexibilidade da malha curricular no ensino superior de música.

Na atualidade seria importante a área promover pesquisas que coletassem dados oriundos de ações docentes já realizadas; experimentassem e vivenciassem as diversas propostas pedagógicas e avaliassem constantemente os resultados obtidos. Também seria necessário avaliar atentamente as relações criadas entre o professor, o aluno, os organismos, os ambientes educacionais, a família, a sociedade, a cultura, a ética, a estética e as ciências. Esse seria um dos enfoques, entre outros, a ser adotado nas pesquisas que investigam o ensino musical. Assim relatado, torna-se válido aos estudiosos da área analisar as relações que a música estabelece com as artes em geral, com a estética, com o indivíduo, com a natureza e a história. Esta análise permitiria a integração, o redimensionamento e a ressignificação da atividade musical, permitindo-lhe uma atuação participativa mais intensa no processo evolutivo da humanidade.

A primeira tarefa a ser cumprida concentra-se no fenômeno sonoro propriamente dito. Nesse sentido seria válido verificar, entre outras metas, que efeitos a música é capaz de provocar na mente humana; quais benefícios ou malefícios ela comporta; em que proporções e em quais esferas ela pode atingir mais intensamente a humanidade. Sendo a música uma produção cultural, também caberia avaliar em que proporção ela afeta ou pode modificar os padrões sócio -político-culturais; que significado a música tem em nossa sociedade e no mundo; quais intervenções culturais podem interferir no gosto e na estética atual.

Essas questões parecem estar um pouco ausentes dos cursos de formação de docente em música, embora devam ser devidamente refletidas. Também não poderíamos afastar a importância de verificar em que medida os experimentos musicais estão embasados em trabalhos científicos efetivamente realizados e vivenciados, daí a necessidade de recorrermos às áreas de conhecimento que habitualmente destinam parte de seu tempo para elaboração desse tipo de pesquisa. Sob esta perspectiva seria producente partirmos de modelos de pensamento capazes de transcender o cartesianismo imposto pelas ciências naturais, empregando outras formas de raciocínio, mais atinentes à área de artes. A música é uma linguagem analógica pautada em princípios matemáticos e geométricos, mas apesar disso ela detém semanticidade. Nesse sentido, se bem utilizada, ela pode trazer para a humanidade amplos benefícios, sejam físicos, psíquicos, mentais e espirituais. As suas diversas aplicações permitem trazer ao mundo, no mínimo, o melhor conhecimento de nossa subjetividade. O texto de Albano de Lima e Braz (2021) retratam um pouco dessa realidade.

Assim considerado, o pensamento interdisciplinar parece interagir mais intensamente com as diversas áreas de conhecimento, inclusive no campo das artes; ele pode ampliar as estratégias metodológicas; construir novos saberes e, no que diz respeito ao ensino musical, perpassar um modelo de aprendizagem tecnicista, contribuindo de forma benéfica no processo de humanização dos indivíduos e na melhor inserção do músico na sociedade. Vários pesquisadores têm utilizado a interdisciplinaridade como ferramenta de pesquisa. No cenário musical ela permite a integração das diversas linguagens artísticas (música, teatro, dança, artes plásticas, cinema, entre outras) e interliga outras linguagens e áreas de conhecimento, entre elas, a filosofia, a antropologia, a sociologia, a psicologia e até mesmo a tecnologia, o que possibilita ao pesquisador e docente de música maior otimização investigativa e uma ação musical mais efetiva.

O texto *Ensino Musical Brasileiro: diferentes missões pedagógicas* (ALBANO DE LIMA, 2020, p. 9/20), pautado em ordenamentos pedagógicos pertinentes a área, descreve as diversas missões pedagógicas do ensino musical em suas várias etapas e os problemas advindos da falta de continuidade desse aprendizado que ocorre desde o ensino básico até o ensino superior. O relato também aponta em que medida as instituições de ensino superior de música não tem privilegiado um estudo mais atento para compreender as dimensões cognitivas, psicológicas e socioculturais que circundam o fenômeno musical enquanto produção humana e o quanto os cursos de Licenciatura em Música deixam de contemplar disciplinas capazes de capacitar mais atentamente os docentes que irão atuar na educação básica, tendo em vista que nessa etapa de aprendizagem, a legislação aplicada prevê o repasse de um ensino artístico interdisciplinar e polivalente, que tem como objetivo central, sensibilizar os alunos não só para a música, mas também para o teatro, a dança e as artes visuais.

Grande parte das Licenciaturas em Música ainda oferecem uma matriz curricular contendo disciplinas mais voltadas para o aprendizado da linguagem musical. Disciplinas ou ações pedagógicas capazes de integrar as demais linguagens artísticas e áreas de conhecimento auxiliares ao desenvolvimento bio/psíquico/social dos indivíduos, são minimizadas. Como já dito anteriormente, isso se deve, em parte, pela descontinuidade desse aprendizado na vida escolar dos alunos, restando para os cursos superiores de música a tarefa de, muitas vezes, consolidar mais intensamente a compreensão e o aprendizado técnico dessa linguagem em detrimento de outras ações pedagógicas. Assim, a missão pedagógica diferenciada entre o agir docente na educação básica e a formação do professor de música obtida nos cursos de Licenciatura em Música, configura-se como o nó górdio do ensino musical, mesmo se considerarmos o que está transcrito na legislação direcionada ao ensino musical propriamente dito (ALBANO DE LIMA, 2020, p. 19).

É interessante relatar que legislação destinada à Graduação em Música tem fixado como perfil desejado, a capacitação para apropriação do pensamento reflexivo, da sensibilidade artística, da utilização de técnicas composicionais, do domínio dos conhecimentos relativos à manipulação composicional de meios acústicos, eletroacústicos e de outros meios experimentais, e da sensibilidade estética através do conhecimento de estilos, repertórios, obras e outras criações musicais; deve revelar habilidades e aptidões indispensáveis à atuação profissional na sociedade, nas dimensões artísticas, culturais, sociais, cientificas e tecnológicas, inerentes à área da música; deve possibilitar uma formação profissional que revele, pelo menos, as competências e habilidades para que o formando possa: I – intervir na sociedade de acordo com suas manifestações culturais, demonstrando sensibilidade e criação artísticas e excelência prática; II – viabilizar pesquisa científica e tecnológica em música, visando a criação, compreensão e difusão da cultura e seu desenvolvimento; III – atuar, de forma significativa, nas manifestações musicais, instituídas ou emergentes; IV – atuar nos diferenciados espaços culturais e, especialmente, em articulação com instituições de ensino específico de música; V – estimular criações musicais e sua divulgação como manifestação do potencial artístico. Os conteúdos curriculares contemplados devem assegurar: I – conteúdos básicos: estudos relacionados com a cultura e as artes, envolvendo também as ciências humanas e sociais, com ênfase em antropologia e psico-pedagogia; II – conteúdos específicos: estudos que particularizam e dão consistência à área de Música, abrangendo os relacionados com o conhecimento instrumental, composicional e de Regência; III – conteúdos teórico-práticos: estudos que permitam a integração teoria/prática relacionada com o exercício da arte musical e do desempenho profissional, incluindo também estágio curricular supervisionado, prática de ensino, iniciação científica e utilização de novas tecnologias (BRASIL, Parecer CNE/CES nº 195, de 5 de agosto de 2003). Tais diretrizes curriculares foram aprovadas pela Resolução CNE/CES, n. 2, de 08 de março de 2004.

Em igualdade de condições, o art. 1º, parágrafo 1º da Resolução CNE/CES nº 2, de 10 de maio de 2016, ao definir as diretrizes nacionais para a operacionalização do ensino de Música na Educação Básica, relata que as escolas de educação básica deverão: I – incluir o ensino de Música nos seus projetos político-pedagógicos como conteúdo curricular obrigatório, tratado de diferentes modos em seus tempos e espaços educativos; II – criar ou adequar tempos e espaços para o ensino de Música, sem prejuízo das outras linguagens artísticas; III – realizar atividades musicais para todos os seus estudantes, preferencialmente, com a participação dos demais membros que compõem a comunidade escolar e local; IV – organizar seus quadros de profissionais da educação com professores licenciados em Música, incorporando a contribuição dos mestres de saberes musicais, bem como de outros profissionais vocacionados à prática de ensino; V – promover a formação continuada de seus professores no âmbito da jornada de trabalho desses profissionais; VI – estabelecer parcerias com instituições e organizações formadoras e associativas ligadas à música, visando à ampliação de processos educativos nesta área; VII – desenvolver projetos e ações como complemento das atividades letivas, alargando o ambiente educativo para além dos dias letivos e da sala de aula.

Por sua vez, os Referenciais Curriculares Nacionais (RCNs), definidos como um conjunto de reflexões de cunho educacional descrevendo os objetivos, conteúdos e orientações didáticas voltados para os educadores, com informações e indicações adicionais à LDB nº 9394/96 e às Diretrizes Curriculares

Nacionais[1], relatam que o licenciado em música é o professor que planeja, organiza e desenvolve atividades e materiais relativos ao Ensino de Música. Sua atribuição central é a **docência na Educação Básica**, portanto, deve desenvolver sólidos conhecimentos sobre os fundamentos da Música, seu desenvolvimento histórico e suas relações com as diversas áreas; pode expandir as estratégias para transposição do conhecimento musical na escola; elaborar e analisar materiais didáticos, como livros, textos, vídeos, programas computacionais, ambientes virtuais de aprendizagem, entre outros; realizar pesquisas sobre o ensino de música; coordenar e supervisionar equipes de trabalho; primar pelo desenvolvimento do educando, incluindo sua formação ética, a construção de sua autonomia intelectual e o seu pensamento crítico, em uma carga horária mínima de 2800 h. e uma integralização de 3 anos (BRASIL, RCNs, Música, p. 84).

Os RCNs também preveem os temas, disciplinas e ações a serem abordados na formação das Licenciaturas em Música, ou seja, matérias ligadas a estruturação musical, percepção, história da música, prática vocal e instrumental, oficinas de criatividade, prevenção de lesões causadas por esforço repetido e disfunções de postura, fisiologia e técnica vocal, técnicas de respiração e postura, dicção e fonética, psicopedagogia musical, metodologia de ensino musical, além do aprendizado da História, Filosofia e Sociologia da Educação, metodologia e prática de ensino, entre tantos outros, impossíveis de serem veiculados em uma espaço tão exíguo de três ou quatro anos de ensino. A infraestrutura recomendada nesse documento prevê a formação de um laboratório de ensino de música, informática com programas especializados, acervo de partituras e gravações, instrumentoteca, salas de estudo individuais com tratamento acústico e espelho, biblioteca com acervo específico e atualizado, o que na maioria das vezes não pode ser integralmente realizado em inúmeras instituições de ensino superior de música, sejam elas privadas e até mesmo públicas – uma real utopia para a maioria das instituições de ensino superior de música brasileiras.

---

1 Os Referenciais Curriculares Nacionais não são documentos normativos para o ensino, eles contemplam subsídios adicionais aos ordenamentos propostos tanto para os bacharelados como para as licenciaturas de todas as áreas de conhecimento. Os referenciais destinados ao bacharelado e licenciatura em música estão relatados nas páginas 83 e 84. In: dca.ufrn.br/adelardo/PAP/referenciaisgraduação.pdf; https://www.educabrasil.com.br/rcns-referenciais-curriculares-nacionais. Acesso em 11 de junho de 2021.

Albano de Lima avaliou parte dessa realidade na pesquisa realizada em 2012, na FUNDESP/IPADE, no *Projeto Arte, Cultura e Educação sob uma perspectiva interdisciplinar na formação de professores*, enquanto atuou como coordenadora deste projeto de pesquisa. Ela e sua equipe de docentes e pesquisadores comprovaram que nesse período os cursos de artes oferecidos na cidade de São Paulo, privilegiavam disciplinas da área de Artes em quase 70% da matriz curricular, disciplinas essas específicas a formação artística pretendida, ou seja, nos cursos de música as disciplinas voltadas para o aprendizado da linguagem musical eram a prioridade; outras linguagens artísticas não integravam a matriz curricular desses cursos. As disciplinas focando a Educação propriamente dita nestes cursos, ocupavam apenas um quinto da matriz curricular; as disciplinas focadas na cultura que compreendiam os termos *gestão, humanização e tecnologia* concentravam um percentual de 19,9%, sendo que o termo humanização era responsável por mais de metade desse valor, cabendo a tecnologia pouco mais de 30% do valor e ao termo gestão menos de 0,5% (ALBANO DE LIMA, NOGUEIRA BRAZ, CLEMENTINO, 2012, 112/117).

Apesar desses dados já estarem bastante desatualizados em relação aos atuais, não resta dúvida que a defasagem na formação dos futuros professores de artes no que diz respeito a disciplinas focadas na cultura e na educação ainda é bastante significativa Como se observa, a legislação atual destinada as Licenciaturas e Graduação em Música não deixa de contemplar ações e tarefas que estão além de um aprendizado tecnicista da música, contudo, as instituições de ensino superior de música, principalmente no que diz respeito às Licenciaturas em Música, não conseguem atender a todos os quesitos determinados pela legislação.

A pedagoga Maria José D. Subtil, em texto realizado no ano de 2000, admite que a missão pedagógica do ensino de artes na educação básica seria a de sensibilizar, expressar, criar e prover o conhecimento estético dos alunos, entretanto, ela entende que esse objetivo não poderá ser alcançado se esse ensino for ministrado por educadores que, em suas vidas escolares e na sua formação acadêmica, pouco ou nada aprenderam a esse respeito (SUBTIL, 2009, p. 192). Essa é uma realidade que se estende até nossos dias, principalmente se nos atentarmos para a tendência tecnicista contemplada na matriz curricular dos cursos superiores de música, sejam eles, Licenciatura ou Bacharelado.

Na educação infantil, como propõe a Base Nacional Comum Curricular homologada em 20 de dezembro de 2017, não está viabilizado o ensino da música sob uma perspectiva tecnicista, mas sim a sensibilização das crianças para as artes em geral. De acordo com essa perspectiva pedagógica, a criança nessa fase deve conviver com as diferentes manifestações artísticas, culturais e científicas, locais e universais, por meio de experiências diversificadas. Ela deve vivenciar as diversas formas de expressão e linguagens artísticas e também essas crianças devem ser incentivadas a criar suas próprias produções artísticas ou culturais. Essas experiências contribuem para que, desde muito pequenas, elas desenvolvam senso estético e crítico, de maneira a favorecer o desenvolvimento de sua sensibilidade, da criatividade e da expressão pessoal (BRASIL, BNCC, p. 40/41).

O artigo de Tomiazzi et allium (2013, 1124) ao analisar o Referencial Curricular Nacional para educação infantil, complementando as informações referentes ao ensino na educação básica, considera o fato de que nesta etapa de aprendizagem não há um professor específico para o ensino das artes; este é ministrado por um professor licenciado em pedagogia. Esses pedagogos não têm muito claro o objetivo da educação musical neste contexto escolar, nem dos conteúdos e metodologias a serem abordados para se atingir estes objetivos, mesmo se considerarmos que os RCNEI apresentam propostas metodológicas pertinentes para o ensino musical e o ensino das artes, portanto, esses professores acabam utilizando a música como uma ferramenta pedagógica para o ensino de outras disciplinas e com isso, acreditam estarem promovendo o ensino de música previsto na Lei. Diante dessa realidade a função e o sentido dos ensinamentos musicais ficam prejudicados.

O RCNEI prevê para o ensino musical na educação infantil a **produção**, centrada na experimentação e na imitação, tendo como produtos musicais a interpretação, a improvisação e a composição; a **apreciação** que é a percepção tanto dos sons e silêncios, quanto das estruturas e organização musicais, por meio do prazer da escuta, a capacidade de observação, análise e reconhecimento, como também a **reflexão** sobre questões referentes à organização, criação, produtos e produtores musicais (BRASIL, RCNEI, 1998, p. 48).

Para as crianças de zero a três anos cabe ouvir, perceber e discriminar eventos sonoros diversos, fontes sonoras e produções musicais; brincar com a música, imitar, inventar e reproduzir criações musicais. Para crianças de quatro a seis anos é importante explorar e identificar elementos da música para se expressar, interagir com os outros e ampliar seu conhecimento do mundo; perceber e expressar sensações, sentimentos e pensamentos, por meio de improvisações, composições e interpretações musicais (BRASIL, RCNEI, 1998, p. 55). Desta maneira, o processo de desenvolvimento musical das crianças deve abranger a **exploração** de materiais e a escuta de obras musicais para propiciar o contato e experiências com a matéria-prima da linguagem musical: o som (e suas qualidades) e o silêncio; a **vivência** da organização dos sons e silêncios em linguagem musical pelo fazer e pelo contato com obras diversas; a **reflexão** sobre a música, como produto cultural do ser humano que se pronuncia como uma importante forma de conhecer e representar o mundo (BRASIL, RCNEI, 1998, p. 57).

Conforme se observa na leitura desse documento, os conteúdos musicais a serem abordados na educação infantil priorizam o *fazer musical* e a *apreciação musical*. No texto, o fazer musical para crianças de zero a três anos consiste na exploração, expressão e produção do silêncio e dos sons com a voz, o corpo, o entorno e materiais sonoros diversos; interpretação de músicas e canções diversas; participação em brincadeiras e jogos cantados e rítmicos, além de trazer inúmeras orientações para que esse fazer musical ocorra (BRASIL, RCNEI, 1998, p. 58). Na fase de quatro a seis anos, a criança amplia esses conhecimentos e possibilidades de trabalho no fazer musical, em continuidade dos trabalhos realizados com as crianças de zero a três anos. Há que se mencionar, entretanto, que muitas vezes as crianças desta faixa etária não cursaram instituições de ensino abrigando crianças de zero a três anos, o que já aponta a falta de continuidade entre instituições ligadas a educação infantil. Dessa maneira, o que foi projetado para as crianças de zero a três anos agora serão realizadas pelas crianças de quatro a seis anos, sem contar que se elas não tiveram o ensino musical na educação infantil, adentrarão na educação básica sem qualquer conhecimento musical ou artístico.

No que diz respeito a apreciação musical, o RCNEI destaca que para as crianças de zero a três anos, este trabalho deverá apresentar obras que despertem o desejo de ouvir e interagir com a música, considerando-se que as crianças percebem e se expressam globalmente, inclusive pela movimentação do corpo. Já para as crianças de quatro a seis anos, esse trabalho deve continuar podendo se estender com a participação de profissionais que atuam em orquestras, bandas, etc, o que também é um tanto irreal, considerando-se que nesta faixa etária as crianças têm uma única professora para ministrar esse conteúdo. Seguem ainda a apreciação de gêneros musicais e estilos com as informações relativas ao contexto histórico de sua criação, época, compositor e intérprete (BRASIL, RCNEI, 1998, p. 63-65).

Conforme relatado por Tomiazzi et allium (2013, p. 128), quando os conteúdos relatados nos RCNEI são bem executados, podem despertar no educando um percurso estruturado e orientado para desenvolver uma escuta sensível, capaz de enriquecer a memória musical do aluno e transformar sua experiência ativa, reflexiva e significativa:

> [...] o professor mesmo não sendo especialista da área de música, pode contribuir para o enriquecimento da apreciação musical dos seus alunos, proporcionando-lhes atividades significativas ao uso da linguagem musical, como exemplo, associar imagens de instrumentos musicais ao som produzidos pelo mesmo através de Cd's ou DVD's, mostrando e nomeando por meio de livros ou algo do gênero grandes intérpretes e compositores da música universal e da música tradicional brasileira, além das composições contemporâneas e populares regionais, sempre permitindo o acesso aos educandos e deixando-os guiar-se pela sensibilidade, pela sensação e pela motivação que a música propicia [...] mesmo não sendo especialista da área, pode ser mediador do conhecimento da linguagem musical para com seus alunos por meio de atividades lúdicas, contribuindo com o desenvolvimento da percepção auditiva, dos jogos com movimentos (dança) e acesso ao acervo cultural infantil por cantigas tradicionais de nosso cancioneiro popular (IBID, p. 1129).

Contudo esses autores concluem que mesmo que a RCNEI trace reais objetivos e conteúdos para o aprendizado da linguagem musical, há determinadas práticas musicais que para serem realizadas é importante que o docente tenha domínio da linguagem musical, o que exige uma formação específica em música.

Também é relevante informar que, na maioria das vezes, os Cursos Superiores de Pedagogia não contemplam em sua matriz curricular um ensino básico da linguagem musical. Na pesquisa realizada em 2012, na FUNDESP/IPADE, já relatada anteriormente (ALBANO DE LIMA, et allium, 2012, p. 101/103), constatou-se que esses cursos, similar aos cursos superiores de música, privilegiam uma matriz curricular em que as disciplinas voltadas para a Educação são o objetivo principal na formação de docentes para o ensino infantil e fundamental. As disciplinas relativas ao ensino da cultura concentraram um percentual de 41,75% das disciplinas ministradas e as disciplinas voltadas para as Artes concentraram um total equivalente a 11,46% da matriz curricular. Constata-se, portanto, que grande parte das competências propostas pelos educadores e pesquisadores da área de ensino voltadas para a música e para o ensino das artes em geral não são contempladas no contexto curricular dos cursos de Pedagogia.

Há ainda que se observar que as experiências e ações contidas tanto na BNCC como nos RCNEI quanto ao ensino das artes na educação básica não podem ser contempladas em sua integralidade, dado o número insuficiente de horas destinadas a este tipo de aprendizagem em relação ao aprendizado das demais linguagens.

Quanto ao corpo docente que atua na educação infantil, a fala da Prof. Dr. Marisa Fonterrada é providencial ao criticar a ausência de uma orientação precisa nos Referenciais Curriculares Nacionais da Educação Infantil relativa ao ensino das artes nesta faixa etária, considerando-se que os conteúdos artísticos a serem abordados são desenvolvidos por um único professor, que por vezes, não é um especialista nesta área. Diante desse fato, este professor para atingir os objetivos mencionados, precisa de suporte, supervisão e cursos de capacitação e aperfeiçoamento docente (FONTERRADA, 2008, P. 261).

Essa é uma realidade que deve ser refletida tendo em vista que o ensino das artes neste período etário está muito focado no desenvolvimento da *criatividade*, da *sensibilização* e *apreciação artística*, podendo auxiliar consideravelmente o desenvolvimento bio-psíquico e social das crianças.

Diante disso, qual a melhor maneira dos cursos de formação de professores de arte e pedagogos atuarem de forma satisfatória na educação básica? Como propagar um ensino artístico polivalente na educação infantil e ensino fundamental, no qual a música seja integrada como uma linguagem não minimizada em relação às demais linguagens artísticas? Como capacitar um pedagogo ou licenciado em música para atuar na educação infantil com condições suficientes para desenvolver uma programação musical prevista tanto nos RCNEI e na BNCC? Como projetar um ensino artístico na educação básica capaz de sensibilizar os alunos para experiências estéticas e vivências musicais e artísticas advindas da aquisição deste conhecimento? Deveriam os cursos superiores de música (Bacharelado e Licenciatura) continuarem a adotar uma proposta de ensino de natureza tecnicista, considerando-se a procura intensa que tem havido pelos cursos técnicos de música e escolas livres de música?

O pedagogo e pesquisador Imanol Agirre, em publicação datada de 2000, traz um estudo minucioso da criatividade e dos movimentos pedagógicos criados em favor do desenvolvimento da criatividade artística não só na educação infantil, mas em todos os níveis escolares, já que, segundo ele, a criatividade configura-se como o baluarte da educação artística. Ele não privilegia uma arte em detrimento da outra, mas uma educação artística capaz de trabalhar com todas as linguagens voltadas para as artes, sem deixar de contemplar o entorno cultural e social que as envolvem, no intuito de que as artes possam ocupar um lugar de destaque na Educação. Para ele um ensino artístico elitista deixa de ter fundamento diante das dificuldades que tem assolado a sociedade contemporânea.

Ao se reportar ao ensino das artes na educação infantil, Agirre, embasado em relatos de Lowenfeld, V, & Brittain (2000, p. 145), admite que o professor, ao lidar com crianças no contexto escolar, deve, a partir de estratégias didáticas, desenvolver a livre expressão e a atenção na evolução natural de seus interesses e capacidades representativas, e que fatores ambientais, sociais, e os demais relativos a compreender mais atentamente a personalidade infantil, devem ser considerados fatores próprios do processo de criação e não mera circunstância. Esse comportamento tem como certo que as representações infantis não devem ser menosprezadas, pois contribuem para o seu desenvolvimento artístico e cognitivo. Essa conduta aplicada à educação infantil deve se estender para toda a cadeia educacional, pois não se trata de um modismo da época, mas uma transformação epistemológica da forma de se pensar a arte na contemporaneidade.

Ao traçar uma trajetória histórica do ensino artístico, Agirre admite que a partir dos anos 70, o ensino das artes adquiriu maior importância, considerando-se suas possibilidades de enriquecimento intelectual, que até então haviam sido ignoradas. A arte, sob essa perspectiva, é capaz de desenvolver inúmeras estratégias criativas de pensamento, fato que contribui imensamente no desenvolvimento integral dos indivíduos. Ele vê a criatividade como uma faculdade inata do ser humano que se processa mediante transmissão cultural, contudo, nesse processo, vários são os fatores e variáveis intervenientes, entre elas, as capacidades, atitudes ou motivações do sujeito, o que faz intuir que ela pode e deve ser ensinada:

> [...] la investigación sobre la creatividad sólo resultará posible con un cambio profundo en la concepción de la creatividad, consistente en aceptar que es una facultad de todos los seres humanos, que es educable y que se produce como reflejo de la interacción con la experiencia (también la social y cultural) en la que a su vez repercute (AGUIRRE, 2000, p. 148)

Para ele a maior dificuldade em empregar meios para medir a criatividade, não se concentra nos variados métodos de avaliação, mas na delimitação de valoração e validade adequada e confiável desses métodos. A melhor solução para medir o talento ou a criatividade artística está alicerçado na capacidade que os sujeitos têm para transgredir e mesclar diferentes sistemas simbólicos. Como indicado por Agirre, as pesquisas do pesquisador D.Pariser melhor definem esse posicionamento:

> [...] con la progresiva implantación del paradigma cognitivista en psicología y pedagogía, la investigación sobre la creatividad sustituye la observación centrada en la capacidad creativa de los individuos por la atención a los procesos inherentes al hecho creativo. Desde esta perspectiva no se trata tanto de determinar "quién" está dotado para la creatividad y analizar cuáles son los rasgos que expliquen tal disposición, sino de adentrarse en el propio o fenómeno creativo, tratando de hallar el mecanismo que lo hace posible. De forma análoga a como ocurriera con la investigación sobre la inteligencia, las pesquisas sobre creatividad han derivado de una posición extremadamente intramentalista a teorías que contemplan el proceso creativo como un verdadero complejo afectado por factores endógenos a los procesos mentales y factores culturales o ambientales (IBID p. 153).

Na análise dos fatores que ensejam a criatividade, Agirre retrata, mais intensamente, a posição dos seguintes estudiosos: Gruber, Vygotisky, Csikszentmihalyi e Gardner, entre outros. Com respeito ao pensamento de Gruber, Aguirre vê nas pesquisas que realizou sobre a criatividade, um indivíduo entrelaçado por uma série de circunstâncias históricas, de pensamento, socialização e afeto. Por essas razões a criatividade, para Gruber, configura-se como um conjunto de sistemas em interação nos indivíduos que, via de regra, apresentam as seguintes características: são indivíduos que atuam de modo progressivo e sistemático; têm uma visão plural das coisas; são cultural e socialmente interativos; são construtivistas e sensíveis.

Ao retratar o pensamento de Vygotsky, Agirre afirma que esse pesquisador trata a criatividade como uma atividade cerebral que, além de reter e reproduzir experiências passadas, combina a partir delas, novas normas e pensamentos, que se servem da imitação e da atenção às experiências precedentes, tanto individuais quanto coletivas. Para Vygotsky existem formas de ligar a imaginação e a realidade, a saber: toda elucubração opera com elementos tomados da experiência; há uma relação entre os produtos preparados da fantasia e determinados fenômenos complexos da realidade, ou seja, trata-se de uma forma de enlace necessariamente social; há uma intervenção do estado de ânimo na relação entre fantasia e realidade. Como resultado dessas ligações, a fantasia pode se cristalizar em algo perfeitamente novo para o indivíduo e se converter em objeto capaz de se incorporar às experiências de outras pessoas, dando lugar a novas relações. Assim, uma das formas de aumentar a criatividade na educação consiste em ampliar as possibilidades de experiências na infância. Nas palavras de Vygotsky: "Todo inventor, por mais genial que seja, é sempre produto de sua época e de seus ambientes. Sua obra criadora partirá de níveis alcançados anteriormente e se apoiará nas possibilidades que existem também fora dele" (VYGOTSKY, apud AGIRRE, 2000, p. 156 – tradução nossa).

Csikszentmihalyi, por sua vez, identifica três modos que são centrais em qualquer questão relativa a criatividade: talento individual; disciplina; âmbito circundante de profissionais capacitados para ensinar essas habilidades, ou seja, o indivíduo voltado para produzir arte, teria que ter habilidades físicas, reflexos e coordenação motora, atributos cognitivos e componentes afetivos direcionados para desenvolver este talento; também tem que ter domínio e disciplina com relação ao trabalho que será executado e para tanto deve recorrer a instituições ou indivíduos com alto grau de desenvolvimento artístico para repassar esse aprendizado. Agirre assim se pronuncia com relação ao pensamento de Csikszentmihalyi:

> Para Csikszentmihalyi, en la interacción de estos tres nodos es donde tiene lugar la creatividad. De nada sirve que alguien considere genial su actuación si no hay un contexto social que identifique tal acción como artística y que le assigne el valor de lo novedoso (Agirre, 2000, p. 157)

Gardner, por sua vez, ao constatar a existência de diferentes tipos de inteligência (teoria das inteligências múltiplas), foi um pesquisador muito importante na relação que estabeleceu entre os diversos tipos de inteligência e a criatividade. Aguirre cita uma dessas falas de Gardner:

> Yo creo que la creatividad, como la inteligencia, no es um rasgo sencillo (...) Una particular implicación de la teoria de las inteligencias es que la gente no es creativa en todo. Las personas son creativas en un domínio. De hecho, mi definición de creatividad estabelece la habilidad para resolver problemas o hacer algo o proponer cuestiones regularmente en um dominio; estas cuestiones son inicialmente novedosas, pero son eventualmente aceptadas en una o más culturas (Gardner, 1989c, p. 21, apud Agirre, 2000, p. 159)

Segundo Agirre, Gardner não se preocupou tanto com os traços pessoais dos sujeitos criativos como pelos processos que intervém na elaboração desses trabalhos. Em suas inúmeras pesquisas, Gardner inclui fatores biográficos e culturais determinantes no processo de criação. No que diz respeito aos indivíduos criativos ele procura avaliar a relação que eles estabelecem com o adulto criador, a relação entre o criador e outros e a relação entre o criador e sua obra. Gardner também adota uma perspectiva evolutiva para analisar o curso vital do criador e o processo criador de uma obra para além de uma perspectiva interativa, na qual se concretizam as análises das relações estabelecidas entre os indivíduos, os campos de ação e os âmbitos de abrangência. No que tange ao aspecto individual propriamente dito, Gardner analisa as questões cognitivas do indivíduo, as de personalidade e motivação, além das sociopsicológicas. No campo da ação ele analisa a natureza dos sistemas simbólicos estabelecidos na elaboração do seu trabalho, o tipo de atividade e os paradigmas determinados. No que diz respeito ao âmbito de abrangência ele analisa a relação que o criador mantém com seus mentores, rivais e seguidores, o nível de controvérsia pública que uma obra suscita e a influência da organização hierárquica e funcionamento do âmbito. Por último ele avalia o apoio afetivo e cognitivo que o criador estabeleceu no momento da criação e em que proporção ele sacrifica outras dimensões vitais em benefício de sua tarefa. Tanto Gardner, como Csikszentmihalyi, procuram pesquisar onde e quando ocorre a criatividade (AGIRRE, 2000, p. 160).

Agirre também se preocupou em avaliar os fenômenos que dão lugar ao ato criativo e quais os elementos que participam desse processo. Nesse sentido, diversos estudiosos consultados comprovam que o desenvolvimento mental não é uma questão estritamente genética. Alguns deles traçam uma relação profunda entre o pensamento e a escola, como elemento primordial na formação humana; a linguagem, nesses casos, traduz-se como um elemento importante para a criatividade artística, mas não suficiente – tão importante quanto a linguagem é a imagem ou a percepção que se tem de algo. Nesse sentido, as relações entre ambas tratam a arte como um modo de comunicação. Ele admite a existência de inúmeras visões sobre a criatividade artística, contudo, relata que a ligação que ela tem com a vertente cultural, ainda pode e precisa ser melhor explorada:

> La psicologia há hecho esfuerzos por descubrir cómo la cultura influye en el desarrollo de la inteligencia y, por tanto, en la creatividad, así como si existen aspectos comunes en todas las culturas para su aproximación. Si embargo, las nuevas perspectivas sobre lo cultural abiertas por la antropologia y la propia psicologia cultural (Bruner, 1990) ofrecen puntos de vista prácticamente inéditos para aceercarse al fenómeno de la creatividad (AGIRRE, 2000, p. 167)

Segundo seu ponto de vista, a perspectiva filosófico-antropológica sobre o fenômeno da criatividade tem uma tarefa extensa pela frente, entre elas: verificar as concepções culturais daquilo que se considera criativo; verificar as relações entre o contexto cultural ou sistemas de valores coletivos com a criatividade e, por fim, promover estudos dos processos inovadores como atos coletivos. No desenvolvimento da criatividade artística, ele admite que não é possível dotar de talento a quem não o tenha, mas é possível descobrir onde o indivíduo se mostra mais capacitado para desenvolver esses aspectos e melhorar os demais. Já para aqueles que são mais dotados artisticamente, o professor deve propiciar canais idôneos para melhor desenvolver seus potenciais – uma visão muito similar à de Gardner.

Agirre reconhece a importância de pensar a criatividade como um fenômeno histórico e contingente, uma vez que seus objetivos e desejos seguem as circunstâncias culturais do momento. Uma educação artística criativa deve conceder uma atenção especial à diversificação e enriquecimento da experiência pessoal e coletiva dos alunos, também é importante considerar que para que a criatividade artística se desenvolva é necessário que ela seja ensinada seguindo um determinado contexto pedagógico ou a partir de uma disciplina voltada para esse aprendizado. Não basta apenas praticar a arte, também não devemos pensar que a criatividade só deve ser ensinada para quem tenha um talento direcionado para as artes, uma vez que ela se estende para todas as ações humanas, sendo que a motivação e a inspiração são agentes externos que devem estar acoplados a qualquer iniciativa criativa. Assim, a tarefa principal do educador que atua com o ensino artístico, consiste em aplicar um programa de estratégias, métodos e técnicas de provocação da criatividade (IBID, p. 168/171).

Agirre vê o ensino artístico não como uma simples forma de produzir objetos ou ações artísticas, ou seja, um aprendizado centrado exclusivamente na prática. Para ele as artes exigem um aprendizado diferenciado – uma outra maneira do indivíduo se comunicar com o mundo e adquirir conhecimentos distintos daqueles destinados às ciências; tarefa esta que transcende um ensino artístico centrado exclusivamente no emocional humano, na prática e nas experiências individuais do criador: "[...] contemplar el arte, incluso su dimensión emocional, como una forma de conocimiento, es decir, de reivindicar el valor cognitivo y no sólo emotivo del arte" (AGIRRE, 2000, p. 218). Essa maneira de ensinar arte não exclui a atenção especial que o professor deve destinar aos processos de trabalho, aos procedimentos, ao uso adequado de materiais, à incorporação de novos registros e meios expressivos, ao emprego correto dos significados formais, além da aquisição de um conhecimento pelo contato direto com a experiência criadora, valorizando igualmente o sentido estético e o aspecto subjetivo que envolvem aas artes. Dessa maneira, o professor de artes deve ser suficientemente competente e atento para perceber que esse ensino exige um plano formal compositivo sólido, bem como a ingerência emotiva para a compreensão intelectual do seu conteúdo (IBID, p. 219).

Ao traçar um itinerário histórico bastante consolidado do ensino artístico, Agirre, relata que, na atualidade, o ensino das artes deve refletir as questões socioculturais bastante complexas que o envolvem, entre elas, o câmbio epistemológico das ciências sociais e ciências da educação; a nova concepção de arte; a aparição da psicologia cognitiva e sua incidência na educação em geral; o avanço na investigação pedagógica, sobretudo em questões voltadas para a didática e o currículo:

> Vivemos un momento en el que estamos necesitados de comprender lo que ocurre a nuestro alrededor, de detener mediante el raciocinio y la reflexión crítica el torbellino de ideas e imágenes que impacta a diario en nuestra inteligencia. Se ha pasado ya el tiempo de los modelos cerrados. Si el romanticismo rompió la norma estética en favor de la autonomia del sujeto, la postmodernidad [...] ha puesto en evidencia el profundo arraigo del relativismo. [...] parece ser que también la educación artística como tantos otros ámbitos del conocimiento, ha dejado de pugnar por buscar el

> equilibrio entre ambos polos de atracción y ha decidido romper las reglas del propio campo magnético (AGIRRE, 2000, p. 258)

Tal atitude, mais uma vez comprova que esse entendimento atual destinado ao ensino artístico, não se configura como um fator secundário que pode ser menosprezado; configura-se como um aspecto relevante a ser integrado no ensino das artes.

Agirre não deixa de observar que as concepções de temporalidade e de espacialidade na atualidade provocaram mudanças profundas na forma de compreender o produto artístico. O tempo não é mais concebido de forma linear, mas como um espaço multidimensional e a história não é mais decorrente do que veio do passado, mas acontece por nós mesmos. A cultura hoje não está contida em um único território, ela se entremeia, uma se interpõe à outra, dando lugar a um mundo dinâmico e cambiável. O indivíduo por sua vez, também está culturalmente e institucionalmente mediatizado. Agora um indivíduo passa a ter uma identidade social e, por isso, o projeto educativo, deve considerar, não apenas o indivíduo em si, mas o sujeito coletivo, tanto sob uma perspectiva social quanto cultural. Este sujeito coletivo é que deve ser alvo de uma ação docente. Também o crescimento cognitivo dos indivíduos está comprometido com as novas maneiras de entender o progresso, não se trata de pensar o desenvolvimento humano de forma linear e permanente, ele se apresenta sob uma perspectiva dialética já que a concepção de mundo e a história não segue metas claras. Utopias antropológicas foram deixadas de lado em prol da resolução dos problemas momentâneos que afligem a sociedade, entre eles, as diferenças, a diversidade cultural, social e biológica dos indivíduos:

> [...] la humanidade, lejos de ser un todo homogéneo, es un amplio mosaico de ethos y cosmovisiones, una pluralidade de maneras de ver el mundo que corresponde a una gran variedad de modelos de configuración social, de sistemas de valores, de hábitos y costumbres y de producciones culturales (IBID, p. 261)

Ele também considera que a interdisciplinaridade trouxe para a educação artística uma nova abertura tanto nos desenhos curriculares como em suas investigações. Ela contribuiu para desfocar a antiga separação entre a obra de arte enquanto objeto de estudo e o sujeito como protagonista da experiência estética, de tal maneira que a experiência estética não é mais uma questão exclusivamente individual, ela integra a coletividade. Hoje não podemos dizer que existe uma única teoria pós-moderna de arte, existe uma série de lugares comuns que alguns críticos da cultura, filósofos ou artistas têm se empenhado em descrever, agrupar e unificar, dando-lhe um sentido quase programático (IBID, p. 262). Na sua perspectiva, a metamorfose pela qual a arte tem passado na pós modernidade, concentra-se basicamente em duas questões:

> [...] el desvanicimiento de los límites del arte y la orientación hermenéutica de la exégesis artística, tanto en el trabajo de los propios artistas como en el de los teóricos e historiadores del arte. A este respecto, y como colofón del proceso, es reseñable el creciente valor que está adquiriendo el factor ambiental o cultural en la significación de los fechos artísticos (IBID, 263)

Segundo Agirre, na atualidade são muitas as experiências, as práticas e ações empregadas na arte, o que dificulta encontrarmos um eixo comum que abrigue todas essas experiências. A velocidade com que a cultura vem se transformando se estende para o conceito de arte e para sua prática. Também há um interesse mais intenso dos estudiosos de arte por questões relacionadas ao significado e interpretação da obra de arte. Hoje a história da arte é pensada mais como uma história interpretativa do que uma história descritiva e prescritiva sobre autores ou estilos. Não se pensa a arte mais como uma representação do mundo, mas como uma maneira de significar o objeto artístico em interação com os demais sistemas culturais:

> Lo que caracteriza al momento actual es la idea de que no hay símbolos especÍficamente artísticos y esto supone que cualquier cosa puede ser usada como símbolo estético, dependiento del "juego de lenguaje"(Wittgenstein, 1954) que articule el sistema cultural en torno a ella. En la medida en que el arte no dice *in sí mismo* nada concreto, por tanto, podemos usarlo para expressar y representar simbólicamente valores e informaciones no estéticos, tomados de la ciencia, la ética, la religión o los aspectos más triviales de la vida cotidian (IBID, P. 265/66)

Agirre admite que a reflexão habitual que prevaleceu por longo tempo no cenário artístico para definir o que é arte, foi substituída pela reflexão: Quando algo pode ser considerado arte? Hoje a arte é pensada como um sistema simbólico em interação constante com a cultura. A educação pós-moderna busca integrar no currículo de todas as áreas de conhecimento as especificidades culturais de diversos coletivos sociais, entre eles, as mulheres, os negros, as minorias étnicas, os homossexuais, os indivíduos com deficiências físicas, as classes carentes, a população não urbana. Isso deve se estender para o ensino artístico que passa a ter uma perspectiva sociológica e uma noção filosófica presente na teoria do relativismo filosófico[2]. Uma educação sustentada no reconhecimento da diversidade fundamenta-se na identificação cultural do indivíduo com o grupo e com os valores democráticos de igualdade e respeito às diferenças. Dessa maneira não há uma arte, mas muitas artes, sendo que a arte ocidental que prevaleceu como arte predominante no ensino artístico por várias décadas, é uma delas, no entanto, é igualmente importante considerarmos as produções artísticas marginais ou não institucionalizadas. Essa forma de pensar a arte circunscrita às variações culturais, trouxe a necessidade de reestruturar os conteúdos curriculares e seus objetivos, trazendo para a educação artística novas perspectivas de ação (IBID, p. 266).

Nesse sentido, para esse pesquisador, um ensino artístico de bases multiculturalistas traz para a educação igualdade de oportunidades de aprendizagem para todos os cidadãos, independentemente de sua condição social e cultural. Isso tem se refletido no ensino artístico sob diferentes vertentes; ninguém contesta essas necessidades, o problema reside na forma como deve se processar essa reforma curricular. Conceber a arte como um sistema simbólico que atua no seio de uma cultura, implica em prestar atenção, entre outras coisas, ao tipo de relação que em cada caso se estabelece entre as instituições culturais e artísticas, já que a arte, para ser significativa, deve ser sistematizada e transformada em uma instituição cultural. Dessa forma, tanto a ideia de arte como a obra de arte ou do artista precisam, para se imbricar no tecido cultural, serem construídas em interação com outras Instituições. Isso implica em avaliar as circunstancias locais ou históricas de cada contexto. Rompe-se, então, as fronteiras em arte popular e belas artes, ou entre arte e vida. A arte é pensada como uma experiência estética capaz de unir o artista e o expectador. Sob esse prisma o artista é pensado como um intérprete das experiências que circundam a obra de arte e o espectador passa a ser um recriador das experiências do artista (AGIRRE, 2000, p. 271/295)

2 Doutrina filosófica que afirma a relatividade do conhecimento, no sentido dado a esta expressão no sec. XIX, a saber: como ação condicionante do sujeito sobre seus objetos de conhecimento; como ação condicionante recíproca dos objetos de conhecimento. A partir dessa teoria o absoluto inexiste, tendo em vista que se pode crer naquilo que ainda não se conhece (ABBAGNANO, 2003, p. 845)

> [...] concebir el arte como experiencia contribuye a ampliar el campo de lo artístico confundiéndolo con el de la vida y a mejorar las experiencias humanas, desarrollando la capacidade para ser vividas estéticamente. Em este sentido, la propuesta pragmatista de disolver lo artístico en lo estético y de tratarlo además como experiencia, nos parece muy acertada y fructífera para un re-planteamiento de la educación artística (IBID, p. 298).

Agirre trata a cultura como uma combinação aberta e em constante evolução de sistemas de interação onde se resolvem problemas de significação, de articulação social ou de definição identitária. Adotar uma concepção dinâmica da cultura supõe como consequência, prestar atenção a um entremeado de relações muito mais complexas do que a princípio possa parecer. Isso afeta questões relevantes na educação artística, entre elas, as nossas concepções sobre os mecanismos da significação estética e, em concreto, sobre a forma como as obras de arte adquirem sentido em cada contexto e qual seu potencial para transportar significados e incidir na cultura. Assim dito, ele admite que a educação artística deve vislumbrar bem mais a compreensão e rechaça a perspectiva de uma estética formalista que reduz a interpretação das obras de arte ao desvelamento dos recursos formais que a configuram. Dessa maneira, o objetivo da interpretação estética segundo esta perspectiva é dar conta dos referenciais culturais que se concentram nas obras de arte. Não se trata apenas de encontrar valores culturais em uma obra de arte, mas dar conta do sistema de relações sociais, políticas, estéticas e culturais que a obra concentra. Essa compreensão estética da arte estimula a própria sensibilidade, enriquece o imaginário humano e dá um novo sentido à experiência pessoal.

O que faz das obras de arte uma questão social, é o fato de que ela possibilita elementos para a interpretação do *ethos* da cultura e da sensibilidade pessoal de seus participantes (IBID, p. 300/304), ainda que o objetivo atual da arte não seja o de modificar a sociedade, mas sim, fazer uso dessas experiências artísticas, gerar sensibilidade e entrecruzar essas experiências sob um viés coletivo, não apenas individual.

Esse estudo de Agirre com respeito da criatividade artística e de que forma as experiências voltadas para a arte devem ser avaliadas na educação, dão conta de explicar porque os ordenamentos voltados para o ensino artístico difundem um tipo de aprendizagem que tem a cultura, as questões sociais e o desenvolvimento das capacidades humanas como baluartes de uma nova forma de pensar a arte. Assim, é na forma de criarmos uma produção artística ou de avalia-la sob condições humanitárias que reside a força desses ensinamentos.

Esse comportamento epistemológico não se instaura de um dia para o outro, e nem pode incidir em uma única etapa do aprendizado das artes; é uma conduta a ser implantada em todas as formas de se ensinar e pensar a arte, portanto, gradualmente, quer queiramos ou não, ela fará parte da avaliação sistemática de uma obra de arte e irá se difundir de igual maneira no ensino das artes em geral, quer seja na educação infantil, na educação básica e até mesmo no ensino superior das artes.

Os problemas atinentes ao ensino musical que até agora foram expostos, ainda são amplamente debatidos e questionados pelos educadores musicais. A música, enquanto linguagem integrada às demais artes, perde força na matriz curricular da educação frente às demais linguagens artísticas, principalmente pelo fato de ainda abrigar um ensino que privilegia o eurocentrismo e também pelo fato de não incorporar de forma contínua a educação infantil e o ensino fundamental.

O ensino técnico de música ainda é necessário e indispensável para os indivíduos que querem seguir uma carreira profissional, em todos os aspectos e em todas as circunstâncias. São cursos que se preocupam em repassar para os alunos a linguagem musical, dão subsídios para que os alunos tenham experiências artísticas que servirão de sustentáculo para o exercício profissional e preparam o aluno para desenvolver um repertório que ainda é referendado mundialmente. Dificilmente vamos encontrar um músico profissional que não tenham cursado uma escola técnica, seja ele um músico popular, ou um músico erudito. Contudo, em nossa sociedade outros repertórios musicais integram o cotidiano da população e eles devem ser avaliados e estudados. É bom que se tenha presente a seguinte premissa – se o ensino musical não estiver presente na educação brasileiro, o repertório veiculado na mídia cada vez será mais depauperado; um bom ensino de música, projeta uma profissional e uma produção musical de melhor qualidade na sociedade, aprimorando cada vez mais a nossa cultura musical.

A trajetória de um instrumentista profissional é bastante diferenciada, eles começam a estudar um instrumento na infância, passam quase que necessariamente por uma escola técnica de música, precisam cursar diversas disciplinas teóricas de música para adquirir maior proficiência na compreensão do repertório musical, esteja ele voltado para a música popular ou erudita, devem participar de inúmeras apresentações musicais quando ainda estudantes, para que tenham uma performance de qualidade no exercício profissional, devem integrar grupos camerísticos, participar de masterclasses, oficinas de performance, serem assistidos e preparados por bons professores de performance em todo seu trajeto profissional, o que se diferencia do ensino musical realizado na educação básica, nas licenciaturas em música e até mesmo nos bacharelados; contudo essas duas formações são complementares – uma auxilia a outra. Penso que o nó górdio do ensino musical na educação ainda subsiste e subsistirá por muitos anos, pois a prática musical é uma atividade que se estende por toda a carreira profissional, transformando o ensino da música eterno e necessário. Mesmo assim, quanto mais a música integrar a matriz curricular dos cursos de educação musical, melhor será o repertório a ser produzido em nossa sociedade.

Referências

ABBAGNANO, Nicola. **Dicionário de filosofia.** São Paulo: Martins Fontes, 2003.

AGIRRE, Imanol. **Teorias y prácticas en educación artística**: Ideas para una revisión pragmatista de la experiencia estética. Navarra: Universidad Pública de Navarra, depósito legal 2000.

ALBANO DE LIMA, NOGUEIRA BRAZ E CLEMENTINO (org). **Arte, Cultura e Educação na Formação de Docentes:** ilusão ou realidade. São Paulo: Editora Som, 2012.

ALBANO DE LIMA, Sonia R. Os ordenamentos educacionais e sua real aplicabilidade. In: BAPTISTA, Ana Maria Haddad, SEVERINO, Francisca Eleodora, ANDRÉ, Carminda Mendes (org). **Artes, Ciências e Educação,** São Paulo: BT Acadêmica, 2015, p. 151, 154.

ALBANO DE LIMA, Sonia R. Ensino Musical Brasileiro: Diferentes missões pedagógicas. IN: ALBANO DE LIMA, Sonia R. (org) E**nsino Musical Brasileiro: Múltiplos Olhar**es, São Paulo: Musa Editora, 2020, p. 9 a 20.

ALBANO DE LIMA & BRAZ. Os benefícios do ensino musical na formação e desenvolvimento humano, **manuscrito no prelo**. 2021.

BRASIL, Parecer CNE/CES nº 195, de 5 de agosto de 2003, traça as Diretrizes Curriculares Nacionais dos cursos de graduação em Música, Dança, Teatro e Design.

http://portal.mec.gov.br/cne/arquivos/pdf/2003/pces195_03.pdf, acesso em 11 de junho de 2021.

BRASIL, Referenciais Curriculares Nacionais para os Cursos de Graduação (Bacharelado e Licenciatura em Música, p. 84 e 85. In: **dca.ufrn.br/adelardo/PAP/referenciais graduação.pdf.** acesso em 12 de junho de 2021.

BRASIL, Referencial Curricular Nacional para a Educação Infantil/ Ministério da Educação e do Desporto, Secretaria de Educação Fundamental. Brasília: MEC/SEF, 1998, 3vol.: il.

BRASIL, Resolução CNE/CES nº 2, DE 10 DE MAIO DE 2016, define as Diretrizes Nacionais para a operacionalização do ensino de Música na Educação Básica. **http://portal.mec.gov.br/index.php?option=com_docman&view=download&alias=40721-rceb002-16-pdf&Itemid=30192,** acesso em 11 de junho de 2021.

BRASIL, Resolução CNE/CES nº2, de 08 de março de 2004, aprovou as Diretrizes Curriculares Nacionais do Curso de Graduação em Música e deu outras providências. **http://portal.mec.gov.br/cne/arquivos/pdf/ces0204musica.pdf,** acesso em 11 de junho de 2021.

FONTERRADA, Marisa Trench de Oliveira. **De tramas e fios**: um ensaio sobre música e educação. São Paulo: Ed. UNESP. 2005.

SUBTIL, Maria José Dozza. Educação e Arte: dilemas da prática que a História pode explicar. In. **Práxis Educativa,** Ponta Grossa, v. 4, n. 2, p. 185/194, jul-dez de 2009, disponível em http.periodicos,uepg.br.

TOMIAZZI, Everton, FERNANDES DE FARIA, Luciana C., GITAHY, Raquel R. Christino. O que o referencial curricular nacional para educação infntail esclarece sobre educação musical no contexto escolar? IN: **Colloquium Humanarum,** vo. 10, n. Especial, jul-Dez, 2013, p. 1123-1131.

Gêneros musicais na visão do musicólogo Gerard Denizeau

Marcio Guedes Correa

O capítulo que se segue aborda os gêneros musicais, sua evolução e desenvolvimento na música erudita ocidental, conforme relatado pelo musicólogo Gerard Denizeau, na obra intitulada *Los* géneros *musicales: una visión diferente de la história de la* música (2005) – uma das poucas publicações que abordam essa temática. Trata-se de uma publicação que reflete os gêneros musicais de forma não convencional entre os pesquisadores da musicologia histórica, pois além de caracterizar os diversos gêneros musicais, ele busca descrever e refletir o papel de cada um deles no desenvolvimento da música, com base em reflexões teóricas.

Para Denizeau os gêneros musicais são articulados como novos objetos sonoros criados no decorrer da história, e que, gradativamente vão transformando os modos de fazer e escutar música. Nesta perspectiva, uma expressão musical, ainda que fruto de fusões de manifestações já existentes, precisa apresentar algo de inusitado em relação às outras expressões que vigoraram em um determinado tempo, para que possa ser classificada de maneira particular e percebida como um novo gênero musical. Ele entende que aquilo que é percebido em primeiro plano nas músicas, ou seja, o som resultante das texturas, ritmos e combinações timbrísticas instrumentais, é mais importante para a determinação de um gênero do que qualquer estrutura formal.

Denizeau reconhece que as formas musicais em sua totalidade estão em planos perceptivos mais profundos e que dependem de apurados conhecimentos técnicos, já os gêneros musicais podem ser percebidos por um ouvinte comum em pouco tempo de escuta de uma determinada obra, enquanto o entendimento da forma dependerá de uma escuta atenta e completa da peça musical. Assim elementos como fraseado, textura, instrumentação e ritmo são mais evidentes e determinantes para classificar um gênero do que propriamente a forma musical. Entendemos que tal constatação pode ser observada com facilidade se considerarmos o que ocorre na música popular. Um ouvinte contumaz de samba, por exemplo, reconhecerá esse gênero nos primeiros instantes de escuta, muito antes de se dar conta da forma musical ali envolvida. A instrumentação, o ritmo e os padrões de construção melódica serão predominantes em relação à organização musical formal.

Retomando o pensamento de Denizeau, ao invés de buscar um conceito universal de gênero musical, ele descreve cada um deles, de maneira a recontar a história da música erudita ocidental quase que exclusivamente com base no repertório de cada época. Para isso ele faz uso tanto de elementos históricos presentes na música ocidental, quanto das características musicais de cada um dos gêneros.

No que diz respeito aos elementos históricos, ele descreve, quando possível, a origem do gênero e quais os contextos culturais e sociais que possibilitaram o seu surgimento. Em alguns casos, é difícil admitir que uma determinada designação possa ser considerada um gênero. Como exemplo, a Sinfonia que sofreu diversas mutações no decorrer dos séculos e passou de uma simples peça instrumental utilizada como abertura de uma obra maior (ópera, *partita*, oratório e etc.) à música orquestral independente em sua última versão (DENIZEAU, 2005, p. 118). Já a Missa, enquanto gênero musical, permaneceu com a mesma designação por um prolongado período, apesar de suas inúmeras transformações estéticas, devido aos textos litúrgicos cristãos e a inevitável associação da música com o rito religioso. Os diversos sistemas de composição empregados, os inúmeros estilos de escrita que se desenvolveram desde a era dos *organa* e as diferentes instrumentações que serviram de apoio ao canto desempenham um papel secundário na classificação da Missa enquanto gênero, então, um motivo extramusical – o texto litúrgico, é o principal elemento de sua conservação, já que a música tem sido um meio utilizado pela Igreja desde a Idade Média, para difundir textos que portam o pensamento cristão. No decorrer dos séculos essa música se remodelou e se adaptou aos padrões de época, mas as partes litúrgicas da missa permaneceram as mesmas, praticamente inalteradas, daí a sua preservação enquanto gênero musical.

Para este autor um gênero musical se estabelece por uma complexa rede de fatores históricos/políticos/sociais e uma ampla gama de características musicais que se entremeiam e se imbricam. Portanto, não é possível reconhecer um gênero unicamente com base em alguns poucos elementos musicais, como a sua forma e instrumentação. Em cada gênero coexistem os fatores de seu surgimento, a sua função na sociedade e as possíveis fusões que os geraram. Com respeito às características musicais, estão presentes os seguintes tópicos:

- Gêneros instrumentais ou vocais.
- Modos, tonalidades ou outros sistemas que serviram de embasamento para a composição das melodias.
- Emprego de ornamentação.
- Monodia, homofonia e polifonia como elementos estruturadores do discurso musical.
- Contraponto ou harmonia como recursos para a composição das camadas estruturais que acompanham o *cantus firmus* ou a melodia principal.
- Métrica e ritmo: se são conduzidos pelo texto como no caso da música sacra medieval, por ritmos de dança etc.
- Instrumentação empregada.
- Formas musicais comumente empregadas.

Ao lado de possíveis fatores extramusicais, as características acima são indissociáveis do gênero. Há ainda a se destacar o papel determinante do compositor para a consolidação de um determinado gênero. Ao lado de sua estrutura formal é relevante descrever a instrumentação e o estilo de escrita característico do *lied.* Neste gênero o piano é escrito em um plano superior ao mero acompanhamento, ele é parte determinante da composição musical e poética na medida em que expressa aquilo que as palavras não podem comunicar. Quanto à forma musical empregada em cada um dos lieders, é importante relatar que nenhuma delas é utilizada unicamente no *lied* e nem tiveram sua origem nele. Portanto, o fato de o *lied* ser uma canção acompanhada por uma escrita pianística sofisticada e amplamente elaborada, ou orquestral, para o compositor Mahler, é mais reveladora da característica musical do gênero do que as formas que possam ser empregadas nele.

Deniseau relata que a partir do século XX há uma drástica mudança na compreensão dos gêneros musicais. Até o século XIX os gêneros eram invenções musicais que permitiam uma determinação categórica específica. No século XX não são criados novos gêneros, mas há remodelações, mutações e sínteses dos gêneros existentes até então. Isso pode ser um fator relevante que dilui a sua importância na contemporaneidade. Novamente, consideramos pertinente observar a música popular no século XX. Neste ambiente, os gêneros musicais foram e ainda são de importância determinante para a criação, organização e divulgação desse repertório. No século XX foram criados gêneros como samba, choro, baião, bossa-nova, samba rock, samba jazz, jazz, rock, reggae, pop, entre tantos outros, fato que demonstra que, na música popular, os gêneros continuam operantes. Portanto, o enunciado de Denizeau quanto à diluição da importância do gênero no século XX está correto no âmbito da música erudita.

A criação dos gêneros musicais sob uma perspectiva histórico-musical

A partir de uma narrativa embasada em fatos históricos presentes na Música Ocidental, Denizeau aponta para o surgimento de diversos gêneros musicais, subsidiados por fatores diversos. Ele admite que, à frente da monodia do canto cristão primitivo, o *organum* figurou como uma revolução intencional importante. Foi uma clara tentativa dos compositores da Idade Média estabelecerem um discurso musical que se sustentava não apenas por uma única melodia, mas também por uma segunda melodia sobreposta a esta que a acompanha paralelamente em intervalos de quartas, quintas ou oitavas justas. O intervalo de oitava justa, gerado espontaneamente entre as vozes de homens e meninos cantores da igreja, passa a ser deliberadamente utilizado como técnica de composição musical e, por vezes, substituído pelos intervalos de quartas e quintas justas que separam a melodia principal da secundária sempre paralelamente, gerando o *organum* paralelo. A técnica composicional empregada no *organum* livre representa uma remodelação do gênero pois, se anteriormente a *vox organalis* era uma espécie de sombra da *vox principalis,* posteriormente ela ganha independência melódica, pois não está atrelada à melodia principal por meio da regularidade de um único intervalo. Esta independência entre as duas vozes é, para o autor, um elemento diferencial que pode ser percebido com clareza pelos ouvintes, portanto, se configura como um gênero musical diferenciado do anterior.

Em um determinado momento histórico as técnicas composicionais criadas na Catedral de *Notre Dame* por Leonin e Perotin (*duplum, triplum* e *quadruplum)* representam o início do processo de mutação do gênero *or-*

ganum, pois se assume a polifonia como resultado central da técnica contrapontística[1].

Em decorrência das mutações realizadas por Leonin e Perotin no gênero *organum*, um novo gênero, o *moteto,* surge como uma inovação, como um tipo de música totalmente livre em que não só a polifonia está garantida entre as vozes como também são independentes os textos utilizados em cada uma das vozes sobrepostas. Textos sacros e profanos podem coexistir, mas há no repertório uma supremacia do segundo, apesar da origem religiosa do gênero (DENIZEAU, 2005, p. 53).

Dentre as práticas musicais polifônicas surgidas na Renascença, Denizeau destaca o madrigal, gênero no qual compositores, em sua "primeira prática", exploram profundamente as possibilidades do contraponto e elevam a polifonia a patamares nunca antes imaginados. Porém, na "segunda prática" deste mesmo gênero, os compositores deram especial valor ao poema e, para destacá-lo e dar-lhe contornos e ambientes afetivos e emocionais adequados, transgrediram as regras herdadas da polifonia e impuseram uma estrutura heterogênea ao madrigal (recitativo, monodia, duo, trio, coro), prática esta que terá como consequência uma mutação do gênero que resultará na cantata profana.

O período barroco é visto por Denizeau como o primeiro momento histórico em que se pode perceber e classificar os gêneros musicais com maior clareza, devido à função social, religiosa ou qualquer outro papel cultural atribuído à música. Também o progressivo abandono da escrita polifônica empreendida pelos compositores do período barroco e sua substituição pela melodia acompanhada pelo baixo contínuo, perfaz mais um ponto importante de ruptura com antigos sistemas de composição musical, dando surgimento a novos gêneros musicais, impulsionados pelo frescor dos recentes meios de se compor música. Conforme seu relato:

> Para os ouvidos dos melômanos contemporâneos, a característica técnica mais imediatamente perceptível da estética barroca nada mais é do que o princípio do baixo contínuo, procedimento que consiste em escrever uma

1 Entendemos aqui a "polifonia" em seu sentido mais amplo, no qual se garante o maior grau possível de liberdade melódica e rítmica entre as vozes, pois existem concepções mais rudimentares do termo, como o *organum* paralelo, que é o embrião da polifonia, é o *punctus contra punctus,* o início da técnica do contraponto (DENIZEAU, 2005, p. 50).

> simples parte do baixo sob a melodia, em vez da trama polifónica que estabelecia um princípio de igualdade entre todas as vozes. As notas desta parte, correspondentes a um contrabaixo de arco, podem ser coroadas por números (daí o nome "baixo cifrado") que indicam a natureza e a disposição dos acordes que formam o acompanhamento da melodia, executada por um instrumento polifônico, na maioria das vezes um alaúde ou cravo (DENIZEAU, 2005, p. 70, tradução nossa).

As tonalidades maiores e menores substituirão os modos e a escrita polifônica e os novos conhecimentos musicais que serão abarcados pela harmonia, gradativamente, ganharão primazia em relação ao contraponto. Conforme dito pelo autor, a evolução da música instrumental impulsionada pelo desenvolvimento dos instrumentos musicais, bem como a possibilidade de se imprimir partituras utilizando a impressora tipográfica, foram determinantes para a criação e divulgação de novos gêneros musicais durante o Renascimento e o Barroco.

Conforme relatado por Denizeau, os gêneros do período barroco são difíceis de serem determinados e classificados com facilidade, devido ao caráter quase sempre funcional dado às músicas, pois os compositores frequentemente escreviam para satisfazer as expectativas de algum público específico. Também a evolução e criação de instrumentos sofisticados permitiram a exploração de novas possibilidades de interpretação e composição musicais, sem menosprezar o apogeu da melodia acompanhada que se deu nesse período.

No Classicismo e pré-romantismo, situado entre 1750 e 1800, a tonalidade é estabelecida de maneira definitiva como o principal sistema de composição a ser empregado pelos compositores. Houve ainda a predominância de uma supremacia musical germânica. A substituição do cravo pelo piano e o rápido desaparecimento do baixo contínuo foram marcantes nesta época. Diante desses fatos um grande número de gêneros musicais caiu em desuso, cria-se o Quarteto de Cordas e a Sinfonia torna-se o principal gênero da música instrumental, dentre outros. Haydn e Mozart, por exemplo, escreveram dezenas de Sinfonias e alargaram enormemente as possibilidades expressivas deste gênero. Haydn escreveu mais de oitenta Quartetos de Cordas e colaborou para seu estabelecimento enquanto gênero e para o seu notável desenvolvimento. Sonata, Ópera, Sinfonia, Quarteto de Cordas e Concerto para solista são os grandes gêneros deste período e é notável que neles estão embutidos diversos outros, como Rondó, Mazurca, Marcha, Minueto, etc. Outros gêneros também foram veiculados, como o Tema com Variações, o Divertimento e a Serenata que possuem características de peças livres, com caráter de improvisação e ligeireza e nasceram de práticas composicionais que tinham como objetivo o desenvolvimento da capacidade de criação e escrita dos compositores. Alguns compositores foram grandes mestres nesses gêneros. Mozart, por exemplo, escreveu inúmeras Serenatas, Variações para piano (K. 613) , uma dezena de Divertimentos (K. 247, 251, 287, 334); Beethoven escreveu, entre outras, as Variações Diabelli (DENIZEAU, 2005, p. 175). Esses gêneros foram representativos de um segundo plano na obra dos grandes compositores, que obtiveram destaque não por atuarem com eles, mas por demonstrarem maestria em grandes gêneros como a Ópera, a Sinfonia, a Sonata e o Concerto para solista.

No Romantismo, a Ópera, a partir de 1850, teve um desenvolvimento considerável, muito em razão do surgimento de um grande sentimento nacionalista na Europa, impulsionado pelas revoluções e conflitos entre as nações da época. Também foi difundido o Réquiem que se impõe como o único tema religioso do romantismo (DENIZEAU, 2005, p. 191). Em menor proporção, se comparado aos gêneros do período barroco, mas bem maior do que no classicismo, temos *o Lied*, o Estudo, a Balada instrumental, o *Scherzo*, o Noturno, o impromptu, a Rapsódia e o Poema Sinfônico. Denizeau categoriza o classicismo como um período pré-romântico. Ele é um breve momento de transição entre dois períodos nos quais se criou um considerável número de gêneros musicais. Na tabela abaixo pontuamos os gêneros elencados por Denizeau como criações importantes de cada período histórico anterior ao século XX.

Período Histórico	Gêneros Musicais
Idade Média	**Monodia religiosa:** salmodia, aleluia, antífona, responsório, *tracto* e *tropo*. **Monodia profana:** canção monódica e Lai. **Gêneros polifônicos primitivos:** organum, *gymel*, *conductus*, moteto, missa polifônica, balada medieval, cânone, lauda, *rondeau* e virelai.
Renascimento e Barroco	**Melodia acompanhada:** Madrigal, *aire cortesano*, *ayre* e *masque*. **Teatro musical barroco:** balé *cortesano*, ópera séria, tragédia lírica, ópera-balé e ópera bufa. **Gêneros vocais religiosos:** *villancico*, coral, oratório, hino, paixão, cantata e o grande moteto francês. **Gêneros instrumentais:** prelúdio, *ricercare*, tocata, fantasia, ***ground***, chacona, passacália, sinfonia, suíte, sonata em trio, fuga, concerto grosso, invenção, minueto e rondó.

Classicismo e pré-romantismo	**Teatro lírico:** ópera clássica e pré-romântica, ópera cômica, *singspiel*. **Gêneros instrumentais:** abertura, sonata, sinfonia, sinfonia concertante, concerto para solista, quarteto de cordas, trio, tema com variações, serenata, *cassation* e divertimento.
Século XIX (romantismo)	**Teatro lírico:** ópera romântica, opereta e ópera bufa. **Gêneros vocais:** réquiem, *lied* e canção. **Gêneros instrumentais para piano:** estudo, balada, *scherzo*, noturno, *impromptu* e rapsódia. **Gêneros instrumentais para orquestra:** balé, música programática e poema sinfônico.

Os gêneros musicais no século XX

Após o século XIX, Denizeau aponta que novos gêneros musicais não são criados. Na primeira metade do século XX, observa-se que os antigos gêneros ainda são de alguma valia no que se refere à estruturação do discurso musical, porém sofrem mutações estéticas radicais e em diversos casos, reconhecê-los torna-se uma tarefa árdua. Os meios de produção dos sons musicais, instrumentos, instrumentações e vozes se mantém, conforme empregados no século XIX, salvo alguma possível experimentação, contudo as profundas transformações estéticas ocorridas nos antigos gêneros se deram pelo abandono da tonalidade, que foi considerada esgotada por compositores de vanguarda, a exemplo Schoenberg. Denizeau esclarece que, apesar de todas as elaborações propostas pelos compositores frente à negação do princípio de hierarquia presente na tonalidade, durante o século XX, aparentemente não houve a necessidade de se criar novos gêneros musicais.

É importante relatarmos que os novos meios de organização dos sons e as novas técnicas de composição ganharam primazia na expressão das linguagens musicais. A liberdade de criação que foi impulsionada pelos inovadores sistemas de composição pós tonais supera a necessidade de invenção de novos gêneros. Assim, os gêneros existentes podem ser reaproveitados do passado ou até mesmo abandonados. Nesse sentido eles perdem valor no discurso musical. A aparente superação da categorização da música em gêneros, um importante guia para os compositores do passado, está presente desde as primeiras criações pós tonais de Schoenberg, quando trabalhou de forma intensa na criação de novos meios para compor música e não na criação de novos gêneros (HODIER, *apud* DENIZEAU, 2005, p. 234).

Entendemos que as composições criadas no século XX construíram, em princípio, densas atmosferas sonoras que exigem grande parcela da atenção e concentração dos ouvintes, deixando pouco espaço para que os gêneros e formas sejam percebidos.

Segundo Denizeau, na música do passado o gênero foi concebido como um objeto sonoro, aquilo que captura a percepção do ouvinte em primeira instância. Já no século XX, eles se tornam obscurecidos devido as novas organizações sonoras, os novos meios de composição musical e pela emancipação da dissonância, ausência de hierarquia entre as doze notas da escala cromática, ausência de um centro tonal, pela modalidade revisitada, pela utilização de escalas étnicas e, em muitos casos, pela ausência das tradicionais notas musicais do nosso sistema temperado.

Assim consideramos possível relatar que a abrupta ruptura com o sistema tonal fez a música ocidental imergir em um ambiente que, ao menos em princípio, pode ter soado exótico para o ouvinte, colocando os procedimentos de organização dos sons no primeiro plano da escuta musical e relegando o gênero e as formas a uma segunda análise. O fato da classificação em gêneros estar presente na denominação de parte significativa das obras da primeira metade do século XX pode sugerir que os antigos gêneros musicais ainda possuem importância na composição, porém, eles ocupam posição secundária no pensamento musical do século XX, já que não se criaram novas denominações e muito menos novas classificações. Os gêneros são reaproveitados de séculos passados mais como uma forma de resistir ao abandono completo dos velhos métodos de composição, do que como uma necessidade intrínseca do surgimento de uma nova estética musical. A radical flexibilização das formas, quando estas não são totalmente abandonadas, é também um elemento de transformação da música do século XX. Se, apesar da flexibilização ou abandono da forma, o gênero ainda está presente como elemento estético em parte das obras dos compositores do século XX, corrobora-se uma das premissas de Denizeau, ao afirmar que confundir o gênero com a forma, ou explicá-lo unicamente com base nela, é um equívoco que foi repetido muitas vezes durante a história. A referência aos gêneros continuou existindo, com índice menor de ocorrência, apesar do abandono ou modificação das formas.

Na segunda metade do século XX, Denizeau afirma que os gêneros musicais passaram a ter uma função secundária. Eles não foram mais utilizados como um modelo de composição musical que pudesse ser repetido, ou retomado por outros compositores. Em momentos anteriores, ele serviu de guia e garantiu ao público formas previamente conhecidas de apreciação musical. Quando um compositor do passado explorava os gêneros para a elaboração de sua criação artística individual, conectava-se a um discurso musical coletivo que alocava suas criações em categorizações previamente aceitas e amplamente utilizadas. Nesse sentido, cabe referendar a maestria com que os compositores do passado se dedicaram em repetir esses gêneros musicais, como também em fazê-los evoluir. Haja vista a importância atribuída as Sonatas, Sinfonias, Óperas, Trios, Cantatas, Missas, Quarteto de cordas, Concerto grosso, Concerto para solista e tantos outros, atribuindo a essas composições a importância que os gêneros musicais tiveram no pensamento musical do passado.

Denizeau relata que é admirável o fato de Beethoven ter alcançado tanto êxito nos efeitos estéticos atribuídos às 32 Sonatas para piano que compôs, fato que traduz a importância que este gênero teve no passado, mas também o quanto ele foi capaz de estimular a imaginação criativa e artística desse compositor. Não ocorreu fato similar na segunda metade do século XX pois, aparentemente, os compositores não estavam mais preocupados com a criação de gêneros que pudessem servir de base para diferentes composições musicais. Quando em uma composição deste período se faz menção a algum gênero musical, este acaba mais por confundir o público do que guiar sua escuta, sobretudo no que se refere às obras de compositores inovadores e audazes, entre eles: Lutoslawski, Pousser, Nono, Maurício Kagel e Boesmans. Esse fato demonstra a profunda transformação do gênero musical a partir do século XX, a ponto de muitas vezes se tornar irreconhecível pelo público. Criações musicais que possam se assemelhar ao que foram os gêneros musicais do passado, para este autor não passam de manifestações mais significativas da história musical recente, entre elas a música concreta, a música eletroacústica e o princípio de forma aberta.

A respeito da música concreta, o autor revela que ela teve seu embrião em 1907 quando Ferrucio Busoni utiliza o dinamófono, instrumento musical inventado por Thaddeus Cahil, que era capaz de produzir qualquer som. Após a II Guerra Mundial, a música concreta surge com o Grupo de Música Concreta da Radiofusão e Televisão Francesa, criado por Pierre Schaffer. A contribuição dada para história da música ocidental é a renúncia à melodia como elemento indispensável à criação musical, fato que não encontra precedentes na história da música europeia.

Já no que se reporta à música eletroacústica, Denizeau considera que diversos meios de produção de novos sons foram determinantes em sua criação, tais como o *spharophon* de Jorg Mager, o *tratonium* de Trautwein utilizado no concertinho de Hindemith (1931), o eletrófano de Thérémin utilizado em *ecuatorial* de Varése (1934) e o *ondes Martenot* de Martenot. O primeiro estúdio de música eletrônica foi fundado em 1951 por Herbert Eimert e nomes como de Karlheinz Stockhausen, Henri Pousser, Luciano Berio e Bruno Maderna figuram entre os mais importantes desta vertente musical. A exploração e criação radical de todos os parâmetros sonoros individualizam a música eletroacústica. Em cada composição são criados novos sons e exploradas novas fontes sonoras, portanto, qualquer relação com elementos sonoros homogeneizantes é evitada, fato que também não encontra precedentes na história da música europeia, posto que timbres gerados por instrumentações eram exaustivamente reutilizados, como, por exemplo, os da Orquestra Sinfônica, Quarteto de Cordas, Trios, além dos instrumentos solistas como o piano, etc.

No que concerne à forma aberta, o autor considera que ela nasce dos princípios seriais que acabam por gerar transformações radicais na estética musical. Como exemplo deste procedimento, Denizeau destaca a obra *Klavierstuck* de Stockhausen (1956) em que o pianista é orientado a tocar de modo aleatório os seus dezenove fragmentos constantes na partitura. O total rompimento com a forma perfaz a contribuição desta manifestação, já que não há precedentes desta natureza na música ocidental.

Considerações finais

Do que foi exposto até aqui, ficou claro que, quanto maior a atribuição funcional de uma música, mais claro é seu gênero, pois neste caso o compositor está ocupado em atender demandas geradas por algum tipo de público específico e que ainda que gênero e a forma sejam frequentemente confundidos, esta mescla é insustentável, uma vez que o mesmo gênero pode abarcar mais de uma forma e, por outro lado, a mesma forma pode estar presente em diferentes gêneros. Além do mais, a percepção de um gênero não depende exclusivamente de análises realizadas posteriormente à escuta, uma vez que enquanto objeto sonoro ele se diferencia aos ouvidos dos ouvintes. Restou ainda que independentemente de o século XX não difundir novos gêneros musicais e esses não terem a mesma importância obtida nos séculos anteriores, quando eles são mencionados, o grau de transformação é tão elevado que se torna quase impossível de reconhecê-los. Concluímos ainda que na publicação em tela, é possível que exista uma busca velada por um conceito de gênero que possa servir de base para explicar as categorizações musicais criadas em cada época, pois cada vez que um novo sistema de composição é criado, culturalmente aceito e amplamente utilizado, novos gêneros musicais surgem, como por exemplo, aqueles que foram concebidos na monodia cristã medieval impulsionados pelos *organa*, os que foram elaborados para as danças cortesãs ou de festas populares da Idade Média, os engendrados com o apogeu da polifonia do renascimento ou com a substituição desta pela melodia acompanhada do sistema tonal. As invenções de novos instrumentos musicais, bem como suas combinações, também contribuíram sobremaneira para a feitura de gêneros, como o Prelúdio, a Fuga e o *Ricercare* possibilitados pelos instrumentos de teclado, o Quarteto de Cordas, o Divertimento e a Serenata dedicados à família dos instrumentos de cordas friccionadas, o Estudo, a Balada, o *Scherzo*, o Noturno, o *Impromptu* e a Rapsódia, imaginados a partir das possibilidades do piano, o Concerto Grosso, Concerto para solista e a Sinfonia – gêneros dedicados às diferentes constituições da orquestra.

Algumas denominações relativas aos gênero destacam-se por perdurarem no tempo, apesar das imbricações ou trocas de sistemas de composição, bem como de instrumentação, como é o caso da Missa que serviu de estímulo para inúmeras composições da Idade Média até o século XX; da Sinfonia que evoluiu de peça instrumental introdutória no Barroco para obra orquestral, independente do classicismo ao século XX; do Concerto Grosso e do Concerto para solista praticados do Barroco ao século XX; do Quarteto de Cordas amplamente explorado desde o classicismo até o século XX; da Ópera que inspirou a criatividade de compositores do Barroco e se estendeu até o século XX; do *R*équiem composto em número considerável no Classicismo e que se projetou para o século XX. Há também casos específicos em que se resgata denominações de tempos distantes, como o "Treno para as Vítimas de Hiroshima" (1960) de Krzysztof Penderecki – um gênero relativo a cantos destinados aos rituais fúnebres praticados na Grécia Antiga.

Há que se questionar ainda, como é possível evocar determinados gêneros frente às mutações que sofrem os sistemas de composição musical na sua trajetória; quando são introduzidos novos instrumentos e instrumentações e novos padrões de interpretação que os transformam radicalmente durante a história. Denizeau dá-nos algumas pistas, mas cada uma delas se refere a algum caso particular e não necessariamente serve de resolução para outros. Na Missa o elemento remanescente é o texto de temática cristã e sua estruturação em partes distintas; na Sinfonia é o fato de ela ser uma peça dedicada às diferentes configurações da orquestra e sua estrutura em movimentos de andamentos diferentes. No Concerto Grosso, Concerto para solista e Quarteto de Cordas está implícita a instrumentação. Na Ópera subsiste a construção de uma obra que reúne música, artes dramáticas, cenografia, figurino e literatura, realizada por cantores solistas, coro e orquestra e sua estrutura em atos, árias e recitativo, no Réquien e no Treno o fato de serem músicas vinculadas às solenidades fúnebres. Em todos estes casos a melodia é protagonista nas camadas que formam o discurso musical, portanto, é possível que características melódicas tais como, maior presença de saltos ou de graus conjuntos, maior presença de consonâncias ou dissonâncias, presença ou não de ornamentação, cantos melismáticos ou silábicos e tipos de escalas ou modos empregados sejam determinantes para caracterizar cada um desses gêneros. Dessa forma, é possível reconhecer e classificar esses gêneros quando há texto cantado ou recitado, por sua instrumentação, por seus ritmos e andamentos, por suas estruturas mais evidentes[2] e por suas características melódicas, de forma que um ou mais de um desses elementos seja aquilo que Denizeau considera como identificador dos gêneros aos ouvidos dos ouvintes.

Uma vez mais, algo análogo ocorre no repertório da música popular. Certos gêneros sofrem transformações radicais no decorrer dos tempos e, ainda assim, permanecem com sua nomeação inalterada. A criação musical no âmbito do gênero rock, por exemplo, pode ser muito diversificada entre as

2 Entendemos por "estruturas mais evidentes" os movimentos de uma sinfonia ou concerto, as partes de uma missa e os atos, árias e recitativos de uma ópera. Estes são planos de organização do discurso musical que são facilmente percebidos pelos ouvintes e que não dependem do mesmo grau de elaboração analítica que é necessário para se reconhecer as formas. Analogamente, tais planos são reconhecidos com a mesma facilidade que se distingue as composições que integram um mesmo álbum (*LP, CD*) de música popular, mas a percepção e identificação da forma de cada uma delas depende de um certo grau de treinamento.

décadas de 1950 e 1990, no entanto, o termo "rock" é utilizado para designar toda essa produção. Outros elementos culturais, além da própria música, são constituintes de um gênero. Sendo assim, mesmo que a música seja substancialmente alterada, sua ligação com os outros arcos culturais que a geraram conservam sua classificação segundo determinado gênero.

É importante observar que da Idade Média ao século XIX, segundo a narrativa de Denizeau, há uma transformação gradativa nas expressões musicais ocidentais, no entanto, durante o século XX, os compositores realizam profundas e abruptas transformações nos fazeres musicais, modificando de forma incisiva os gêneros e reduzindo ou anulando sua importância para a caracterização e classificação das músicas. Outro momento análogo a este na história dos gêneros musicais reside na transição entre a monodia da Idade Média e o apogeu da polifonia da renascença. É possível inferir que a maioria dos gêneros musicais praticados na Idade Média desapareceu após o surgimento da polifonia. O musicólogo austríaco Victor Zuckerkandl (1976) afirma que a polifonia desenvolvida pelos compositores da Renascença proporcionou um elevado grau de elaboração à música ocidental, distinguindo-se de todas as outras músicas, fato que não encontra paralelo em qualquer outra arte; podemos compará-la apenas com o desenvolvimento da ciência matemática desta mesma época. Para Zuckerkandl, a música e a matemática deste período histórico são os grandes feitos do homem ocidental, portanto, é possível afirmarmos que o período da criação da polifonia foi também um momento de profundas transformações dos discursos musicais e, consequentemente, a maioria dos gêneros da Idade Média tornaram-se superados e desnecessários.

Ajuizamos então, que os momentos em que se efetuaram profundas e radicais modificações nos sistemas de composição musical foram também épocas em que os gêneros foram abandonados ou severamente alterados, portanto, depreendemos que os sistemas de composição também são elementos determinantes para caracterizar os gêneros musicais na perspectiva proposta por Denizeau.

Subentende-se nesta publicação produzida por esse autor que o gênero musical é entendido como um ambiente de possibilidades estéticas que estimula o nascimento de uma gama variada de tipos de música e compreendido como um conjunto de elementos que são reconhecidos auditivamente, sem gerar a necessidade de que o ouvinte recorra à alguma formação técnica para compreendê-lo. O reconhecimento do gênero musical, não se faz com base em rebuscadas reflexões, mas sim com base na escuta, seja de um ouvinte com prévio treinamento musical ou não, desvinculado da forma musical. Portanto o reconhecimento de um gênero musical para o ouvinte não depende da análise musical, pois esta, em muitos casos, proporcionará conhecimentos que são alheios ao ouvinte comum. Por fim, entendemos que para Denizeau, gênero musical é um conjunto de características presentes em certas práticas musicais que são possíveis de serem reproduzidas por um número indefinido de vezes. Podem ser replicadas indefinidamente pelos compositores e facilmente reconhecidas pelos ouvintes.

Referências

CORREA, Marcio Guedes. Gêneros musicais e suas múltiplas funções e significados no repertório e nas diversas áreas de conhecimento. **Tese de doutorado** apresentada ao Instituto de Artes da Unesp, 2018.

DENIZEAU, Gérard. **Los géneros musicales: Una visión diferente de la historia de la música**. Tradução: Eva Jiménez Juliá. Barcelona: Ma non Troppo – Ediciones Robinbook, 2005.

SCHOENBERG, Arnold. **Fundamentos da composi**ção musical, tradução de Eduardo Seincman. São Paulo: Editora da Universidade de São Paulo, 1996.

____________, Arnold. **Harmonia: Introdução.** Tradução e notas de Marden Maluf. São Paulo: Editora Unesp, 2001.

ZUCKERKANDL, Victor. **Man the Musician.** Princeton: Princeton University Press, 1976.

O conceito de Imitação *de J. Piaget fundamentando parte do processo de musicalização para bebês.*

Cícero Rodarte Mião

O artigo aqui descrito descreve e avalia parte do referencial teórico que embasou as aulas de música ministradas em oficinas de musicalização para bebês de 0 a 2 anos ofertadas nos Berçários da Rede Municipal de Ensino Básico do Município de São Sebastião do Paraíso, em Minas Gerais, no período de 2017 a 2021[1], mais especificamente o conceito de *Imitação* abordado por Jean Piaget (1975). Outras publicações fundamentaram o trabalho pedagógico-musical desenvolvido nestas oficinas, entre eles, os escritos dos psicólogos Urie Bronfenbrenner; Jaan Valsiner e, mais especificamente, os de Lev Vigotski (MIÃO, 2021 e MIÃO & ALBANO DE LIMA, 2020).

A musicalização destinada aos bebês conta com estudos e experiências bastante heterogêneas e pontuais, principalmente se considerarmos a demanda escolar a ser atendida por esse público e a amplitude do nosso território. De certa forma, a complexidade desta aprendizagem dificulta uma compreensão epistemológica e sistemática deste tipo de aprendizagem. Assim, compreender ou mesmo discutir essa realidade exige, por parte dos docentes, educadores musicais e pesquisadores, um estudo interdisciplinar que atinge diversas áreas de conhecimento, entre elas, a Educação propriamente dita, a Psicologia Desenvolvimental e de Aprendizagem.

O conceito de '*imitação*' do psicólogo Jean Piaget (1975) foi amplamente verbalizado no livro *A formação do símbolo na criança* e empregado nesta pesquisa com o intuito de compreender suas possíveis implicações pedagógicas no processo de ensino/aprendizagem musical dos bebês.

---

1 As aulas destinadas ao ensino musical para bebês ainda continuam a ser ministradas e, no ano de 2021 foram implantadas em toda a rede municipal de ensino da educação básica deste Município.

Vale relatar que, de forma indireta, este conceito resvala na formação do professor que atua no ensino infantil de modo geral, seja ele um educador musical ou pedagogo, pois uma situação muito corriqueira atinge essas instituições de ensino – a propagação de um ensino musical ministrado por pedagogos ou educadores que, por vezes, não tiveram um conhecimento musical especializado em seus cursos de formação. Nesse sentido é importante refletir se esse docente teria condições mínimas de repassar aos seus alunos a vivência e um conhecimento musical eficaz e seguro.

Conforme expresso na Base Nacional Comum Curricular (BNCC) (BRASIL, 2018), o ensino da música na educação infantil é um componente curricular de inegável relevância, além de obrigatório, conforme previsto na LDB nº 9394/96 (BRASIL, 1996). Nos ordenamentos destinados à educação infantil, a musicalização tende a desenvolver habilidades suficientes para um fazer musical lúdico, que não privilegia a performance – o tocar um instrumento -, mas trabalha a sensibilização da criança, almejando contribuir de alguma maneira para o seu desenvolvimento integral, seja ele, estético, físico, motor, mental e emocional.

O desenvolvimento musical dessas crianças incorpora não só o cotidiano musical vivenciado em família e que ela traz para a escola, como também, as experiências musicais que serão realizadas em sala de aula. Nesse contexto, a criança experimenta os sons a partir de ações concretas que podem ter como base o próprio corpo, a voz, objetos como lenços e bolas, além de fontes sonoras que podem ou não ser vivenciadas a partir dos instrumentos musicais. De forma lúdica, esta criança brinca, joga e se diverte, enquanto cria significados musicais com esta prática.

Assim dito, essa vivência precisa ser muito bem planejada pelo educador, de modo que a criança, principalmente o bebê – a quem se destina este artigo, experimente e vivencie esta prática musical de forma clara e segura. Nesta perspectiva, ao elaborar um ambiente ou mesmo uma atividade lúdica para o bebê, o educador precisa estabelecer qual o objetivo musical a ser proposto, qual elemento sonoro será vivenciado e quais características desenvolvimentais, pessoais e sociais serão trabalhadas. Para que isso ocorra de forma satisfatória, é imprescindível que o educador tenha domínio dos elementos musicais que serão experienciados, a fim de que eles possam ser compreendidos e desenvolvidos como uma área de conhecimento relevante e necessária na cadeia evolutiva desta criança.

Nesta faixa etária a musicalização não pode ser um simples "cantar musiquinhas" como se essa fosse uma prática habitual do cotidiano dessas crianças, tão comum como lavar as mãos, comer, etc. Fazer música dessa maneira diminui sensivelmente a possibilidade de o bebê vivenciar o que a música tem de melhor a ofertar, qual seja, sua dimensão artística, estética, simbólica, sensorial e afetiva, pois, a partir de uma experimentação sonora embasada em preceitos musicais mais seguros e precisos, o bebê é capaz de estabelecer as relações da música com a vida, de forma significativa.

Assim dito, o educador que não domina a linguagem musical e que não tem uma formação musical adequada, é incapaz de explorar as possibilidades musicais de um ambiente ou de uma atividade, podendo até mesmo, comprometer o desenvolvimento musical do bebê e desestimulá-lo para um futuro aprendizado musical.

Não são raras as vezes em que o próprio educador, ao dançar, cantar, tocar e interagir musicalmente com as crianças, transforma-se em um estimulo musical para os bebês, daí a importância deste docente ter um conhecimento musical satisfatório para ser capaz de estimular essa criança de forma adequada. Um professor que canta desafinado ou se manifesta musicalmente de forma inadequada, sem expressividade, sem uma organização temporal e rítmica consciente, será um exemplo bastante nefasto para esse bebê, já que, querendo ou não, o educador traz uma forma de ser que se traduz em uma via desenvolvimental e de aprendizagem para estas crianças. É nesse sentido que a imitação se torna um recurso importante de aprendizagem. A criança tende sempre a imitar o adulto, os colegas e até mesmo os objetos e as imagens que fazem parte do seu cotidiano.

O psicólogo Jean Piaget (1975), ao se deter no conceito de imitação, relata que ela é de fundamental relevância para o desenvolvimento infantil. Na perspectiva desse autor, o processo imitativo é essencialmente inter-relacional e por isso exerce papel de destaque no processo de ensino/aprendizagem:

> Iremos ainda mais longe e consideraremos a imitação pré-verbal da criança uma das manifestações de sua inteligência. Ao acompanharmos, passo a passo, a formação da imitação durante os dois primeiros anos, somos impressionados, com efeito, pela atividade propriamente dita que ela manifesta; durante esse período, a imitação nada tem de automática ou de involuntária (na acepção de não-intencional) mas, pelo contrário, denuncia bem depressa

> a existência de coordenações inteligentes, tanto na aprendizagem dos meios que emprega como nos seus próprios fins (PIAGET, 1975, p. 17).

A imitação para a criança não se manifesta como uma mera cópia das ações, mas torna-se uma representação que a criança produz do mundo. O ponto essencial da ação imitativa não é a técnica em si, mas como a criança organiza os elementos, cria os significados, estabelece uma estrutura simbólica a partir dela. Assim, quando trazemos esse pensamento para as aulas de música nos berçários da educação infantil, precisamos considerar a importância do estímulo musical, pois as relações significativas que a criança estabelece com o universo musical precisam partir de uma referência musical que seja minimamente afinada, de volume adequado, expressivo e bem tocado, ainda que as manifestações dos bebês sejam levadas em consideração de modo a respeitar o tempo desenvolvimental de cada uma delas. Diante disso, faz-se necessário que este docente tenha conhecimento musical suficiente para melhor interagir com os bebês, além de compreender com relativa segurança por quais estágios cognitivos essa criança está passando. O processo de desenvolvimento musical é inerente ao desenvolvimento humano, compreender como os autores da psicológica percebem essa questão pode ser fundamental para entendermos de que maneira a criança aprende música ao longo de sua vida. Neste âmbito a imitação é um recurso de aprendizagem relevante para as crianças, daí a importância de conhecer como ela se processa no desenvolvimento infantil.

Para Piaget (1975), além da imitação não se limitar a ser uma cópia de um modelo qualquer, seja ele uma imagem, uma foto, um objeto, um boneco, ou um sujeito (a exemplo, a mamãe), o produto produzido a partir da imitação não é o mais importante; a representação desenvolvimental da imitação transcende o resultado da manifestação. Quando a imitação acontece entre uma pessoa e o bebê, o processo imitativo não parte nem do produto produzido, nem da ação. Em outras palavras, quando a criança imita, sua organização não se destina a obter um resultado final; o processo imitativo vai além, envolve a pessoa imitada, os *esquemas*[2] estabelecidos, a organização psicológica da criança, o conhecimento de seu próprio corpo, dentre outros.

---

2 Segundo Piaget (1970), um *Esquema Mental* é uma organização mental sob os quais assentamos nossas experiências. Eles servem também como moldes que nos auxiliam a interpretar as informações que recebemos.

> Tais fatos podem ser interpretados de três maneiras. Pode muito bem ser, em primeiro lugar, que a criança procure unicamente reproduzir o resultado observado (agitar o teto do berço, mover a janela etc.) e, assim, imita, mas sem o saber e por simples convergência, os gestos do modelo. Em segundo lugar, a criança talvez se interesse, pelo contrário, nesses gestos como tais, independentemente dos seus resultados. Se apenas essas duas soluções estivessem em jogo, é óbvio que a primeira seria a mais verossímil [...] Mas no nosso entender, há a possibilidade de uma terceira interpretação: é que o ato e o seu resultado constituem um esquema único reconhecido como tal pela criança e dando lugar, também como tal, à repetição (PIAGET, 1975, p.43).

Piaget (1975, p.11) ao estudar a formação do símbolo ou o ato simbólico estabelecido pela criança, pensou o desenvolvimento em três núcleos: *Imitação; jogo e sonho; imagem e representação.* A *Teoria da Gênese da Imitação*, assim intitulada por Piaget, é o primeiro núcleo dessa teoria e foi dividida em 6 fases – bastante detalhada no que diz respeito às crianças de 0 a 2 anos, considerando-se que nesta faixa etária ele tomou como parte de sua investigação o desenvolvimento integral de seus netos. Em cada uma dessas fases, Piaget relata a forma como a imitação se processa, fato que não deve ser menosprezado nas aulas de ensino musical para bebês [3]. O quadro abaixo aponta a faixa etária destinada a cada uma das fases elencadas por Piaget:

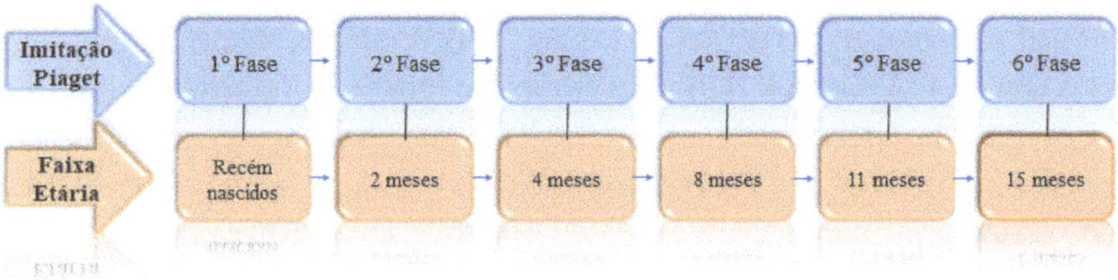

Fonte: criada pelo autor deste texto

3 Como as aulas de musicalização ofertadas nos berçários de São Sebastião do Paraíso destinam-se aos bebês de 6 meses até 2 anos de idade, este artigo concentrou-se de forma mais enfática, nesta faixa etária, mesmo se considerarmos que o ensino musical é um componente curricular obrigatório em todas as escolas municipais da educação infantil deste Município (crianças de 0 a 5 anos e 11 meses) – uma faixa etária bastante heterogenia no tocante ao desenvolvimento psíquico, físico, mental, social e emocional da criança.

É relevante que o educador musical ou o pedagogo que atua com crianças nestas faixas etárias, saiba como se processa a imitação em cada uma das fases e faixas etárias e, como adequar, no caso do ensino musical, como isso pode ser utilizado.

Ao pensamos em aulas de musicalização para bebês, não estamos imunes a importância de produzir um modelo ou ação musical que pode ser imitada, aliás, isso acontece recorrentemente. Essa ação, que é também um estímulo, necessita ser coerente com o aprendizado musical que se quer obter e que esteja de acordo com o desenvolvimento mental, físico e corporal de cada criança. Esse é um aspecto crucial a ser observado no processo de ensino e aprendizagem musical dos bebês e das crianças em geral. Assim relatado, considero necessário priorizar duas situações nas aulas de musicalização para bebês: o estímulo do educador e a resposta da criança a esse estímulo. Nessa inter-relação vamos perceber diferentes formas de o educando imitar uma determinada ação musical.

A primeira fase indicada por Piaget foi intitulada *Preparação Reflexa*. Nela, este psicólogo (1975) foca os bebês recém-nascidos ainda na Maternidade. Ao observar o choro dos bebês, ele percebe que há uma possível relação entre suas manifestações. Quando uma criança chora, as outras tendem a chorar também. Piaget, a partir desse fato, levanta duas hipóteses. A primeira prende-se ao fato de que o ato de uma criança chorar pode gerar algum desconforto sensorial nas crianças próximas, possivelmente pelo barulho, daí o choro coletivo. A segunda hipótese é que o bebê pode ter estabelecido uma relação organizacional qualquer entre o ouvir e o realizar uma determinada ação. Piaget (1975) aponta que essa incitação, mesmo que ainda seja uma ação reflexa, a princípio, pode perdurar e culminar, inclusive, em repetições, o que aponta para uma relação funcional do choro, juntamente com seus elementos sonoros. Caso seja essa a hipótese a se considerar, teríamos aí os primeiros indícios de uma gênese de imitação, claro que em uma estrutura psicológica embrionária, quando comparada a imitação já estabelecida.

Esse relato, de certa forma, pude vivenciar nas Maternidades. Durante determinado período, realizei um trabalho voluntário na Santa Casa do Município de São Sebastião do Paraíso, que nada tem a ver com o trabalho realizado na rede municipal de educação. Eu tocava músicas nas Maternidades para os bebês que acabavam de nascer, ou seja, bebês entre 1 e 3 dias de idade.

Todos eles ao ouvir música praticamente se manifestavam de alguma forma. As ações mais comuns eram inclinar a cabeça para a fonte sonora, produzir pequenos balbucios e sucções. Outras ações frequentes eram apertar as mãos e movimentar os membros concomitantemente – os braços e as pernas. Eram ações curtas e distantes uma das outras.

Se tomarmos essa experiência para a compreensão de um fenômeno musical por parte dos bebês nesta primeira fase da imitação, teremos de considerar duas hipóteses. A primeira seria a de que a criança, mesmo que em ação reflexa, estaria se manifestando aleatoriamente ao estímulo musical em uma relação codependente, o que por si só já aponta para um processo de gênese do desenvolvimento musical, que não necessariamente se relaciona com a imitação. Também podemos levar em consideração uma certa frequência, mesmo que relativamente rara nas repetições das ações do bebê, principalmente no balbucio. Essas duas hipóteses não se excluem, portanto, é possível que as duas se concretizem, mas, caso se evidencie a segunda possibilidade, teríamos, como Piaget pressupôs, uma gênese de imitação que poderia ser adaptada ao ensino de elementos musicais.

A segunda fase no processo imitativo de Piaget (1975) acontece por volta de 2 meses idade e é denominada *Imitação esporádica.* Nela, há um aumento nos *esquemas* de reflexos estabelecidos. Em outras palavras, os bebês ampliam as possibilidades de organizações esquemáticas, seja com novas ações ou mesmo por meio de novas produções vocais. Essa ampliação possibilita que a criança incorpore os estímulos aos *esquemas* existentes, mas para isso, a criança precisa perceber algumas características elementares presentes no estímulo, seja um movimento, um som, uma cor, uma pessoa, etc.

Para que a imitação aconteça nessa fase, é necessário que os elementos imitados sejam componentes familiares aos *esquemas mentais* da criança. Além disso, há uma situação específica que Piaget define como *ação circular,* na qual a criança produz um som ou um gesto espontaneamente, posteriormente o adulto imita esse som, o que passa a se tornar um estímulo a ser imitado pela criança.

Outro caso de *ação circular* ocorre quando o bebê realiza uma ação e fica repetindo esta ação inúmeras vezes, imitando a si mesmo. Nesta atitude Piaget (1975, p. 27) relata que, nesta fase, a imitação não apresenta distinção ente *assimilação* e *acomodação*[4], pois o bebê lida com elementos já estabelecidos em uma determinada organização psicológica e de aprendizado:

> Ora, quando a criança ouve em outrem, sons análogos aos que ela própria sabe emitir, a acomodação a esses sons torna-se inseparável de um esquema de assimilação já inteiramente preparado e põe sem mais, esse esquema em atividade, daí o resultado – a imitação... A acomodação e a assimilação são mesmo tão indiferenciadas nessa fase que a imitação poderia muito bem ser conhecida como derivada quer da segunda, quer da primeira. Mas, como veremos mais adiante, a imitação de novos modelos desenvolve cada vez mais a própria acomodação (PIAGET, 1975, p. 29).

Esse contexto, em uma perspectiva de desenvolvimento musical, pode nos remeter ao conceito de *musicalidade comunicativa* de Malloch (1999/2000). Nessa perspectiva o bebê e o adulto estabelecem um diálogo codependente, quando as características das ações de cada um, ocorrem como estímulo às manifestações do outro, muito comuns aliás. A diferença é que na *musicalidade comunicativa* não há necessidade de semelhança, apesar de ela aparecer com frequência. Por outro lado, na *imitação esporádica* de Piaget, incluindo a imitação *circular,* não há necessidade de exatidão entre a imitação e o imitado, e sim, semelhanças.

Quanto mais comum é a ação musical no nível desenvolvimental da criança ao seu dia a dia, principalmente no contexto familiar, maior a possibilidade de uma imitação necessitar dessa ação em um contexto escolar, pois aí se dá o significado da ação, e normalmente, um adulto que convive com a criança e a observa afetuosamente, conhece as ações mais comuns realizadas pelos bebês. Daí a importância de ter em sala de aula um educador musical que seja sensível às características dos bebês no momento em que eles começarem a frequentar as aulas de música.

É notório que o bebê manifesta algumas ações específicas nas aulas de música em escolas regulares, como palmas ou mesmo algum gesto estereotipado que represente alguma canção específica. Ao perceber este tipo de manifestação, sempre que há oportunidade, pergunto aos pais e às professoras

---

4 *Assimilação* e *acomodação* são conceitos definidos por Piaget. *Assimilação* corresponde a estruturação de *esquemas* (organizações) mentais para se relacionar com a realidade. *Acomodação* corresponde a criação de novos *esquemas* de *assimilação* (PIAGET, 1970).

de sala, qual o contexto familiar desta criança, pois parto das características deste contexto para elaborar os estímulos musicais que está criança interagirá e, muitas vezes, imitará. A partir destas características comuns ao dia a dia dos bebês, traço estratégias pedagógico-musicais direcionadas aos elementos musicais que serão trabalhados com essa criança.

Esse processo exige uma cuidadosa observação. Lembro-me de um caso no qual um bebê ia sempre vestido com uma camisa dos *Beatles*. Diante disso, pressupus que em seu contexto familiar a criança era estimulada musicalmente com a obra deste grupo de *Liverpool*. Comecei então a fazer algumas atividades com as músicas dos *Beatles* e as manifestações desse bebê, incluindo as imitações foram acentuadamente mais intensas. Algum tempo depois descobri que o pai da bebê tocava em uma banda *cover* de *Beatles*. Apesar de esse relato ter acontecido com uma bebezinha de 8 meses, esse tipo de observação vai de encontro à perspectiva da segunda fase da imitação, que acontece entre 2 e 4 meses.

Ainda neste período desenvolvimental é importante ressaltar que nesta fase a imitação, segundo Piaget, acontece na relação imediata e não é um estimulo excessivamente recorrente na criança. Educadores como Roger Hansen (2017) apontam a importância da rotina como um princípio favorável ao aprendizado e ao desenvolvimento da criança, o que é de fato observado no dia a dia. Por outro lado, as rotinas vivenciadas nas aulas de música não podem ser definidas como uma repetição excessiva de uma mesma atividade ou estímulo. Se o bebê é exposto em demasia ao mesmo estímulo, pode acontecer que as manifestações a esse estimulo sejam simplesmente ações repetitivas que não percorrem os caminhos apontados da imitação. Neste caso ocorre o que Piaget denominou de *pseudo-imitação*, ou seja, uma ação sem estruturação esquemática nos parâmetros apontados – algo que está mais propício a um adestramento e não a uma imitação.

A terceira fase, segundo Piaget (1975, p.34) é a *imitação sistemática de sons já pertinentes à fonação da criança e de movimentos executados anteriormente pelos sujeitos de maneira visível para ela.* Essa nova etapa começa por volta dos 4 meses e se estende até mais ou menos 8 meses, ou seja, corresponde a um período em que a criança inicia sua vivência escolar nos Centros Municipais de Educação Infantil, com aulas de música semanais. Nesta fase, o produto a ser imitado e a ação imitadora ainda precisa ser visível para a criança, com exceção do som, como veremos logo a seguir. Ela ainda não consegue, por exemplo, imitar expressões faciais, pois não vê o próprio rosto. Por outro lado, há uma ampliação dos *esquemas* estabelecidos, o que possibilita maior refinamento das ações de imitação:

> Vejamos, para começar, alguns exemplos de imitação vocal. No tocante a este primeiro grupo de fatos, pode-se afirmar, sem risco de arbitrariedade, que o contágio vocal e a imitação esporádica, próprios da segunda fase, são lugar, doravante, a uma imitação sistemática e intencional de cada um dos sons conhecidos da criança. Mas ainda não se verá, antes da quarta fase, manifestar-se uma aptidão para imitar os novos sons propostos como modelo (PIAGET, 1975, p.35).

No que diz respeito ao estímulo sonoro, a criança nesta fase adquiri a habilidade de imitar quase todos os sons que consegue produzir, ou seja, aqueles que ela mesma esquematizou. Para isso, não há necessidade de o estímulo sonoro estar em seu campo visual, porém ele precisa ser um estimulo presente no ambiente, ou seja, a criança não necessita olhar para a fonte sonora para imitar este som.

Partindo desse pressuposto, um estímulo musical que gera uma manifestação imitativa em um bebê, tem na totalidade do processo, a estrutura do *esquema* da criança. Dessa forma, quando pensamos na musicalização de bebês, envolvendo em boa parte a propagação de sons e gestos, considera-se esse grupo de elementos – sons e gestos – como uma organização única, que podemos chamar de música. Nesse sentido tudo que envolve aquele estímulo sonoro, desde a voz, o instrumento tocado, os gestos feitos, formam um *esquema mental* que representa a música para a criança.

Mais uma vez devo mencionar o quão importante é a necessidade de o docente ser coerente na escolha do estímulo sonoro a ser realizado, pois a imitação nessa fase não se dá a partir de elementos fragmentados, e sim do *esquema* completo. Em outras palavras, a criança identifica todos os elementos da organização como um todo e é esse todo que está presente nas ações imitativas.

Para que essa imitação aconteça, toda a estrutura esquemática precisa estar mentalmente organizada pela criança. Desta forma, podemos dizer que a criança nesta faixa etária, quando imita um estímulo sonoro, todos os elementos musicais e gestuais que estão presentes correspondem a uma organização que ela conhece e, por isso, a imitação é percebida como uma só coisa. Podemos nos remeter a uma situação simples do cotidiano para compreender esse processo: Quando um adulto canta a música *Pintinho Amarelinho* para a criança e realiza o gesto de apontar para a própria mão assinalando que o "pintinho cabe aqui na minha mão", ao imitar esse adulto, esse bebê não fragmenta o gesto do som como um elemento complementar, ele os organiza como um grupo único, ou seja, uma organização esquemática, e é esse *esquema* que será base para imitações futuras.

Subsequente o bebê chega à quarta fase da gênese da imitação. Piaget (1975) divide este período em 2 categorias que tem como diferença principal a flexibilização dos *esquemas*, como veremos mais adiante. A primeira categoria é a *Imitação dos movimentos já executados pelo sujeito, mas de maneira invisível para ele.* O nome dessa etapa é praticamente literal e ela tem início entre 8 e 9 meses de idade. O grande diferencial desta categoria é que a criança lança luz a um processo imitativo que tem por base indícios a partir de um refinamento do próprio *esquema* estabelecido por ela, ou seja, o bebê consegue realizar uma imitação, mesmo que ele não veja o seu corpo realizando esta ação, a exemplo: imitações e ações faciais.

No que diz respeito a essa **primeira categoria**, Piaget (1975) defini a imitação em quatro tipos de organizações esquemáticas:

1. Na primeira delas, temos o som como indício para a criança assimilar o movimento. Como exemplo: o estimulo dado é uma ação de vibração labial com o som *prururu*. Em resposta, a criança abre e fecha a boca, até que em um determinado momento, ela consiga produzir o som do exemplo. Nesse aspecto, o som foi o material mais evidente para a assimilação da ação e no caso do processo imitativo, uma assimilação prolongada.
2. A segunda forma de organização é quando a criança toma conhecimento do órgão utilizado na ação – olhos, nariz, boca, etc -, mas não da ação. Por exemplo: o estímulo é abrir e fechar a boca e a criança responde, colocando a língua para fora.
3. A terceira forma de agrupamento é praticamente uma continuação da anterior, quando a criança assimila progressivamente todo o processo imitativo: Quando o estímulo é abrir e fechar a boca, a criança começa

colocando a língua para fora e depois, progressivamente começa a abrir e fechar a boca. Subsequentemente, basta ela ser exposta novamente ao estímulo para que realize a imitação com mais precisão.

4. A última forma de organização nesta categoria diz respeito a uma confusão dos órgãos – olhos, nariz, boca, etc – ou seja, a criança realiza uma ação que remete ao estímulo, mas em uma parte diferente do corpo: O estímulo é abrir e fechar a boca, mas a criança em resposta, abre e fecha as mãos.

Essas organizações não são hierárquicas e nem, necessariamente, sequenciais. São as formas que Piaget (1975) observou em suas análises. Mas aqui temos um ponto em comum a todas elas; todas, nesta faixa etária, são organizações que contemplam um pequeno grupo de elementos que são observáveis por meio de um pequeno grupo de ações que são realizadas pela criança, como uma só coisa, pois compõe o mesmo *esquema* estabelecido. Vejamos uma das anotações presente nos diários de Piaget (1975):

> Em compensação, no mesmo dia, quando eu fecho a boca sem ruído diante de L., a criança olha-me com grande interesse e depois diz *atata*. Ela imitou diversos sons nesses últimos dias, examinando a minha boca com maior atenção, mas eu não fiz qualquer tentativa de imitação vocal nesse dia. Tudo se passa, pois, como se ela reconhecesse um movimento já observado e respondesse reproduzindo o som que habitualmente acompanha esse movimento (PIAGET, 1975, p. 56).

Nessa observação de Piaget (1975) podemos perceber a criança associando um movimento a um som, mesmo que não haja som no estímulo. Nesse caso, como aponta o próprio autor, isso se deu pelo fato de o elemento sonoro compor o *esquema* estabelecido, ou seja, a organização conhecida pela criança. Dessa forma, fica evidente que a criança, em um primeiro momento não desassocia os elementos do *esquema*, mas sim os percebe como uma "imagem" única.

Com isso, expor esta criança a um estímulo musical, é necessário ter em mente que tanto os elementos sonoros, como os objetos físicos e as ações que compõe esse estímulo, configurar-se-ão para essa criança como um *esquema*, a princípio, único. Dessa forma, o educador musical, além dos elementos sonoros, precisa estar atento aos movimentos, cores, fontes sonoras diversas, dentre outros tantos elementos que compõe a perspectiva lúdica do ensino para a aprendizagem da música. Nesse sentido, por mais que a experiência da criança seja multissensorial, para este professor o objetivo musical a ser alcançado precisa ser claro. Se, por exemplo, o educador musical faz uma atividade de se movimentar com tiras de pano para que criança o imite, trabalhando andamento musical, por mais que, para a criança aquela vivência seja como brincar com "paninhos", para o educador musical é necessário desenvolver movimentos coerentes com aquilo que se busca para que o bebê experencie. Imagine um contexto de sala de aula em que o educador musical caminha pela sala, enquanto movimenta os panos de forma plástica e chamativa, enquanto apreciam a *Asa Branca* de Luiz Gonzaga e Humberto Teixeira, ou mesmo o *Rondó Alla Turca* de Mozart. Ao se buscar a vivência de andamento musical, o caminhar e os movimentos deste educador necessitam ser coerente com a obra ouvida, para que o bebê experimente o momento, de forma a vivenciar os elementos musicais objetivados, seja por imitação/performance e/ou por apreciação. Obviamente não é necessário e nem possível conceitualizar ou ficar "explicando" para o bebê o que é andamento musical, basta elaborar um estímulo coerente e musicalmente seguro para que a aprendizagem aconteça.

A segunda categoria da quarta fase, segundo Piaget (1975, p.64) é denominada *Início da imitação dos modelos sonoros ou visuais novos*. O que diferencia essa etapa da anterior é a maleabilidade dos *esquemas*, que possibilita uma readequação aos novos elementos. É importante frisar que, nessa categoria, a ação imitativa possibilita distinguir a *assimilação* da *acomodação*. As *acomodações* aqui se dão por explorações e é por isso que há indícios de imitação do novo, partindo da vivência imediata de elementos até então desconhecidos para a criança. Por isso, Piaget (1975) trata a ação imitativa, nesta etapa, como uma *acomodação prolongada*:

> Uma certa oposição surge então, naturalmente, no seio das semelhanças globais, entre os exemplos propostos de fora e os movimentos habituais do sujeito; é a partir desse momento que a imitação se constitui, a título de função particular que prolonga a acomodação e começa distinguindo-se da simples assimilação reprodutora, embora utilizando-a, necessariamente. Com efeito, na medida em que a quarta fase assinala um começo de dissociação entre o sujeito e o objeto, a objetivação daí resultante obriga os esquemas assimiladores, mediante os quais a criança procura adaptar-se às

> coisas e às pessoas, a uma acomodação cada vez mais diferenciada (PIAGET, 1975, p.68-69).

Na prática podemos observar a criança adaptando-se as novas ações e combinações imitativas, de forma ampla e rápida, quando comparado às fases anteriores. Vejamos um exemplo relatado pelo próprio autor:

> *Obs. 32 bis.* – L. também só apresentou durante essa fase, explorações nítidas, mas coroadas de escasso êxito, visando à reprodução de sons que eram novos para ela. Por exemplo, aos 0;9 (28)[5], responde ao fonema *pápá* com os seguintes sons: *aha... dádá... gágá* e *tátá.* Numerosas tentativas foram necessárias para chegar a *pápá.* Nos dias seguintes, ela responde quase regularmente *atata* ao mesmo modelo. Só a partir de 0;10 (8) se aplica a reagir corretamente (PIAGET, 1975, p.65).

Essa característica de aumento das possibilidades de ações imitativas por meio da estrutura de *acomodação prolongada,* influencia diretamente as ações imitativas no processo de ensino/aprendizagem musical. Nesse momento há uma ampliação das ações percebidas e realizadas pela criança, bem como na sua capacidade de identificar e produzir sons, o que permite incorporar com bastante eficácia novos repertórios, atividades e elementos musicais.

Um estimulo musical imitado pela criança neste período, pode rapidamente transformar-se em um outro mais complexo ou novo que, por sua vez, pode se modificar a medida que a criança responde ao mesmo. A percepção da criança lança luz a um novo nível de refinamento, bem como suas ações. Começam então as tentativas de cantar a música de forma mais próximo ao estímulo, do que as relacionadas à fase anterior. Da mesma forma, as ações se refinam, o que resulta em manifestações mais elaboradas e até mesmo mais prolongadas, manifestações essas que podem revelar muito sobre o desenvolvimento musical da criança.

A quinta fase é a *Imitação sistemática dos novos modelos, incluindo os que correspondem a movimentos invisíveis do próprio corpo.* Além de ampliar as caraterísticas da fase anterior, aqui a criança experimenta possibilidades com partes do corpo que ela não vê. Assim, a criança explora possibilidades

5 0;9 (28) corresponde a um tipo que anotação que Piaget faz para indicar a idade da criança. No caso deste exemplo, trata-se de uma criança de nove meses e vinte e oito dias.

e naturalmente vai se aproximando do estímulo, mesmo que este apresente elementos novos ao *esquema*:

> Já vimos (obs. 19-27) como J., durante a fase precedente, conseguiria imitar certos gestos conhecidos relativos à boca, nariz, olhos e orelhas, porque ela conhecia esses órgãos tatilmente e chegava assim, graças a um sistema de indícios, a fazer corresponder os seus movimentos conhecidos aos do modelo. Durante o mesmo período, tentei fazê-la imitar alguns novos modelos. O mais simples é fazê-la pôr a mão na testa, em qualquer parte ou em certos pontos precisos. Com efeito, esse gesto não parece espontâneo para a criança. É verdade que ela pôde adquirir um conhecimento tátil dos seus cabelos, mas trata-se ainda de localizar a testa a partir dos cabelos e a própria testa é, evidentemente o que há de menos interessante no rosto e, por consequência, menos conhecido. Ora, até os 0:11 (11) nenhum movimento relativo aos cabelos ou à testa foi imitado. Nesse dia, pelo contrário, quando ponho a mão nos seus cabelos, diante de J., ela levanta a sua e parece procurar na boa direção. Nenhuma tentativa a respeito da testa (PIAGET, 1975, p.74).

A exploração que a criança realiza parte de alguns elementos de *esquemas* conhecidos, mas não mais do *esquema* como um todo como nas fases anteriores. Agora a criança experimenta novas possibilidades e refina suas habilidades de regular e organizar a ação, vivenciando novas possibilidades de relações entre os *esquemas*.

Nessa condição a criança vivencia o universo sonoro com uma notável ampliação desses elementos. Isso se torna um salto qualitativo no que diz respeito a fala e também no refinamento das manifestações musicais. Com relação à fala, é nessa faixa etária que a criança começa a pronunciar as primeiras palavras do vocabulário adulto, ainda que, muitas vezes com difícil compreensão sonora. Dentre as possibilidades dessas representações sonoras, temos a imitação como uma importante via de reprodução das palavras:

> Obs. 41. – A propósito dessa imitação, por exploração experimental e tateante, dos novos movimentos, conviria estudar o fenômeno análogo no tocante à imitação verbal. Com efeito, é durante a quinta fase que J., L. e T. começam reproduzindo, inabilmente, as primeiras palavras adultas. Mas a análise de tais fatos levar-nos-ia longe demais. Limitemo-nos, pois, a um ou dois exemplos, aliás banais, para indicar simplesmente os sincronismos (PIAGET, 1975, p.73).

No processo de ensino e aprendizagem musical, podemos perceber que é possível nesta fase observar algumas questões inerentes ao processo imitativo demonstrado por Piaget (1975). Os bebês começam imitando diferentes sons: animais, carros, buzinas, personagens, etc. Além disso, a criança se manifesta musicalmente com uma estrutura de expressividade e dinâmica musical mais próxima do estímulo. Assim, se o educador a ser imitado objetiva que a criança produza um som com características envolvendo a tensão, a expectativa, a raiva, a felicidade, a calma, ele primeiramente deve demonstrar isso em sua expressividade musical e na gestualística, pois o modelo deve ser dado pelo docente, daí a importância do educador musical exemplificar essa realidade sonora de forma clara. Ainda sobre as questões sonoras vale indicar mais um apontamento de Piaget: "Só por volta 1;3 (15) J. começou imitando ativamente os sons significativos que são novos para ela, isto é, as palavras da linguagem adulta não-convergentes com os fonemas espontâneos da criança" (PIAGET, 1975, p 73).

Ao considerar essa perspectiva, podemos apontar que as possibilidades musicais aumentam consideravelmente nesta fase. A criança passa a imitar sons e gestos estranhos aos seus *esquemas* estabelecidos com mais espontaneidade, instantaneidade e relativa precisão. Isso possibilita uma acentuada regulação musical em diversos elementos: rítmico, melódico, timbrístico e expressivo, pois a criança articula os elementos dos *esquemas* já estabelecidos com maior flexibilidade e sob diversas possibilidades:

> Ora, comparados aos da fase precedente, os casos de imitação próprios da quinta fase apresentam diferenças inteiramente análogas. As explorações empíricas e tateantes, dirigidas pela criança, são muito mais flexíveis e melhor dirigidas por uma série de esquemas auxiliares que conferem uma significação aos diversos eventos que surgem no decurso das explorações (PIAGET, 1975, p. 79).

Por fim, a última fase da imitação teorizada por Piaget (1975), começa por volta de 1 ano e 3 meses e é denominada *Princípios da imitação representativa e a evolução ulterior da imitação.* A principal característica dessa fase é a emancipação dos *esquemas* no tempo e espaço, além da ampliação dos mesmos. Nesta etapa, podemos dizer que a criança não necessita mais, exclusivamente, da presença imediata do modelo a ser imitado.

> No decorrer da sexta fase da constituição da inteligência sensório-motora, a coordenação dos esquemas emancipa-se suficientemente da percepção imediata e da experiência empírica para dar lugar agora a combinações mentais. Por outras palavras, as tentativas e explorações tateantes interiorizam-se e a coordenação opera-se antes de dar lugar a um ajustamento exterior (PIAGET, 1975, p. 81).

Piaget (1975) divide a sexta fase das imitações em duas etapas, a primeira delas é a *Imitação diferida*[6]. O termo *diferida* diz respeito justamente a capacidade da criança ajustar a imitação internamente antes de realizar a ação. Esse processo possibilita que a criança além de imitar modelos mais complexos, crie imagens mentais significativas dos modelos, ampliando as possibilidades de imitação não só de pessoas, mas também de objetos, como veremos a seguir. Primeiramente vamos nos ater ao exemplo relatado pelo próprio autor:

> *Obs. 52.* – Ao 1;4 (23) J. recebe a visita de um menino de 1:6, que ela vê de tempos em tempos e que, depois do almoço, resolve fazer uma birra terrível: chora e grita estentoricamente procurando sair de um parque de bebê e empurra-o batendo furioso os pés no chão. J., nunca vira semelhantes cenas, observa-a estupefata e imóvel. Ora, no dia seguinte, é ela que chora e esbraveja no seu parque e tenta desloca-lo, dando ligeiros e sucessivos pontapés nas grades. A imitação do todo é impressionante; ela não teria, naturalmente, implicado a representação se tivesse sido imediata, mas, a mais de doze horas de intervalo supõe sem dúvida algum elemento representativo ou pré-representativo (PIAGET, 1975, p.82).

Percebemos no exemplo acima uma situação que pode evidenciar uma representação imitativa interna antes da ação externa. Ao trazer isso para o ensino musical, evoco um relato pessoal que, na verdade é bastante comum em minhas experiências nos berçários da escola regular. São situações em que, no momento da aula de música, eu canto alguma canção composta por mim para esses bebês. Essa criança, portanto, não vai ouvir esta música em casa e depois de tempo – algo em torno de duas aulas semanais, esta criança apresenta manifestações que remetem a canção modelo, seja em termos vocais e/ ou gestuais.

---

6 A segunda etapa dessa fase se chama *A evolução ulterior da imitação. A Imitação e imagem.* Ela diz respeito a crianças entre 2 e 8 anos de idade e por isso não será tratada neste texto.

Nesse caso pode-se associar também a uma representação interna de um conjunto de elementos que pode se configurar como um *esquema,* no qual o bebê, depois de um tempo manifesta exteriormente. Deste modo, a criança não manifesta a imitação no momento em que ela é exposta ao modelo, ou seja, o bebê internaliza esse modelo, o associa a um esquema e somente depois de um tempo, que pode inclusive ser dias, realiza a imitação. Ou seja, temos uma *imitação diferida* na qual o modelo imitado não está mais presente e sua exposição à criança não é imediata a ação.

Essa situação me remete a um tipo de caso muito comum nas aulas de música para bebês nessa faixa etária. Suponhamos que no momento da aula eu cante e dance alguma música utilizando tiras de pano como estímulo sonoro/visual. O bebê observa atentamente, mas não realiza nenhuma ação. Após alguns dias, a mãe chega à escola com vídeos gravados em casa com seu celular, quando a criança realiza o mesmo gesto que ela observou na aula, sem nenhum estímulo presente.

Observe a similaridade com outro caso relatado por Piaget (1975):

> *Obs. 53* – Ao 1:6 (23), J. olha para um jornal ilustrado e fixa a sua atenção na fotografia (muito reduzida) de um menino que abre a boca (mímica de estupefação ou de pasmo). J. aplica-se então a reproduzir esse gesto e consegue-o de primeira, de maneira impressionante. – A observação é interessante porque a situação em nada implicava um contexto de imitação: J. limitava-se a ver as imagens. Portanto, tudo se passa como se, para compreender o que via, J. tivesse necessidade de imitar plasticamente (PIAGET, 1975, p. 82).

É notório que a criança imite uma expressão facial baseada em uma figura ou em uma foto, fato que aponta para uma possível organização significativa da ação, ou mesmo uma imitação plástica. O certo é que esse tipo de imitação também é comum em atividades de musicalização em berçários de escolas regulares. Podemos relatar situações vivenciadas em nossa prática de que a criança não só imita a expressão da figura como traz essa característica para a sua manifestação musical, por exemplo: eu mostro um dado com várias faces desenhadas, cada qual com uma expressão diferente – alegria, choro, medo, raiva, susto, sono. Ao jogar o dado, a criança imita a expressão que cai virada para cima e, em seguida, eu canto alguma música com o caráter corresponde aquela expressividade e, sucessivamente, a criança imita todo o conjunto de ações complexas. Podemos ver neste caso, uma imitação imediata de um modelo com alto grau de complexidade, o que é característico dessa etapa do desenvolvimento da imitação. Piaget (1975) ainda destaca que é nesse momento que a imitação se torna representativa, principalmente no que diz respeito aos objetos. A criança esquematiza ações que estão associadas ao objeto observado e as realiza de modo a imitar esse objeto, seja com movimentos ou com sons:

> Finalmente, na fase VI, a imitação dos objetos adquire uma função nitidamente representativa. Ao 1;3 (8) J. brinca com um palhaço de grandes pés e, por mero acaso, prende esses pés no decote do seu vestido. Tem dificuldade em desprende-los, mas, assim que se livrou, tenta repor o palhaço na mesma posição. Sem dúvida, a conduta da criança não teria finalidade alguma. Ora, como J. não conseguisse prender convenientemente o palhaço no vestido, estende a mão à sua frente, dobra o indicador em ângulo reto, para reproduzir a forma dos pés do brinquedo e, depois puxa o vestido, sem poder ver, naturalmente, o que faz. Então retira o dedo, satisfeita, e passa a outra coisa.
>
> Imitando assim com o dedo e a mão a forma e o movimento do palhaço, J. quis simplesmente construir para si, sem dúvida, uma espécie de representação ativa do acontecimento que acabara de produzir-se e que ela mal compreendera (PIAGET, 1975, p. 84)

Algo muito similar ocorre quando uma criança imita objetos musicais, por exemplo, quando ela toca um tambor com a mão, imitando uma baqueta. Desse modo, seria o conjunto de ações uma representação esquemática do tambor junto aos elementos musicais, na perspectiva de um adulto. Se sim, a teoria de Piaget se confirmaria também no fazer musical, se não teríamos que nos debruçar em analisar o que poderia ser essa ação, se não uma imitação.

De fato, pode haver um outro processo de organização psicológica desenvolvimental e de aprendizagem que tenha a imitação como uma das vias, mas que pode não justificar o tocar o tambor com a mão como uma imitação. Porém, no que diz respeito a imitação em si, para considerarmos essa ação imitativa, precisamos levar em conta o estímulo, quando e como ele foi exposto para a criança, para assim, termos uma ideia da forma como a criança organizou essa representação. Em outras palavras, podemos sim considerar, dentre outras possibilidades, esse tipo de ação como imitativa.

De qualquer forma, a imitação nessa fase pode ser considerada como uma representação interna de um modelo externo, ao mesmo tempo que ao realiza-la, a criança externaliza essa representação, possibilitando uma análise epistemológica do processo. É preciso compreender que ao criar uma representação desse modelo, a criança, de certo modo, emancipa-se do próprio modelo, pois cria um significado para ele e dessa forma, a imitação não é uma simples cópia.

Piaget (1975, p. 86) destaca três importantes formas de imitação nesta etapa: A) *imitação imediata de novos modelos complexos,* na qual apesar de mais detalhado, o modelo ainda se faz presente; b) *imitação diferida,* que corresponde a uma organização interna antes da ação imitativa, sem necessariamente haver exploração tátil, o que possibilita a imitação de um modelo que não esteja mais presente no ambiente e por fim; c) *imitações de objetos materiais,* que diz respeito as representações internas de objetos e materiais como modelos.

Porém, é importante ressaltar que a representação mental de um elemento, por si só, não garante a imitação precisa do mesmo. A ação imitativa é, sobretudo, um conjunto de fatores que envolve internalização e externalização:

> Ora, acrescentemos, essa matéria é tanto motora como sensível: ouvir mentalmente uma melodia é uma coisa, mas poder reproduzi-la requer, singularmente, capacidade de audição interior; a imagem visual também permanece vaga desde que não possa traduzir-se em desenho ou mímica. Portanto, a imagem é um esboço de imitação possível (PIAGET, 1975, p. 91).

Mesmo que a criança crie uma imagem mental daqui a ser imitada, sua ação imitativa é uma tentativa de aproximação do modelo. Desde modo um educador musical habilidoso necessita de um olhar atento as manifestações musicais da criança tanto em termos desenvolvimentais como de aprendizagem e o estímulo deve ser o mais preciso possível naquilo que se busca trabalhar com a criança.

Por fim, Piaget (1975) faz um apontamento fundamental no processo de imitação, ou seja, a relação da criança com o modelo a ser imitado. Segundo o autor, a qualidade de imitação está profundamente relacionada ao vínculo afetivo entre a criança e a pessoa a ser imitada. Fatores como empenho, interesse e desempenho na ação imitativa, são mais acentuados quando o laço afetivo é mais estreito. Por outro lado, essas qualidades ficam prejudicadas, ou até mesmo inexistentes, quando a criança tem pouco vínculo com o outro:

> Porém, somando-se àqueles fatores que já se manifestam no nível sensório-motor, intervém agora um novo móbil essencial: é a valorização da pessoa imitada. A influência desse fator anuncia-se, aliás, desde os primeiros meses, no sentido de que o bebê já imitará muito menos um desconhecido do que uma pessoa da família; mas, com o desenvolvimento da vida social e o intercâmbio de pensamento, surge toda a espécie de novos matizes e graduações (PIAGET, 1975, p.95)

Nessa perspectiva, vale apontar que os aspectos musicais não são os únicos a serem levados em consideração em uma turma de bebês na educação infantil, pois sem o vínculo afetivo, a imitação como parte do processo de aprendizagem, não acontece de forma satisfatória. Como destaca o artista educador Arquimedes da Silva Santos (2008), é necessário um profundo alinhamento entre questões de laços afetivos interpessoais e artísticas propriamente dito, para que o aprendizado aconteça de forma significativa e saldável.

Desse modo, caberia analisarmos a seguinte questão: *Poderia o Pedagogo não músico, trabalhar a Educação Musical como área de conhecimento na educação infantil?* Depreende-se que mesmo que haja um forte vínculo entre o educador regente da turma e as crianças, isso não garante que esse professor tenha o domínio necessário dos elementos musicais para ser um bom modelo musical para a criança. Por outro lado, o domínio desses elementos, sem a o laço afetivo entre educador musical e bebê, tão pouco contribuiria para o aprendizado e desenvolvimento desta criança. É necessário e relevante que o docente tenha consigo essas duas habilidades.

Podemos de antemão afirmar que é fundamental que para servir de modelo musical, o educador necessita ter pleno domínio dessa área de conhecimento, tanto em aspectos técnicos, teóricos e, principalmente, pedagógicos. Ou seja, ele precisa ser um docente com conhecimento musical especializado. Contudo, esse docente também deve transitar por caminhos cognitivos ligados à educação, à psicologia desenvolvimental, aos processos de aprendizagem, às questões socioculturais presentes no processo de conhecimento, entre outras perspectivas de análise, para que ele possa trazer para a educação infantil e para o ensino musical um olhar mais humano e pedagógico capaz de auxiliar a criança em seu desenvolvimento integral.

A imitação não é uma simples repetição, é um importante elemento de ensino e aprendizagem que envolve organizações complexas e relevantes para o desenvolvimento infantil e musical. A vivência lúdica na educação infantil se revela como um contexto favorável às práticas imitativas, e na educação musical devemos considerar sempre a qualidade do modelo que deverá ser imitado. Mesmo assim, este docente deve ter presente no seu processo de ensino, questões afetivas e desenvolvimentais da criança e produzir estímulos coerentes com a faixa etária que está sendo abrangida, além de um profundo respeito ao tempo de aprendizado da criança. Neste sentido, não se considera o aprendizado em uma turma de berçário como algo uniforme, no qual todos aprendem tudo ao mesmo tempo. Cada bebê vai interagir com a música em condições diversas, com características desenvolvimentais únicas e ao mesmo tempo de modo heterogêneas. Esse é o eixo desenvolvimental das oficinas de musicalização para bebês, o que reforça que a imitação, neste caso, não se trata de uma cópia da ação, mas da representação de uma manifestação psicologicamente organizada de acordo com cada bebê em sua relação com o contexto, com a pessoa e com o estímulo.

Desta forma, podemos relatar que a imitação também envolve características ligadas à empatia e ao interesse pelos significados socioculturais a serem produzidos. Imitar é uma ação que só acontece na relação entre o modelo e quem o imita. Um educador musical habilidoso utiliza essa via de aprendizagem para que a criança desenvolva habilidades musicais, cognitivas, corporais e emocionais.

Como vimos, o processo de imitação é complexo e depende de ocasiões multifatoriais que vão desde os elementos musicais às inter-relações que esse ensino promove com outras áreas de conhecimento. Porém, nessa perspectiva, não basta enfatizar a importância da presença de um educador musical especialista, mas que a formação desse profissional atenda às necessidades técnico-musicais, as questões humanas, desenvolvimentais e educacionais que o contexto de musicalização infantil exige. As características de cada bebê de uma turma, contribui para que aquele grupo tenha uma identidade própria e única, com ritmos de aprendizagem e desenvolvimento distintos. Desta forma, o educador musical necessita promover uma coesão entre as oficinas, mas que respeite os aspectos de cada turma e de cada bebê.

Confesso que ao longo destes anos de vivência de musicalização com bebês, nunca vi uma prática educacional bem-sucedida sem um laço de amor estabelecido. Um educador que estabelece esse laço de amor com as crianças, manifesta esse amor em sua postura, em seus estudos, em suas preparações de aula, em sua formação, em sua forma de viver. Tudo ganha um novo significado e um novo sabor.

Diante desse relato, posso afirmar com segurança que todas as potencialidades da imitação como ferramenta pedagógica, ou passam pelo crivo do amor, ou serão ações vazias, e disso, os bebês "entendem" muito bem. É o amor que move o aprendizado, que estimula o educador a se preparar e que anuncia a presença humana para a criança. Não é sem razão que todas as observações que trouxemos de Piaget, ele as realizou com seus amados netos.

Enquanto isso, ao estabelecermos o laço afetivo com um bebê, a imitação se torna algo praticamente inevitável, pois o bebê observa atentamente os modelos afetivos e consequentemente, os imita. Deste modo, cabe ao educador musical canalizar essa característica para o processo de ensino e aprendizagem musical, oferecendo bons exemplos musicais a serem imitados, proporcionando ao bebê uma experiência que seja prazerosa e significativa.

Referências

BRASIL. Ministério da Educação. **Base Nacional Comum Curricular**. Brasília, DF: MEC, 2018. Acesso em 11 de outubro de 2021. Disponível: http://basenacionalcomum.mec.gov.br/abase/#infantil

BRASIL. **Lei de Diretrizes e Bases da Educação Nacional**, LDB. 9394/1996. BRASIL. Acesso em 11 de outubro de 2021. Disponível: http://www.planalto.gov.br/ccivil_03/leis/l9394.htm

HANSEN, R. **Pedagogia Florença I: Bases Para a Educação Infantil de 0 a 3 anos**. Santa Cataria: Editora Pedagogia Florença. 2017.

MIÃO C.R. **As Oficinas de Musicalização nos Berçários em Centros Municipais de Educação Infantil de São Sebastião do Paraíso e sua relação coma teoria do psicólogo Urie Bronfenbrenner**. p. 65-88 *In*. LIMA, S. R. Ensino Musical Brasileiro: Múltiplos Olhares. São Paulo: Musa Editora, 2021.

MALLOCH, S. **Mothers and Infants and communicative musicality**. Musicae Scientiae, Special Issue, 1999/2000, p. 29-57.

MIÃO, C.R. LIMA, S.R.A. **O Ensino musical na Educação Infantil e sua possível relação com a teoria desenvolvimental proposta por L. Vigotski**. Revista Tulha, Ribeirão Preto, v. 6, n. 2, pp. 64-89. 2020.

PIAGET, J. **A construção do real na criança**. Trad. Álvaro Cabral. Rio de Janeiro: Zahar, 1970.

________, J. A **Formação do Símbolo na Criança**. Tradução de Álvaro Cabral. Rio de Janeiro: Zahar, 1975.

SANTOS. A. S. **Mediações Arteducacionais**. Lisboa : Fundação Calouste Gulbenkian, 2008, p. 362.

Atividade coral em tempos de pandemia: uma nova realidade[1]

Valdemir Aparecido da Silva
Shirlei Escobar Tudissaki

No primeiro trimestre de 2020 todo o planeta foi acometido por uma infecção respiratória aguda causada pelo Coronavirus SARS-C0V-2, potencialmente grave, de elevada transmissibilidade e de disseminação global – a COVID 19. No Brasil e no mundo, de forma a controlar a propagação desta doença, medidas e ações públicas foram realizadas com o objetivo de limitar o contato e o convívio social das pessoas. O uso de máscaras, a higienização constante das mãos e do rosto, o uso do álcool na limpeza dos produtos e objetos, a troca de vestimentas e calçados no retorno à casa, a permanência dos indivíduos por maior tempo em suas residências, foram algumas dessas medidas. A Prefeitura de São Paulo, visando o menor risco de propagação edita decretos e suspende eventos públicos e a interrupção gradual das aulas.

Notícias
SÃO PAULO EM TEMPO REAL:
Voltar

Prefeitura de SP suspende eventos públicos e promove interrupção gradual das aulas

Pais terão uma semana para se adequar à paralisação preventiva das aulas. Clubes municipais e atividades culturais também estão suspensas

20:34 13/03/2020
De **Secretaria Especial de Comunicação**
Curtir 788 Tweetar A+ A-

O prefeito em exercício de São Paulo, Eduardo Tuma, a pedido do prefeito Bruno Covas, determinou na tarde de hoje (13/03) o cancelamento de todos os eventos promovidos pelo Poder Público municipal que gerem aglomerações de pessoas, tais como eventos esportivos, artísticos, culturais, políticos, científicos, comerciais. A medida está sendo adotada por tempo indeterminado para prevenir riscos de transmissão direta do Covid-19. Para eventos privados, com mais de 500 pessoas, a recomendação é que eles também sejam suspensos.

Figura 1: Matéria publicada no Portal da cidade de São Paulo, 13/03/2020[2].

1 Este texto foi entregue em agosto de 2021 quando as atividades artísticas presenciais do Coral Paulistano no Theatro Municipal de São Paulo estavam suspensas, sendo retomadas em 2022, seguindo os protocolos de prevenção da COVID 19.

2 Para maiores informações, consultar: http://www.capital.sp.gov.br/noticia/prefeitura-de-sp-suspende-eventos-publicos-e-promove-interrupcao-gradual-das-aulas.

Tal fato fez com que cessassem grande parte das atividades sociais de forma presencial. Fatos corriqueiros, como por exemplo, ir às compras, caminhar em um parque, ir à escola, ou se reunir com amigos para conversas e debates deixaram de acontecer. Seguindo este protocolo, as produções artísticas em geral foram suspensas, de forma a evitar a congregação e aglomeração de pessoas em um mesmo local, sem previsão de reestabelecimento ou retorno. O mesmo ocorreu com relação às escolas. No texto publicado com o título "Não haverá aplausos para os docentes", a Professora e Vice-Reitora da Universidade Federal de Santa Catarina, Alacoque Lorenzini Erdmann (2020), comenta as mudanças bruscas que aconteceram na educação a partir da declaração de pandemia no Brasil e demostra que muitas áreas foram afetadas:

> De um dia para o outro, os professores montaram todo um sistema de educação remota obrigatória, para continuar a sua missão de vida a partir de casa... Com dedicação!!!!
> Materiais? Seu computador privado e pessoal; sua internet, sua luz ... pagas do próprio bolso. Espaços? A sala de sua casa, que a torna pública a desconhecidos, a intimidade de sua casa. Direitos autorais? Cedidos! Pesquisas, imagem, textos, tarefas... Exigências? Muitas!!!! Reclamações de todos a todo momento, sem sensibilidade alguma ao esforço súbito a que estamos submetidos! A escola na sala de casa nunca acaba. Um milhão de e-mails para atender... grupos pelo WhatsApp, chamadas, atendimento personalizado, aproximando-se da função tutorial... reuniões a qualquer hora, mensagens de toda ordem... Pressões, assédio, ameaças... Gestores, Alunos, Famílias, Sociedade... nós professores, estamos trabalhando... Na verdade multiplicamos por muito as nossas horas de trabalho, pois agora esclarecemos as dúvidas uma a uma, corrigimos as tarefas uma a uma, sem acréscimo salarial ou mero reconhecimento ou agradecimento por isso... Nos doamos para além do conteúdo, sem falar sobre as orientações de ordem psicológica, dentro da compreensão de fazer com que os nossos alunos vejam a transcendência do que estamos vivendo... NÃO HAVERÁ APLAUSOS PARA OS DOCENTES! Mas eu aplaudo os professores! Eu aplaudo os meus colegas. Eu aplaudo os professores dos meus filhos!!! Eu aplaudo os professores com todas as minhas forças! Por brindar à educação, o lugar que lhe cabe nesta época de crise... Fazemos parte da história... Ainda que não sejamos aplaudidos!!!!! Eis aqui um milhão de aplausos para todos nós! (ERDMANN, 2020).

O mesmo infortúnio atingiu bruscamente a classe artística, composta por músicos, atores, palhaços, artistas plásticos e dançarinos. Sem aviso prévio, os espetáculos, concertos e demais atrações artísticas foram interrompidos, dando origem a criação de novas maneiras de apresentação artística, priorizando uma tecnologia até então não empregada na produção, em especial, na produção musical. As produções artísticas presenciais foram substituídas por atividades artísticas virtuais.

O texto que se segue visa relatar o trabalho artístico-musical desenvolvido pelo Coral Paulistano entre os meses de abril a setembro de 2020, durante a pandemia provocada pela Covid-19.

O Coral Paulistano é um Corpo Artístico do Theatro Municipal de São Paulo – Fundação Theatro Municipal de São Paulo, criado em 1936, por iniciativa do escritor e musicólogo Mário de Andrade, na ocasião, Diretor do Departamento Municipal de Cultura e Recreação do Município de São Paulo. Segundo o jornal *Correio Paulistano*, o objetivo inicial do grupo era fomentar o apreço pela música coral

Nota de Arte: Formação do Coral Paulistano

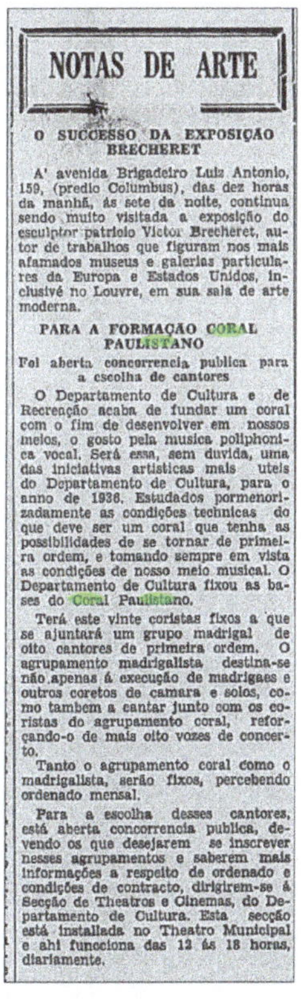

NOTAS DE ARTE

O SUCCESSO DA EXPOSIÇÃO BRECHERET

A' avenida Brigadeiro Luiz Antonio, 159, (predio Columbus), das dez horas da manhã, ás sete da noite, continua sendo muito visitada a exposição do esculptor patricio Victor Brecheret, autor de trabalhos que figuram nos mais afamados museus e galerias particulares da Europa e Estados Unidos, inclusivé no Louvre, em sua sala de arte moderna.

PARA A FORMAÇÃO CORAL PAULISTANO

Foi aberta concorrencia publica para a escolha de cantores

O Departamento de Cultura e de Recreação acaba de fundar um coral com o fim de desenvolver em nossos meios, o gosto pela musica poliphonica vocal. Será essa, sem duvida, uma das iniciativas artisticas mais uteis do Departamento de Cultura, para o anno de 1936. Estudados pormenorizadamente as condições technicas do que deve ser um coral que tenha as possibilidades de se tornar de primeira ordem, e tomando sempre em vista as condições de nosso meio musical. O Departamento de Cultura fixou as bases do Coral Paulistano.

Terá este vinte coristas fixos a que se ajuntará um grupo madrigal de oito cantores de primeira ordem. O agrupamento madrigalista destina-se não apenas á execução de madrigaes e outros coretos de camara e solos, como tambem a cantar junto com os coristas do agrupamento coral, reforçando-o de mais oito vozes de concerto.

Tanto o agrupamento coral como o madrigalista, serão fixos, percebendo ordenado mensal.

Para a escolha desses cantores, está aberta concorrencia publica, devendo os que desejarem se inscrever nesses agrupamentos e saberem mais informações a respeito de ordenado e condições de contracto, dirigirem-se á Secção de Theatros e Cinemas, do Departamento de Cultura. Esta secção está installada no Theatro Municipal e ahi funcciona das 12 ás 18 horas, diariamente.

Figura 2: Matéria publicada no jornal Correio Paulistano, 06/12/1935, p. 2.

Ao longo dos anos, o Coral esteve sob a orientação de alguns dos mais destacados músicos de nosso país, como Camargo Guarnieri, Fructuoso Vianna, Miguel Arqueróns, Tullio Colacioppo, Abel Rocha, Zwinglio Faustini, Antão Fernandes, Samuel Kerr, Naomi Munakata, entre outros. Atualmente tem como regente a Maestrina Maíra Ferreira. A produção artística realizada por esse corpo estável comporta desde música coral *a cappella*, sinfônica e de câmara de diferentes épocas, estilos, gêneros e idiomas, com ênfase na música brasileira e na divulgação de obras inéditas.

Preocupações iniciais

Logo no início do distanciamento social imposto pela pandemia predominava a preocupação com a manutenção dos colaboradores do Theatro Municipal, tanto os colaboradores técnicos quanto os artistas e, neste caso, os cantores profissionais. Com a suspensão de todas as atividades artísticas presenciais, de início não era possível visualizar a possibilidade de se fazer qualquer tipo de apresentação, ensaio ou reuniões devido ao alto risco de contágio. A grande preocupação concentrou-se na questão: Como justificar o salário dos colaboradores e a manutenção dos cargos municipais? Joana Oliveira, do *El País*, aponta que entre os dias 21 e 22 de maio de 2020, mais de 100 pessoas foram demitidas da rede de teatros e museus de São Paulo e Rio de Janeiro, como por exemplo o Sesi-SP, o Centro Cultural Banco do Brasil e o Museu de Arte Moderna do Rio (OLIVEIRA, 2020). A jornalista menciona a fala de Leandro Valiati, especialista em Economia da Cultura da Universidade Federal do Rio Grande do Sul e da *Queen Mary University* de Londres: "A pandemia gerou um cataclismo para os trabalhadores da Cultura". Valiati acreditava que as atividades culturais, de modo geral, apresentavam uma potência a ser explorada, de forma a liderar a retomada econômica pós-pandemia. Neste sentido, acreditava que a tendência do *streaming*[3] poderia abrir as portas para o desenvolvimento de um maior número de produções brasileiras em todo o mundo, eliminando-se os custos do entorno físico.

Diante da situação emergencial, os colaboradores de alguns equipamentos e organismos culturais tiveram a carga horária reduzida e seu salário

3 De acordo com o site *Tecnoblog*, *streaming* refere-se à tecnologia de transmissão de dados pela internet, em áudio ou vídeo, sem a necessidade de baixar o conteúdo.

diminuído como forma da manutenção da empregabilidade, conforme matéria publicada na *Folhapress*, da Folha de Pernambuco:

> O governo do estado de São Paulo vai cortar R$ 68 milhões no orçamento das organizações sociais que gerem os equipamentos de cultura estaduais, como a Pinacoteca, o MIS, a Osesp, a Sala São Paulo e teatros como o São Pedro e o Sérgio Cardoso. Haverá uma redução em 50% dos repasses do estado nos meses de maio, junho e julho, o que deve acarretar uma diminuição total de 14% em relação ao total programado até o final do ano. As organizações sociais afirmam, em nota, que trabalham para preservar os cerca de 4.400 empregos pelos quais são responsáveis, mas a decisão final sobre cortes de pessoal e de atividades será tomada em conjunto com a Secretaria de Estado de Cultura e Economia Criativa, comandada hoje por Sérgio Sá Leitão. "Sabemos do impacto que a crise econômica trará para todo o setor cultural e estamos trabalhando em conjunto [com a secretaria] para minimizar ao máximo as demissões e criar alternativas para continuarmos gerando renda para a cadeia produtiva da cultura", diz Paulo Zuben, presidente da entidade que congrega as instituições. (FOLHAPRESS, 2020).

Em um primeiro momento, todas as atividades artísticas foram suspensas e, após o estado de medo e desespero inicial, novas modalidades de atividades artísticas passaram a ser desenvolvidas e aperfeiçoadas. Na impossibilidade de justificar e garantir seus salários ocupando os palcos e espaços destinados e disponibilizados para a ação, como normalmente acontecia em períodos menos temerários, os cantores do Coral Paulistano partiram então para seus computadores, *tablets*, celulares e demais dispositivos eletrônicos, a fim de continuar com a produção artística e prática musical. A intenção foi viabilizar aos músicos uma possibilidade de se manterem em constante movimento mesmo durante este período de isolamento imposto pela doença.

O músico não poderia deixar de tocar seu instrumento, não poderia deixar de cantar, pois o prejuízo seria elevado, tanto para ele, quanto para a própria orquestra e coral, como ressalta o maestro Aurélio Melo da Orquestra Sinfônica de Teresina em entrevista ao Uol TAB (CAVALCANTI, 2020).

No ano de 2020, a prática vocal coletiva virtual não foi uma opção e sim uma necessidade, tanto para grupos amadores quanto para grupos profissionais, que dependiam e precisavam justificar e manter o seu desempenho e estabilidade artística, emocional e financeira.

Processos de adaptação à nova realidade

Passada a angústia inicial referente a preservação do emprego, passou-se a desenhar e projetar uma nova proposta coerente, pertinente e possível diante das condições enfrentadas. O caráter mutável da realidade relatado pelo filósofo grego Heráclito se fez presente, qual seja: "Tu não podes descer duas vezes no mesmo rio, porque novas águas correm sempre sobre ti" (HERÁCLITO, *apud* SOUZA, 1996, p. 28).

Desta maneira, embora a atividade coral seja uma atividade em conjunto, quando pessoas se reúnem para o canto, entrelaçando suas vozes independentes e distintas em busca de um novo resultado harmônico, de consonância melódica, foi necessário delinear um novo sistema de propagação dessa atividade de caráter virtual. Nesse sentido, a equipe do Coral Paulistano realizou uma análise prévia da estrutura e dos equipamentos disponíveis para esses cantores. Esta análise foi essencial para que pudéssemos dimensionar as possibilidades artísticas a serem desenvolvidas e a padronização desses elementos diante desta nova realidade.

Neste momento, foi necessário investigar quais os tipos e modelos de celulares, aplicativos, computadores, sistemas operacionais, capacidades de *software, hardware*, microfones, fones entre tantos outros. Além disso, foi necessário verificar uma questão mais complexa, relacionada à familiaridade de cada cantor com os equipamentos eletrônicos.

Depois desta análise prévia, foi possível à equipe do Coral Paulistano verificar o que realmente seria necessário para que se pudesse agregar e incluir, ao máximo, todos os cantores, sem abrir mão da qualidade esperada. Depois deste diagnóstico preliminar, foram investidas horas de assessoria e treinamento, a ponto de que todos os membros da equipe pudessem se adaptar e ter as mesmas condições para participarem dos projetos que seriam propostos. A assessoria técnica fez um trabalho bastante minucioso, fornecendo aos cantores informações imprescindíveis para a obtenção de uma prática vocal coletiva e virtual, a saber:

- O entendimento e conhecimento dos dispositivos eletrônicos a serem utilizados;

- Como os cantores se comportavam diante da câmera;
- Qual o tipo de vestuário e maquiagem propícios para as gravações;
- Qual a iluminação, cenário e distância correta entre o cantor e a câmera;
- Qual ambiente acústico seria adequado para a captação de áudio;
- Qual o dia e horário ideal para gravação;
- Quais formatos de áudio e vídeo seriam indicados para a perfeita captação do som.

Vários tutoriais foram criados para auxiliar os cantores, a exemplo: como acessar o *drive* compartilhado para fazer *download* e *upload*, como utilizar *WhatsApp Web*, como realizar filmagens com o celular, quais as configurações corretas de áudio e vídeo para uma gravação adequada. Tais procedimentos foram transmitidos, vistos, revistos e atualizados com extrema frequência, tanto de forma coletiva quanto individual.

Alguns membros do coral, durante essas preocupações iniciais, não acreditavam que seria possível realizar uma gravação de qualidade utilizando seu próprio celular. Mesmo no caos e transformações instaurados, processos foram realizados a fim de que todos pudessem ter acesso e entendimento dos recursos tecnológicos. Com efeito, conhecer e manejar todos esses novos recursos tecnológicos exigiu maior comprometimento da equipe técnica, deixando os cantores cada vez mais expostos e livres para exibir suas qualidades musicais e, assim o fizeram.

Escolhas

Diferentemente das práticas rotineiras precedentes à pandemia, quando tudo era organizado para a realização de um espetáculo ao vivo, com muitas pessoas aplaudindo, apreciando e prestigiando a performance dos artistas, as alternativas referentes ao repertório tornaram-se mais restritas. Os desafios rotineiros passaram a se concentrar muito intensamente em como garantir ao público um bom espetáculo; como garantir que o cantor, que depende da percepção de espaço e tempo, pudesse dar sentido à música e completar o todo.

Muitos fatores precisam andar juntos para a obtenção de uma produção de excelência nas apresentações artísticas direcionadas para um coral. O ambiente onde será realizada a prática deve ser seguro, receptivo, os cantores devem estar em boas condições emocionais e físicas, entre outros tantos fatores. Neste sentido, o musicólogo Christopher Small (1998), com seu conceito de *musicking* mostra que a produção e o fazer musical coletivo podem ser compreendidos como uma prática colaborativa, ou seja, uma prática que é conduzida em conjunto, a partir de outras pessoas, realizada em um determinado espaço e contexto. O cantor, como tal, passa a ser sujeito de sua ação, um sujeito musicante. Mas como desenvolver processos de execução artística virtuais em uma ação que depende da interação e relação direta entre os cantores? Este foi o questionamento central na qual toda a equipe do Coral Paulistano passou durante os primeiros meses da pandemia. Como era de se esperar, foram necessárias escolhas e adaptações. Dependendo dos objetivos a serem alcançados, os caminhos diversificavam-se, tendo como preocupação primeira da equipe, a maneira como determinado repertório deveria chegar ao público e qual a mensagem a ser repassada.

Inicialmente, no Coral Paulistano foi escolhido um repertório que já fazia parte do acervo da Instituição e que já havia sido cantado. Não obstante, foi necessário filtrar ainda mais, a partir da análise do contexto, características e dificuldades técnicas para se executar a obra, a estrutura formal da música, a duração, a língua (português ou língua estrangeira), formação, estilo e, por fim, qual seria o veículo de transmissão.

Paralelo às adaptações frente ao trabalho artístico propriamente dito, foram realizadas inúmeras pesquisas para saber o que estava sendo realizado e que repertório estava sendo produzido no Brasil e no mundo, no que diz respeito à performance musical em grupo, por meio de dispositivos eletrônicos e transmitidos a partir das redes sociais como *Youtube, Instagram, Facebook*, entre outros.

Nas figuras 3 e 4, apontamos os dados coletados no *Facebook* do Theatro Municipal de São Paulo, após a publicação das apresentações virtuais do Coral Paulistano, para saber qual o número de pessoas que participaram ou assistiram a esses eventos. Por meio dessas observações, pudemos constatar que a estratégia de utilizarmos as transmissões virtuais para as apresentações musicais do Coral Paulistano foi bastante produtiva, justificando a relevância dessa atividade durante a pandemia.

As figuras relacionadas abaixo apontam que as apresentações virtuais alcançam um número maior de pessoas, distribuindo o conteúdo artístico produzido de forma mais democrática.

Figura 3: ***Facebook*** do Theatro Municipal de São Paulo.

Figura 4: ***Facebook*** do Theatro Municipal de São Paulo.

Padronização na forma de captação

Por questões financeiras, sanitárias ou logísticas, não foi possível captar essa produção em um único aparelho, ou equipamentos iguais e coletados por um único profissional; portanto, tivemos que desenvolver as atividades corais de acordo com as possibilidades.

Os cantores não estavam mais reunidos de corpo presente à frente do Maestro ou Maestrina e cercados dos seus colegas cantores. A atuação de cada um limitou-se à uma tela de celular, computador ou outra espécie de monitor de onde recebiam orientações e se habituavam a uma nova forma de regência. A finalidade era a de executar a música, que se comprovava por meio do envio de um áudio ou vídeo, sem o ajuste fino ou uma performance de corpo presente. Como avaliar este conteúdo recebido? Por outro lado, os Maestros e Maestrinas, também foram impulsionados a desenvolver novas metodologias para a direção, condução e forma de transmissão de seu pensamento interpretativo acerca do discurso musical.

Edição

Diante de todas essas transformações abruptas, novos conhecimentos e tecnologias foram adquiridas e implantadas. Anteriormente não havia o hábito de gravarmos as atividades artísticas do Coral Paulistano, nem seus concertos e apresentações para registro dos conteúdos realizados. Após constatarmos esta lacuna, passamos a registrar grande parte das atividades desenvolvidas pelo grupo.

Teve início uma nova etapa do cotidiano institucional para o Coral Paulistano. Os técnicos de som e integrantes da comunicação, com a criação do "Plantão de Dúvidas", passaram a auxiliar, também de forma remota, os cantores e até mesmo direcioná-los aos novos processos artísticos desenvolvidos; iniciativa essa, constituída para que se pudesse homogeneizar e otimizar todos os procedimentos da cadeia produtiva relacionados a essa recente realidade, a fim de oferecer uma arte final de qualidade, capaz de amenizar o sofrimento, solidão e angústia que o isolamento estava causando nas pessoas.

Entre as ações incorporadas às atividades artísticas do grupo produzidas neste período, podemos destacar:

- As preocupações com a limpeza da lente do aparelho celular e checagem do nível da bateria;
- A necessidade de o aparelho celular permanecer bloqueado para não receber ligações, mensagens ou notificações durante as gravações;

- A indicação da câmera do celular que oferecia maior qualidade imagem (preferencialmente a resolução *Full HD* 1920x1080);
- Posicionamento de câmera, na horizontal, padrão TV ou vertical;
- Enquadramento da imagem;
- Dicas de posicionamento e estabilidade na filmagem;
- Dicas na utilização da luz para que o vídeo não ficasse escuro;
- Como utilizar a luz frontal, fosse ela natural ou artificial, provinda de uma lâmpada ou luminária;
- Criação de um cenário organizado, harmonioso ou neutro, com parede clara;
- Identificação do material produzido;
- Indicação do projeto no início das gravações;
- Renomeação do arquivo a ser enviado, por exemplo: *Projeto Nº_Naipe_Nome Cantor*;
- Sugestão e indicação de aplicativos ou *software*;
- Recomendação para utilização de fone de ouvido (modelo com microfone embutido).

Essas orientações, processo aparentemente simples, são de difícil implementação, pois, a fim de garantir o mínimo de sincronia dos áudios e vídeos e facilitar a edição e mixagem, é necessário adotar uma linha de produção racional, muito bem planejada, com o propósito de mitigar os possíveis problemas ou, na pior das hipóteses, evitar '*a posteriori*' a inutilização do material.

Com o passar do tempo, pudemos intuir que muitas das ações, técnicas e metodologias empregadas nas atividades artísticas produzidas durante a pandemia poderiam, por razões diversas, serem expandidas no futuro, conforme as necessidades, permanecendo em constante aperfeiçoamento, fornecendo-nos, de certa forma, novos direcionamentos para o futuro do coral.

Na tabela ilustrativa que se segue, apresentamos o roteiro e o plano de trabalho utilizados para a efetivação dos projetos desenvolvidos dentro desta programação artística virtual. Destacam nesse itinerário, a divisão em etapas, fases de cada etapa, tarefas e atividades desenvolvidas e a duração média, em dias, despendida por etapa.

Projetos *on-line*: Roteiro de desenvolvimento

ETAPAS	ETAPA 1	ETAPA 2	ETAPA 3	ETAPA 4
Fases	**Pré-produção**	**Produção**	**Produção**	**Finalização**
Duração	Aproximadamente 10 dias	Aproximadamente 20 dias	Aproximadamente 20 dias	Aproximadamente 5 dias
Atividades	1. Preparação do material: partitura contendo todas as marcações para interpretação uniforme e padronizada: cortes, dicção, respirações, indicação frases, criação dos drives e orientações para gravação.	1. Período destinado aos ensaios virtuais, deliberações e soluções referentes às dúvidas, preparação e realização de gravação individual dos cantores. **Obs.:** Os encontros também têm a finalidade de promover a comunhão entre os artistas, tranquilizá-los e deixá-los mais à vontade para produção do material audiovisual solicitado.	1. Nesta etapa damos início ao processo de fechamento e finalização do produto, bem como roteirização e elaboração de orientações destinadas à edição, montagem e mixagem de áudio, vídeo e/ou áudio/vídeo de materiais oriundos de fonte individual e distinta – Decupagem.	1. Momento das decisões finais, avaliação do produto, pequenos ajustes no acabamento.
	2. Verificação e pagamento de taxas referentes a liberação de uso da partitura e direitos autorais.	2. Se houver parte para piano, a gravação será realizada anteriormente ao início das gravações individuais e posteriormente às realizações de ensaios, para que também possa servir de apoio aos cantores.	2. Disponibilizar os arquivos para as equipes de som, áudio, vídeo, comunicação e produção através do compartilhamento dos ***drives*** e pastas contendo todo material de forma organizada para prosseguir com o arranjo da disposição dos vídeos e imagens e edição do som captado (Exemplo de ficha de decupagem na Figura 5).	2. Inserção de encartes, ficha técnica, legenda, vídeo do maestro ou maestrina – se for necessário, e fizer parte do contexto.

Atividades	3. São produzidos e enviados aos cantores partitura anotada, vídeo explicativo. Estabelece se a música, dependendo da duração, será gravada em seções menores, ou seja, em quantos ***takes.***	3. Entrega da gravação individual por meio de arquivo compartilhado através de ***DRIVE.***	3. Nesta etapa temos a elaboração da ***Time Code,*** que é o gerenciamento das entradas e aparições do vídeo em uma determinada posição de tempo na música, conforme exemplifica a Figura 6.	3. Parecer final e publicação com acesso gratuito nas mídias sociais do Theatro Municipal de São Paulo.
	4. Também são decididos os delineamentos artísticos e cênicos que servirão de apoio visual e nortearão a proposta artística.	4. Análise do conteúdo por parte da direção artística e maestro ou maestrina e ***feedback*** para possíveis ajustes e correções.		4. Entrega de relatório com descrição de todo o processo desenvolvido.
	5. Criação de uma agenda para entregas individuais das gravações realizadas pelos cantores, bem como para os ensaios virtuais - em naipes e com todos os cantores - ***tutti.***			
	6. Preparação do áudio guia, para garantir a sincronia na hora de editar, ao piano, voz e piano e vídeo de regência.			

Tabela 1: Etapas da produção de material artístico para o Coral Paulistano.

Na figura 5, citada anteriormente na etapa 3, segue uma amostra da Ficha de Decupagem, elaborada para orientar e facilitar, posteriormente, a seleção, organização, utilização e inserção dos trechos a serem aproveitados na edição dos vídeos finais. Trata-se de uma listagem descritiva de todo o material gravado (de vídeo ou de áudio).

A próxima figura – *Mapa de entradas*, que serviu de guia para os editores audiovisuais, descreve minunciosamente a estrutura de montagem do vídeo. Cada filme gravado individualmente pelos músicos está demonstrado nos gráficos e foi inserido dentro do *Time code*, conforme orientação da Maestrina, guiada principalmente pela interpretação, concepção musical, entradas de vozes e naipes, destaque de determinada linha melódica ou texto, equilíbrio audiovisual e quantidade de aparições de cada músico (Fig. 7). Como blocos de montar, cada peça descrita na figura anterior, foi encaixada em um determinado tempo da minutagem, partindo do minuto "00:00:00:00" até '00:02:16:00". Além da minutagem, pode-se notar que o texto se tornou um importante elemento para nortear as entradas e garantir a sincronia do áudio com o vídeo.

Considerações Finais

A partir do relato aqui produzido podemos concluir que as atividades musicais virtuais voltadas para o coral representam uma nova modalidade de produção artística, onde cada integrante do coral se reúne virtualmente em uma sala de reunião, dessas oferecidas pelo *Google, Zoom, Skype* etc.,para discutir e discorrer a respeito do repertório e da atividade musical proposta.

Mesmo acreditando que essa pandemia poderá ter um fim próximo, temos a certeza que essa rotina de atividade virtual e *on-line*, futuramente será agregada e incorporada às práticas "tradicionais" e ao trabalho desenvolvido pelo Coral Paulistano, mesmo que elas sejam novamente presenciais; entre elas, a reuniões e ensaios de primeira leitura que possivelmente poderão ser realizadas de modo virtual.

Vale destacar que durante este processo pudemos verificar a importância dos relacionamentos interpessoais entre os integrantes do grupo e equipe, uma relação bem mais complexa do que uma simples relação profissional. A importância do trabalho individual, da situação física e mental de cada integrante do Coral Paulistano teve um ganho a mais, inexistente antes da pandemia, resultante do trabalho individual que priorizou uma parceria intersubjetiva entre os membros do Coral e o objetivo coletivo, guiados pela música coral.

Figura 5: Ficha de decupagem

Projeto 1 - Homenagem a Maestrina Naomi Munakata

Formato: Coral *on-line* (gravações individuais realizadas em casa)
Música: M. Duruflé - Ubi Caritas (de *Quatro Motetos Sobre Temas Gregorianos*, Op. 10)
Duração aproximada: 3' 13"

Decupagem

Organização do DRIVE, PASTAS E ARQUIVOS
Decupagem: 14 maio, 2020 - Maíra Ferreira | Valdemir Silva

Momento 1 - Introdução sem métrica (livre)
Xavier (***solo barítono*** - entoação do canto gregoriano) - **Total de arquivo em vídeo: 01**
Nome do Arquivo: INTRODUÇAO_SoloDeBaritono_Xavier.mp4

Texto para referência:
Ubi caritas et amor, Deus ibi est

Momento 2 - Entrada no compasso 1 (início da música em coro)
Pasta Sopranos - **Total de arquivos em vídeo: 04** (permanecem cantando até o fim).

Pasta Contraltos - **Total de arquivos em vídeo: 10** (permanecem cantando até o fim).

Pasta Tenores - **Total de arquivos em vídeo: 08** (permanecem cantando até o fim).
Obs.: 07 arquivos individuais + 01 em duo)

Pasta Baixos - **Total de arquivos em vídeo: 09** (permanecem cantando até o fim)

Texto para referência:
Ubi caritas et amor, Deus ibi est (momento 2 | compasso 1)

Momento 3 - Entrada no compasso 5 (adicionando ao coro até o fim)
Pasta Momento 3 - **Total de arquivos em vídeo: 10** (permanecem cantando até o fim).

Texto para referência:
Ubi caritas et amor, Deus ibi est (momento 3 | compasso 5)

Texto completo

Projeto 1: DURUFLÉ, M - Ubi Caritas
Mapa de entradas (por grupos de cantores)

		0	1	2
	Minutagem aproximada	**00:00:00**	**00:00:45:04**	**00:00:55:00**
		Ubi caritas et amor, Deus ibi est	Ubi caritas et amor, Deus ibi est	Ubi caritas et amor, Deus ibi est
	Blocos		12 - Cantores	12 - Cantores
	Áudio		C + T + Bar. + B	C + T + Bar. + B
	Maestrina		Maíra Ferreira	
Sopranos (14)	Aymée Wentz			
	Dênia Campos			Dênia Campos
	Eliane Aquino			Eliane Aquino
	Hye			Hye
	Indhyra Gonfio			
	Larissa Lacerda			
	Luciana Crepaldi			
	Marly Jaquiel			
	Narilane Camacho			
	Raquel Manoel			
	Rosemeire Moreira			
	Samira Hassan			
	Sira Milani			Sira Milani
	Vanessa Mello			
Contraltos (11)	Adriana Clis			
	Andreia Abreu			
	Gilzane Castellan		Gilzane Castellan	
	Kátia Novaes			
	Lucia Peterlevitz		Lucia Peterlevitz	
	Regina Lucatto		Regina Lucatto	
	Samira Rahal			
	Silvana Ferreira		Silvana Ferreira	
	Taiane Ferreira		Taiane Ferreira	
	Tânia Viana		Tânia Viana	
	Vera			
Tenores (9)	**T1**			
	Fábio Diniz			Fábio Diniz
	Marcus Loureiro			Marcus Loureiro
	Pedro Vaccari			Pedro Vaccari
	Thiago Montenegro			Thiago Montenegro
	Nelson + Palomares			Nelson + Palomares
	T2			
	Fernando Mattos			Fernando Mattos
	Marcio Bassous			Marcio Bassous
	Ricardo Iozi			Ricardo Iozi
Baixos (10)	**B1 (Bar.)**			
	Ademir Costa		Ademir Costa	
	Josué Alves		Josué Alves	
	Marcelo Santos		Marcelo Santos	
	Vicente Sampaio		Vicente Sampaio	
	Xavier Silva	Xavier Silva	Xavier Silva	
	B2			
	Jan Szot			
	Jonas Mendes			
	José Maria Cardoso			
	Paulo Vaz			
	Yuri Souza			
	TOTAL (sem a Maestrina Maíra)	1	11	12

3	4	5	6
00:01:05:00	**00:01:13:00**	**00:01:23:00**	**00:01:49:00**
Congregávit nos in únum Christi amor	Congregávit nos in únum Christi amor	Exultémus et in ipso jucundémur Time ámus et amémus Déum vivum Et ex córde diligámus nos sincéro	Et ex córde diligágmus nos sincéro,
12 - Cantores C + T + B	12 - Cantores S + T + B	*Tutti*	24 - Cantores S + C + T + B
Maíra Ferreira		Maíra Ferreira	
	Aymée Wentz	Aymée Wentz	
		Dênia Campos	Dênia Campos
		Eliane Aquino	Eliane Aquino
		Hye	Hye
	Indhyra Gonfio	Indhyra Gonfio	Indhyra Gonfio
	Larissa Lacerda	Larissa Lacerda	Larissa Lacerda
	Luciana Crepaldi	Luciana Crepaldi	
	Marly Jaquiel	Marly Jaquiel	Marly Jaquiel
	Narilane Camacho	Narilane Camacho	Narilane Camacho
	Raquel Manoel	Raquel Manoel	Raquel Manoel
	Rosemeire Moreira	Rosemeire Moreira	Rosemeire Moreira
	Samira Hassan	Samira Hassan	Samira Hassan
		Sira Milani	
	Vanessa Mello	Vanessa Mello	Vanessa Mello
Adriana Clis		Adriana Clis	
Andreia Abreu		Andreia Abreu	Andreia Abreu
		Gilzane Castellan	
Kátia Novaes		Kátia Novaes	
		Lucia Peterlevitz	Lucia Peterlevitz
		Regina Lucatto	Regina Lucatto
Samira Rahal		Samira Rahal	Samira Rahal
		Silvana Ferreira	
Taiane Ferreira		Taiane Ferreira	
		Tânia Viana	
Vera		Vera	
	Fábio Diniz	Fábio Diniz	
		Marcus Loureiro	Marcus Loureiro
		Pedro Vaccari	
		Thiago Montenegro	
		Nelson + Palomares	Nelson + Palomares
		Fernando Mattos	Fernando Mattos
		Marcio Bassous	Marcio Bassous
		Ricardo Iozi	
		Ademir Costa	Ademir Costa
		Josué Alves	
		Marcelo Santos	
	Vicente Sampaio	Vicente Sampaio	Vicente Sampaio
		Xavier Silva	Xavier Silva
Jan Szot		Jan Szot	
Jonas Mendes		Jonas Mendes	
José Maria Cardoso		José Maria Cardoso	José Maria Cardoso
Paulo Vaz		Paulo Vaz	Paulo Vaz
Yuri Souza		Yuri Souza	
11	12	44	24

7	8	9
00:01:58:00	**00:02:04:00**	**00:02:16:00**
sincéro	Ubi caritas et amor, Deus ibi est	Amem
18 - Cantores S + T + B	24 - Cantores C + T + B	*Tutti*
Maíra Ferreira	Maíra Ferreira	Maíra Ferreira
	Aymée Wentz	Aymée Wentz
Dênia Campos		Dênia Campos
Eliane Aquino		Eliane Aquino
Hye		Hye
Indhyra Gonfio		Indhyra Gonfio
Larissa Lacerda		Larissa Lacerda
	Luciana Crepaldi	Luciana Crepaldi
Marly Jaquiel		Marly Jaquiel
Narilane Camacho		Narilane Camacho
Raquel Manoel		Raquel Manoel
Rosemeire Moreira		Rosemeire Moreira
Samira Hassan		Samira Hassan
	Sira Milani	Sira Milani
Vanessa Mello		Vanessa Mello
	Adriana Clis	Adriana Clis
	Andreia Abreu	Andreia Abreu
	Gilzane Castellan	Gilzane Castellan
	Kátia Novaes	Kátia Novaes
	Lucia Peterlevitz	Lucia Peterlevitz
	Regina Lucatto	Regina Lucatto
	Samira Rahal	Samira Rahal
	Silvana Ferreira	Silvana Ferreira
	Taiane Ferreira	Taiane Ferreira
	Tânia Viana	Tânia Viana
	Vera	Vera
	Fábio Diniz	Fábio Diniz
	Marcus Loureiro	Marcus Loureiro
	Pedro Vaccari	Pedro Vaccari
	Thiago Montenegro	Thiago Montenegro
Nelson + Palomares		Nelson + Palomares
Fernando Mattos		Fernando Mattos
Marcio Bassous		Marcio Bassous
	Ricardo Iozi	Ricardo Iozi
Ademir Costa		Ademir Costa
	Josué Alves	Josué Alves
	Marcelo Santos	Marcelo Santos
		Vicente Sampaio
Xavier Silva		Xavier Silva
	Jan Szot	Jan Szot
	Jonas Mendes	Jonas Mendes
	José Maria Cardoso	José Maria Cardoso
		Paulo Vaz
Yuri Souza		Yuri Souza
17	24	44

Figura 6: Mapa de entradas

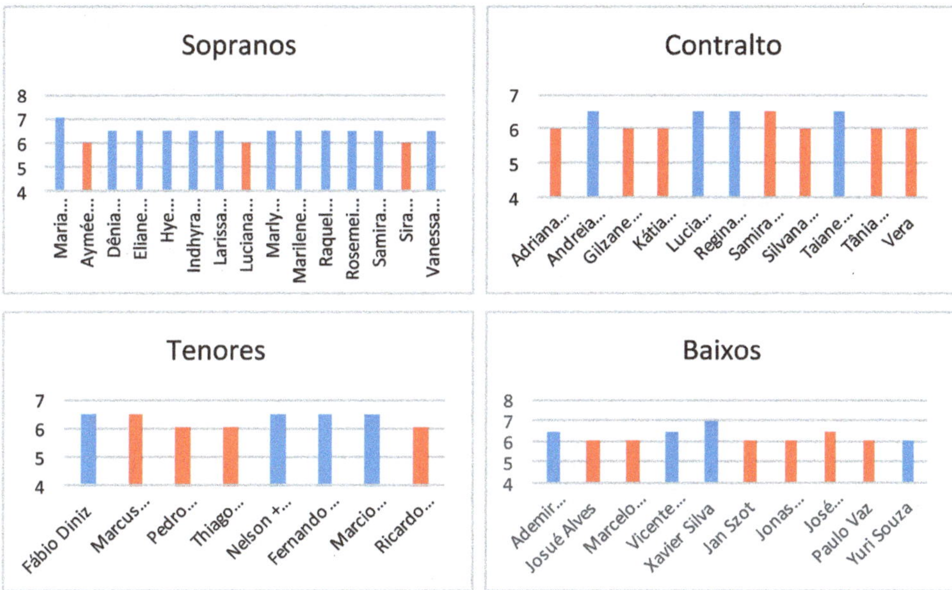

Figura 7: Gráfico de entradas

Neste sentido, os encontros virtuais, idealizados inicialmente para a prática vocal e preparação para o processo de gravação, tiveram um caráter de reencontro e comunhão entre os artistas e equipe de apoio, tranquilizando-os e deixando-os cada vez mais à vontade para a produção de um material audiovisual comprometido em manter o nível de excelência presente em todos os produtos artísticos apresentados pelo Coral Paulistano.

A partir desses resultados, pudemos vislumbrar que a estratégia de transmissões virtuais de apresentações musicais foi positiva e acaba por justificar a necessidade de manutenção das atividades corais mesmo em tempos de pandemia. Ademais, as apresentações virtuais demonstraram ter maior alcance do público e se fizeram presentes de forma mais democrática, o que futuramente poderá impulsionar e incrementar ainda mais a formação de plateia nas apresentações artísticas em geral.

Durante este novo processo, houveram inúmeras descobertas e aprendizados para toda a equipe do Coral Paulistano; relações essas, impostas pelas dificuldades geradas pelo isolamento impulsionado pela pandemia de Covid-19, que darão ensejo ao surgimento de um novo público em um novo palco, nunca antes experimentados, e, por fim, permitirão a existência de um Coral solido e cada vez mais comprometido com a arte.

Não sabemos como irão ocorrer as apresentações artísticas do Coral Paulistanos após o término da pandemia de Covid 19, mas temos consciência que novos horizontes virão e que este é um momento de transição e aquisição de diferentes maneiras para se construir uma performance coral, priorizando relações musicais igualmente humanas e tecnológicas, na constituição de um novo palco.

Referências

CAVALCANTI, Amanda. Desamparadas, orquestras brasileiras se esforçam para sobreviver à pandemia. **TAB UOL,** 2020. Disponível em: <https://tab.uol.com.br/noticias/redacao/2020/09/02/desamparadas-orquestras-brasileiras-se-esforcam-para-sobreviver-a-pandemia.htm>. Acesso em: 01 set. 2020.

SMALL, Christopher. **Musicking. The meanings of performance and listening.** Middletown: Wesleyan University Press, 1998.

ERDMANN, Alacoque Lorenzini. **Não haverá aplausos para os docentes**, WhatsApp: [Grupo do CEMMG]. 9 de maio de 2020. 18h22min. Mensagem de WhatsApp.

Folhapress. **Com R$ 68 mi a menos, entidades de cultura de SP preveem demissões e cortes. Folha de Pernambuco,** 2020. Disponível em: <https://www.folhape.com.br/noticias/com-r-68-mi-a-menos-entidades-de-cultura-de-sp-preveem-demissoes-e-cor/138824/>. Acesso em: 01 set. 2020.

OLIVEIRA, Joana. Pandemia de Coronavírus: Pandemia gera "cataclisma" na cultura, e artistas passam fome em meio à falta de políticas do Governo. **El País, 2020**. Disponível em: <https://brasil.elpais.com/cultura/2020-05-30/pandemia-gera-cataclisma-na-cultura-e-artistas-passam-fome-em-meio-a-falta-de-politicas-do-governo.html>. Acesso em: 01 set. 2020.

SOUZA, José Cavalcante et al. **Os Pré-Socráticos.** São Paulo: Nova Cultural, 1996.

Análise quantitativa acerca da capacidade funcional cognitiva, sintomas depressivos e qualidade de vida de idosos a partir da prática e aprendizagem musical

Marcelo Caires Luz
Raul Aragão Martins

O texto a seguir relata parte de uma pesquisa de doutorado defendida em junho de 2022 no Programa de Pós-Graduação em Educação da Unesp, Marília, que investigou o quanto a prática e a aprendizagem da música por idosos pode ser considerada como uma intervenção positiva capaz de auxiliar na manutenção da capacidade funcional cognitiva desta faixa etária, prevenir ou amenizar alguns sintomas de depressão mais comuns na velhice e colaborar para o *status quo* da qualidade de vida na terceira idade, a fim de contribuir para uma velhice mais ativa, saudável, autônoma e feliz para quem também atuou na construção de nossa história. É visível que parte considerável da população mundial e nacional está envelhecendo; assim sendo, é importante pensarmos em projetos e programações destinadas para essa parcela longeva da população, fato que valoriza pesquisas dessa natureza na contemporaneidade.

Para a realização desta investigação foi elaborado um estudo descritivo exploratório de caráter quantitativo e longitudinal, organizado na metodologia *quase-experimental* (COZBY, 2003) e (GIL, 2008, p. 54), adaptado à realidade da pandemia de Covid-19, quando a comparação entre as condições de tratamento e não tratamento pode ser feita com grupos não equivalentes ou com os mesmos sujeitos antes do tratamento para avaliação do desempenho cognitivo, sintomas de depressão e qualidade de vida de idosos pré e pós intervenções, relacionado à prática e aprendizagem da música.

Em 2018, nosso desenho de estudo *experimental* (COZBY, 2003) previa três etapas distintas de 16 semanas cada uma, que seriam cumpridas em

18 meses. Além disso, trabalhar-se-ia com um grupo Controle, um grupo de Vivência Musical Orientada (VMO) e um grupo de Educação Musical Contemporânea (EMC); ou seja, um grupo de iniciação a alfabetização da linguagem musical. Porém, após dois anos já no início da geração dos dados, enfrentamos no território nacional (FEV/MAR 2020), a imprevisível realidade imposta pela pandemia mundial do novo Coronavírus. Considerando-se que nosso público-alvo (idosos) foi amplamente apontado como o mais vulnerável da pandemia e classificados como de alto risco às infecções – o que poderia aumentar a taxa de mortalidade desses indivíduos, foi necessário entrarmos em compasso de espera com suspensão imediata das atividades práticas.

Sequencialmente, já no início de 2021 e com a situação pandêmica amenizada, foi readaptada a geração de dados para grupos de Instituições de Longa Permanência de Idosos (ILPIs), uma vez que os seus residentes foram um dos primeiros grupos vacinados pelo Programa Nacional de Imunização (PNI). Porém, ao iniciarmos uma parte dos testes pré intervenção em uma ILPI, percebeu-se que os idosos institucionalizados não tinham condições cognitivas de participar desse estudo, pois já apresentavam grau avançado de demência e a maioria na condição de cadeirante ou com mobilidade motora bem reduzida, o que revelou um distanciamento ímpar entre o perfil dos indivíduos encontrados e o perfil do público-alvo desejado.

Assim, só no segundo semestre de 2021 e com o avanço do PNI em território nacional a toda população, conseguimos operacionalizar as intervenções previstas na segunda quinzena de out/2021, retomando a possibilidade de agruparmos idosos já vacinados que mantiveram os cuidados sanitários básicos, ou seja, distanciamento e utilização de álcool em gel e máscaras.

Sob essas condições o planejamento da pesquisa passou a ter a seguinte sequência, a saber: 1) escolha da instituição ou local para o desenvolvimento do estudo; 2) convite para os possíveis participantes; 3) aplicação da pré-testagem; 4) desenvolvimento de 08 semanas de VMO – Vivência Musical Orientada (sensibilização/musicalização); 5) segunda testagem dos participantes; 6) desenvolvimento de mais 08 semanas de VMO + EMC – Educação Musical Contemporânea (iniciação à alfabetização da linguagem musical); 7) terceira e última testagem dos participantes.

Ações metodológicas adotadas na pesquisa

Ao reiniciarmos os trabalhos, retomamos contato com possíveis instituições que dispusessem de local e indivíduos nas condições básicas para participar como atores nessa investigação e que respondessem aos seguintes critérios: idade mínima de 60 anos, ausência de perda visual ou auditiva eventualmente corrigida, ausência de alterações motoras e paralisia nos membros superiores, inferiores ou a falta deles e, por último, ausência de problemas neurológicos acentuados ou psiquiátricos que pudessem prejudicar a aferição e o desempenho nos instrumentos de geração de dados.

Conseguimos autorização para desenvolver esse estudo na *Fundação Manoel de Barros* (www.fmb.org.br), localizada em Campo Grande, capital do Mato Grosso do Sul, que possuía um grupo de mais de 100 idosos inscritos no projeto "Ativa Idade". Por fim, realizamos um convite aos idosos do projeto pelas redes sociais da Fundação, acompanhada por uma palestra/oficina inaugural que ocorreu no dia 14/10/2021, o que nos garantiu a inscrição de 30 voluntários.

A amostra inicial foi constituída por um grupo de idosos, que possuíam boa autonomia de suas funções sociais, motoras, sensoriais e cognitivas – mesmo que apresentassem alguma dificuldade leve e ou corrigida instalada, em detrimento ao processo natural e subjetivo da velhice.

Priorizou-se ainda, participantes com grau de demência cognitiva máximo de nível 1 – de modo geral, boas instituições possuem isso mensurado nos seus participantes por possuírem uma equipe multidisciplinar própria ou de colaboradores externos, formada por assistente social, psicólogo, fisioterapeuta, enfermeiro e demais colaboradores.

A escolha dos participantes com grau de disfunção da capacidade funcional cognitiva no nível 1 foi feita em atendimento ao foco deste estudo que buscou discutir, prioritariamente, questões de **prevenção**, **estabilização** ou até a **reversão** dos níveis iniciais de demência da capacidade funcional cognitiva natural da velhice, além de aferir se os indivíduos apresentavam ou não algum nível de estado depressivo (médio ou severo), além de conhecer o *status quo* da qualidade de vida do grupo focal.

O quadro a seguir apresenta a organização das variáveis utilizadas no tratamento e análise dos dados no item *resultados e discussões*.

Quadro 1 - Variáveis utilizadas para comparações com os instrumentos utilizados no estudo.

Nome da variável	Níveis	Característica
Idade	Idoso	Pessoas entre 60 e 74 anos de idade
	Anciãos	Pessoas entre 75 e 90 anos de idade
Situação conjugal	Acompanhada	Pessoas casadas
	Sozinha	Pessoas separadas, viúvas ou solteiras
Ter curso superior	Sim	Pessoas com curso superior completo
	Não	Pessoas sem curso superior completo

Fonte: dados da pesquisa.

Foram empregados nesta análise, alguns testes neuropsicológicos utilizados em diferentes estudos envolvendo idosos na área da Saúde, seja na investigação da existência de processos demenciais, sintomas depressivos – leves, moderados ou severos, e ainda para conhecer alguns aspectos do *status quo* da qualidade de vida dos participantes.

Após uma pré-seleção e na busca de se obter maior clareza entre alguns instrumentos de testagem disponíveis para a investigação dos objetivos dessa pesquisa, montou-se um *Estudo Comparativo dos Instrumentos*, com o objetivo de se compreender quais seriam suas especificidades e os principais aspectos técnicos a serem dimensionados em cada um deles. Essa organização sistemática serviu para evitar que elementos conflitantes entre determinados parâmetros pudessem estar presentes em dois testes ou mais, o que romperia com uma mensuração classificatória mais acurada de cada caso.

Conforme indicação de BERTOLUCCI *et al.* (1994), CARAMELLI; NITRINI (2000), BRUCKI *et al.* (2003), considerou-se oportuno avaliar o grau de instrução do indivíduo no tratamento e na análise dos dados, especificamente no instrumento *MEEM – Mini Exame de Estado Mental* – descrito mais adiante – Assim, foi aplicado um *questionário objetivo de características socioeconômicas,* a fim de se levantar as seguintes informações: nome, idade, situação conjugal, aposentadoria, nível de renda mensal e o grau de instrução dos participantes. Na sequência apresentamos os três testes escolhidos que compuseram o desenho desse estudo.

Instrumentos de testagem

O primeiro instrumento de testagem visou constatar a saúde cognitiva dos indivíduos, a fim de se monitorar desvios razoáveis nos parâmetros verificados pelo ***Mini Exame de Estado Mental – MEEM*** (FOLSTEIN *et al.*, 1975)[1], além de mensurar se houve ou não alterações ao longo do período de desenvolvimento das atividades.

Próximo a completar 40 anos de existência e com mais de 20 anos de adaptação para o contexto brasileiro, o MEEM permanece sendo o instrumento de rastreio do *status* cognitivo mais utilizado (MELO; BARBOSA, 2015, p. 3866/3874). Esses autores mencionam que a ampla aceitação do instrumento pelas comunidades científica e clínica se deve à sua praticidade e à amplitude da avaliação que realiza e pelo fato de estar traduzido e autorizado para mais de 35 países.

Aplicado nos três diferentes momentos de testagem estruturados nessa pesquisa, o MEEM é composto por diversas questões agrupadas em sete categorias, cada uma delas tem por objetivo avaliar *déficits* das funções cognitivas específicas: orientação para o tempo (5 pontos), orientação espacial (5 pontos), registro de três palavras (3 pontos), atenção e cálculo (5 pontos), lembrança das três palavras anteriormente mencionadas (3 pontos), linguagem (8 pontos) e capacidade construtiva visual (1 ponto).

O MEEM pode ser aplicado por clínico, profissionais de outras áreas ou pessoa leiga após um rápido treinamento e demanda em torno de 5-10 minutos para ser completado (CHAVES, 1992). Melo e Barbosa (2015, p. 3866) declaram que este teste é considerado um "teste de cabeceira" para psiquiatras, neurologistas, geriatras e psicólogos do envelhecimento. Sua publicação original é o trabalho mais citado em revistas neurocientíficas e, provavelmente, um dos instrumentos mais utilizados, seja individualmente ou como parte integrante de avaliações neuropsicológicas pelas ciências da saúde.

1 Último acesso em 03.07.2022. Disponível em http://www.eerp.usp.br/ebooks/MiniExamedoEstado%20Mentalebook%20dezembo%5B1%5D.pdf

O escore[2] do MEEM pode variar de 0 a 30 pontos (escala padrão) e é influenciado pelos diferentes níveis de escolaridade do indivíduo – questão essa também em evidência no "Manual de aplicação do MEEM" no site da Escola de Enfermagem de Ribeirão Preto (EERP-USP), que traz as seguintes recomendações:

> Devido à conhecida influência do nível de escolaridade sobre os escores totais do *MEEM*, autores como Bertolucci *et al.* (1994), Caramelli e Nitrini (2000), Brucki *et al.* (2003) adotam notas de corte diferentes para pessoas com distintos graus de instrução. Assim, sugere-se a nota de corte proposta por Brucki *et al.* (2003), ou seja, 20 pontos para analfabetos; 25 pontos para pessoas com escolaridade de 1 a 4 anos; 26,5 para escolaridade de 5 a 8 anos; 28 para os com escolaridade de 9 a 11 anos e 29 para mais de 11 anos de escolaridade, considerando a recomendação de utilização dos escores de cortes mais elevados (NITRINI *et al.*, 2005). [...] O impacto da escolaridade, verificado por estudos recentes, mostrou que para analfabetos a nota de corte padrão é de 13 pontos, para indivíduos com baixa/média escolaridade, 18 pontos e para os de alta escolaridade, 26 pontos. No trabalho original a nota de corte padrão é de 24 pontos.

Melo e Barbosa (2015, p. 3872) também afirmam que níveis educacionais, presença ou ausência de escolarização, anos estudados e intervalos de anos têm sido adotados no que se refere ao uso da escolaridade para estabelecer pontos de corte para o MEEM.

Com a adoção do MEEM na pesquisa, buscou-se uma análise comparativa à pré testagem no sentido de observar nos participantes testados, possíveis alterações dos parâmetros nos seguintes itens estruturais do teste, a saber:

1. *Orientação Temporal e Espacial* para avaliar: a) memória recente b) atenção e c) orientação têmporo-espacial; 2. *Memória* para avaliar: atenção e memória imediata – a de curto prazo (ou primária); 3. *Atenção e Cálculo* para avaliar: capacidade de cálculo, atenção, memória imediata e operacional – pré-requisito necessário para a realização de cálculos matemáticos; 4. *Retenção de Dados (evocação)* para avaliar: memória recente (secundária) que pode durar de minutos a semanas ou meses; 5. *Linguagem* para avaliar: a) a fala espontânea; b) a compreensão oral; c) a repetição (avaliando-se a discriminação auditiva, a memória imediata e a atenção); d) a nomeação (verifica-se

2 Pontuação possível de se atingir no teste, por partes ou total.

a capacidade de nomeação, compreensão e entendimento do participante – considera-se ainda casos de afasia nominal[3] ou agnosia visual[4]); e) a leitura e a escrita (avaliando-se a capacidade de leitura, a compreensão e a memória; 6. *Comando Verbal* para avaliar: compreensão oral – deve-se excluir aqui casos de hipoacusia[5]; e 7. *Cópia do Desenho* (de dois pentágonos intersectados) para avaliar: a) orientação visuo-espacial; b) programação motora; e c) praxia construtiva[6]. É importante registar que o participante só é pontuado se conseguir desenhar os 10 ângulos e a intersecção de um dos ângulos entre as duas figuras abaixo relatadas

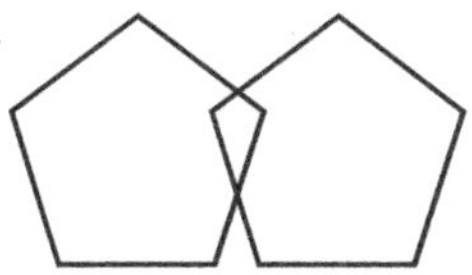

Na sequência, como segundo teste, aplicou-se em cada indivíduo a versão reduzida[7] da ***Escala de Depressão Geriátrica (GDS-15)*** (YESAVAGE, 1983)[8], por ser simples e mostrar boa correlação com a identificação de depressão em idosos e com perguntas que evitam a esfera das queixas somáticas. Além disso, como aponta Paradela *et al.* (2005, p. 921) essa escala pode ser

3 Quando o indivíduo apresenta falhas da evocação de palavras previamente conhecidas, não conseguindo expressar as palavras que desejam dizer.

4 Trata-se da incapacidade de reconhecer objetos visuais, ocasionada por problemas no lobo temporal – região cerebral.

5 Refere-se à diminuição da audição quando o indivíduo começa a escutar menos do que o habitual, sendo necessário que o interlocutor aumente o volume da sua fala.

6 "As praxias construtivas (PC) se referem à capacidade em integrar partes representativas de um determinado símbolo/objeto para avaliar suas habilidades motoras, viso espaciais e visuoconstrutivas (Hubbard *et al.*, 2008; Santana, Duro, Freitas, Alves, & Simões, 2013)". Holz *et al. A influência da Idade e da escolaridade nas praxias construtivas do teste NEUPSILIN. In* PEPSIC – Aval. psicol. vol.17 no.1 Itatiba jan./mar. 2018.

7 A escala original compõe-se de 30 itens, já a reduzida, 15 itens (GDS-15). Trata-se de uma versão curta da escala original; foi elaborada por Sheikh & Yesavage15 (1986) a partir dos itens que mais fortemente se correlacionavam com o diagnóstico de depressão. *In* PARADELA *et al.*, (2005, p. 919).

8 Disponível em http://www.cefid.udesc.br/arquivos/id_submenu/1173/gds.pdf último acesso em 03.07.2022.

de grande utilidade no rastreamento de indivíduos idosos, suspeitos desses transtornos em ambientes não especializados.

Este instrumento vem sendo amplamente aplicado em idosos, tendo o primeiro registro de confiabilidade da versão brasileira, teste-reteste, realizado por Almeida e Almeida (1999, p. 425/426). Segundo esses autores, a Escala de Depressão em Geriatria (GDS) tem sido empregada amplamente em diversos países, com índices de confiabilidade e validade considerados adequados. Durante os últimos anos a versão original da GDS com 30 itens vem cedendo espaço para as versões reduzidas com 15, 10 e 4 itens. A consistência interna e validade dessas versões já foi analisada por diversos estudos, todos indicando que a GDS-15 e GDS-10 (e em menor grau a GDS-4) apresentam boa performance na detecção de casos de depressão em idosos. Na p. 422 desta publicação, esses autores demonstraram que as versões brasileiras da GDS-15 e GDS-10 oferecem medidas válidas para o diagnóstico de episódio depressivo maior de acordo com os critérios da CID-10 e DSM-IV e confirmam que as diferentes versões da GDS são um dos instrumentos mais frequentemente utilizados para a detecção de depressão no idoso. Diversos estudos já demonstraram que a GDS oferece medidas válidas e confiáveis para a avaliação de transtornos depressivos e o escore total da GDS-15 e GDS 10 é um indicador relativamente estável do humor do entrevistado, podendo ser utilizado clinicamente para a detecção de casos de depressão no idoso e monitoramento da gravidade dos sintomas ao longo do tempo.

O objetivo principal na utilização deste instrumento foi verificar a existência de um quadro depressivo nos avaliados, pré e pós-intervenções, além de avaliar se houve ou não alterações da realidade inicialmente constatada como uma possível reversão de casos positivos, se encontrados. É importante registrar que a GDS-15 não substitui uma entrevista diagnóstica realizada por profissionais específicos, mas se revela útil enquanto ferramenta de avaliação rápida para se identificar diferentes estados de depressão em idosos, leves ou acentuados, revelados a partir dos escores, a saber: de 0 a 5 estado normal (sem depressão); de 06 a 10, suspeita-se de leve depressão; de 11 a 15, indicando um estado de depressão severa que pode ser encaminhado à atenção multiprofissional.

Desse modo, como aponta Moraes (2001) – professor titular do Departamento de Clínica Médica da UFMG – dada a relevância da problemática, decidiu-se, utilizar esse instrumento, em que a presença de seis ou mais respostas positivas sinaliza o estado de depressão em diferentes níveis, fato que poderá ser investigado e aprofundado por especialistas.

A fim de acurar os resultados esperados, utilizou-se a *Escala de Depressão Geriátrica* (*GDS-15*), versão reduzida auto administrável, amplamente utilizada e validada como instrumento diagnóstico de depressão em pacientes idosos (FERRARI; DALACORTE, 2007, p. 5), com a versão brasileira validada pelo estudo de Almeida e Almeida (1999) e posteriormente pelo estudo de Paradela *et al.* (2005), buscando identificar nos indivíduos a presença de sintomas de depressão. Além de servir como um dos parâmetros analisados, os resultados positivos aferidos, de nível leve ou acentuado, foram comunicados à equipe multidisciplinar da *Fundação Manoel de Barros* que organizava o grupo, para devidos encaminhamentos dos participantes para orientação/intervenção profissional.

Sabendo-se do interesse científico e social a respeito da Qualidade de Vida (QV) de idosos em diferentes faixas etárias, o terceiro teste empregado buscou averiguar se os indivíduos apresentavam alterações ao longo do período das intervenções musicais ao relacioná-las à pré intervenção. Para tanto, realizou-se captação, tratamento e análise dos parâmetros contidos no instrumento ***WHOQOL – OLD*** – versão adaptada do WHOQOL[9]-100[10] – um instrumento transcultural de pesquisa, bastante utilizado em pacientes e considerado uma ferramenta válida em perfis populacionais de diferentes contextos, inclusive brasileiros como aponta NEVES *et al.* (2011).

Santos (2015) relata que o *WHOQOL – OLD* é uma versão validada para idosos. Sua aferição está proposta no estudo de Pedroso *et. al.* (2010, p. 214-219) que fornece inclusive, planilhas para Windows® Excel® com resultados compatíveis ao *software* estatístico *SPSS – Statistical Package of Social Sciences*, indicado para apuração e análise desse instrumento. Santos (2015, p.

9 *World Health Organization Quality of Life Group* (WHOQOL GROUP).

10 Originalmente elaborado pela Organização Mundial da Saúde com 100 questões e posteriormente reduzido sob critério psicométrico e conceitual, para o instrumento *WHOQOL-Bref*, com 26 questões, e que optamos por não associar à investigação vigente para não estender demais o tempo de aplicação do teste foco. Afinal, Santos (2015, p. 32) sugere que profissionais de diversas áreas possam aproveitar os subsídios do seu estudo para "optar por um deles em uma avaliação com idosos".

30) traz também um recorte do desenvolvimento dessa ferramenta ao relatar que o grupo de especialistas em QV da OMS desenvolveu um questionário de QV direcionado a idosos, tendo em vista que existem especificidades conforme cada faixa etária e considerando a magnitude do fenômeno envelhecimento, aliada à escassez de instrumentos para avaliar tal questão (FLECK; CHACHAMOVICH; TRENTINI, 2006). Dezoito países, dentre os quais o Brasil, elaboraram o WHOQOL-OLD por meio da revisão do WHOQOL.

Reconhecido internacionalmente e com uma quantidade significativa de estudos já desenvolvidos com esse instrumento, o módulo *WHOQOL -OLD* consiste em 24 perguntas autoadministráveis, com respostas estruturadas em uma escala tipo *Likert*[11] – que permite indicar uma das alternativas representadas por números de 1 a 5 – atribuídos a seis facetas, a saber: 1. "Funcionamento do Sensório" (FS), 2. "Autonomia" (AUT), 3. "Atividades Passadas, Presentes e Futuras" (PPF), 4. "Participação Social" (PSO), 5. "Morte e Morrer" (MEM) e 6. "Intimidade" (INT). Tratando-se da aferição do teste, de forma geral, escores baixos representam uma baixa qualidade de vida e escores altos revelam uma alta qualidade de vida do indivíduo.

Descritivamente, a faceta "Funcionamento do Sensório" avalia o funcionamento sensorial e o impacto da perda das habilidades sensoriais na vida do pesquisado. A faceta "Autonomia" refere-se à independência na velhice e, portanto, descreve até que ponto o indivíduo é capaz de viver de forma autônoma e tomar suas próprias decisões. A faceta "Atividades Passadas, Presentes e Futuras" descreve a satisfação do indivíduo sobre conquistas na vida e coisas a que se anseia. A faceta "Participação Social" delineia a participação do pesquisado em atividades do quotidiano, especialmente na(s) comunidade(s) em que frequenta. A faceta "Morte e Morrer" relaciona-se a preocupações, inquietações e temores sobre a morte e o morrer. Por fim, a faceta "Intimidade" avalia a capacidade de se ter relações pessoais e íntimas nessa etapa da vida.

Santos (2015, p. 31) traz um interessante apanhado sobre a validação desse teste em idosos brasileiros, ao resumir que:

---

11 O Americano **Rensis Likert** (1903-1981) – professor de Sociologia, Psicologia e Diretor do Instituto de Pesquisas Sociais de *Michigan* – é o criador dessa escala que permitiu de forma confiável medir opiniões, percepções e comportamentos, o que ampliou a tradicional forma binária que contém apenas duas opções de respostas.

> O teste de campo brasileiro do WHOQOL-OLD foi aplicado em uma amostra de 424 idosos de Porto Alegre/RS, em 2005. O instrumento mostrou características satisfatórias de consistência interna (Coeficientes de Cronbach de 0,71 a 0,88), validade discriminante (p<0,01), validade concorrente (Coeficientes de correlação entre -0,61 e -0,50) e fidedignidade teste-reteste (Coeficientes de correlação entre 0,58 a 0,82). Assim, o WHOQOL-OLD foi considerado válido para avaliação da QV de idosos brasileiros (FLECK; CHACHA-MOVICH; TRENTINI, 2006). A partir do desenvolvimento deste instrumento, observa-se sua utilização em diferentes pesquisas com idosos do Brasil (FALLER *et al.*, 2010; VALADARES *et al.*, 2011; VITORINO; PASKULIN; VIANNA, 2012; ALVES; BASSIT, 2013; SANTOS *et al.*, 2013; SANTOS *et al.*, 2014).

Esta autora termina o estudo pontuando que a principal vantagem de utilização do WHOQOL-OLD está no fato de ser especificamente validado para idosos, considerando, dessa forma, as particularidades da terceira idade. No mesmo sentido, tratando dos resultados constatados desse teste, Fleck *et al.* (2000) conclui que o instrumento demonstrou características satisfatórias de consistência interna, validade discriminante, validade concorrente e fidedignidade teste-reteste. A validade de critério apresentou achados que necessitam complementação de futuras investigações. O módulo WHOQOL -OLD representa uma alternativa útil e com bom desempenho psicométrico na investigação de qualidade de vida em idosos. Essas considerações nos motivaram a incluí-lo no desenho desse estudo.

Conforme relatado por Azambuja (2007), entende-se que os testes neuropsicológicos facilitam a identificação precoce dos distúrbios cognitivos, sua quantificação, seu seguimento evolutivo ou sua resposta às medidas de intervenção e ou terapêuticas. De forma indireta, ao indicarem transtornos ou distúrbios na testagem do indivíduo, eles têm colaborado para um diagnóstico, o que permite, de maneira precoce, intervenções funcionais a fim de se evitar o avanço clínico que pode levar até a uma maior incapacidade, ao aumento no número de hospitalizações e da mortalidade.

Do mesmo modo, como afirma Ferrari e Dalacorte (2007, p. 4), o suicídio, a complicação mais temida da doença, é de maior risco nesta população [idosa], 7% para os homens e 1% para as mulheres.

O levantamento dos dados sociodemográficos e os três instrumentos de testagem foram aplicados pré-intervenções e repetidos após 8 semanas e novamente ao término do período proposto no desenho desse estudo – após 16 semanas de atividades. Vale ressaltar que as hipóteses do estudo foram testadas e os dados analisados e aferidos por estatística inferencial. Foram considerados significantes os resultados com *p-value* igual ou inferior a 0,05.

No próximo item apresentamos, de forma sintética, o trabalho desenvolvido com os idosos de sensibilização musical (musicalização) e de iniciação à alfabetização da linguagem musical. Cabe ressaltar que não se pretende aqui apresentar um manual de aplicação de educação musical contemporânea, mas, sim, apenas ilustrar algumas diretrizes metodológicas e princípios pedagógicos do trabalho realizado com os idosos.

Sobre as intervenções musicais – caracterização e *modus operandi*

Dada a relevância do tema e a vasta recomendação da literatura, é importante registrar que, desde o primeiro capítulo da tese[12] – base desse capítulo – os dados e etapas de *referencial teórico*, *conteúdo da intervenção*, *método*, *materiais*, *estratégias*, *esquema e executor da intervenção*, *cenário* e *público-alvo* descritos, basearam-se também no ***checklist*** de Robb, Carpenter e Burns (2011), a fim de se apontar *diretrizes metodológicas para projetos de pesquisa* que envolvam a interrelação entre educação, música e saúde.

Do mesmo modo, ao explicitar na tese as intervenções de práticas e aprendizagem musical orientadas, questão essencial à geração de dados no desenho desse estudo, foram organizadas duas etapas metodológicas divididas em 8 semanas cada uma: a primeira de sensibilização musical (musicalização) e a segunda de iniciação à alfabetização da linguagem musical (educação musical contemporânea), fato que contribuiu para as reflexões e subsídios pontuais e estruturais necessários à pesquisa, além da formulação e execução de propostas mais assertivas com essa demanda, sinalizando ao ministrante/pesquisador interessado na área que, para planejar ações com diversidade pe-

12 Para mais detalhes, convidamos o leitor à leitura da Tese de Doutorado disponível no sítio do Programa de Pós-graduação em Educação da Unesp, Marília, cujo título é *Avaliação do Desempenho Cognitivo, Sintomas Depressivos e Qualidade de Vida de idosos a partir da prática e da aprendizagem musical.*

dagógica, ele pode contar com diversos materiais autorais e metodológicos de notável qualidade já disponíveis no mercado atual.

Convém explicitar portanto que as intervenções musicais com idosos nesta pesquisa totalizaram 16 semanas e ainda esclarecer que as duas etapas foram intencionalmente separadas por se tratar de uma questão protocolar de princípios metodológicos consistentes da educação musical contemporânea, que orienta pela não inversão dessas etapas, tendo em vista que na sensibilização, os processos são prático-vivenciais, emocionais, mais inconscientes – uma imersão focada na experiência, na criatividade e na estesia musical, o que não exige do sensibilizado, raciocínios teóricos, simbólicos, complexos e de expressão musical aprimorada, necessários à compreensão e a prática interpretativa da linguagem musical na sua totalidade.

A fim de transcender as experiências de sensibilização musical, foram propostos exercícios propulsores da improvisação, da criatividade, da experimentação, da expressão musical, entre outros. Além disso, escolheu-se um repertório que resgatasse ao máximo o conhecimento musical prévio dos idosos, o que auxiliou na capacidade de se entregar de cada participante, tanto pela identificação/gosto individual com muitas das músicas utilizadas, como pela representação poética, estética, histórica e cultural que cada obra musical traz (LUZ, 2008). Para tanto, o repertório compôs-se por obras diversas, tanto eruditas e populares como folclóricas[13] e religiosas, com a finalidade de estimular as práticas musicais e garantir a adesão do grupo ao trabalho.

Além disso, relevantes elementos estruturaram as atividades, uma vez que a atividade musical proporciona, simultaneamente, desenvolvimento interdisciplinar de capacidades e habilidades, tais como: trabalho em equipe; expressividade artística; criatividade; experimentação; improvisação; atenção; concentração; disciplina; coordenação (motricidade); sensorialidade; ouvir e escutar; cantar; tocar; ver e enxergar; selecionar, codificar, classificar, decodificar e raciocinar; memorizar; análise quantitativa e qualitativa sonora e apreciação musical diversa (filosófica, histórica, poética e estética).

---

13 Afinal, "nenhum país do mundo despreza tanto o seu folclore quanto o Brasil. Vemos nisso uma necessidade organizada pelos objetivos colonialísticos, que nos mantêm descaracterizados culturalmente, no preparo de consumidores do mercado mundial, proibidos de visão crítica. Cabe à Educação [de forma geral em suas ações] reverter essa condição, sendo um agente de modificação do *status quo*, devolvendo o Brasil aos brasileiros" (SUZIGAN, 1986, p. 2).

As atividades de sensibilização e alfabetização inicial da linguagem musical consistiram na vivência musical apoiada no legado rítmico-melódico metodológico de *Edgar WILLEMS*[14], em práticas musicais que envolveram *música, corpo e movimento* que estruturam o sistema de *Émile Jaques-DALCROZE*[15] – "atividades de integração de linguagens artísticas, o ensino baseado no ritmo, no movimento e na improvisação" (FONTERRADA, 2005, p. 145), e com a rítmica, a percussão e o canto apoiados no legado metodológico do alemão, *Carl ORFF*, além de experiências de criação, crítica, estesia, reflexões e questionamentos trazidos de outros autores/educadores contemporâneos, como *Koellreutter* (1915-2015), *Gainza* (1929), *Schafer* (1933-2021), *Wisnick* (1948) etc.

Além disso, nas intervenções utilizou-se exercícios de atenção e escuta seletiva com diversas danças[16] circulares – muito apreciados pelos participantes e sempre com esclarecimentos técnicos essenciais à compreensão dos indivíduos para que valorizassem a vivência, compreendessem os desafios das propostas e comemorassem as conquistas alcançadas após cada uma das práticas. Afinal, como dito por Azambuja (1995, p.104) "(...) os idosos necessitam, além da prática, de esclarecimentos técnicos e teóricos sobre os processos que estão desenvolvendo, inclusive os interiores, com comentários ocasionais ou introdutórios às propostas".

Anteriormente defendi essa ideia na publicação (LUZ, 2008) ao expor que os esclarecimentos técnicos, colocados estrategicamente antes, durante ou ao final das atividades práticas sobre os objetivos pretendidos com cada dinâmica, assim como reflexões sobre a qualidade e o referencial musical in-

---

14 "Em sua proposta, Willems dedica-se a dois aspectos: o teórico, que engloba os elementos fundamentais da audição e da natureza humana e a correlação entre som e natureza humana, e o prático, em que organiza o material didático necessário à aplicação de suas ideias à educação musical" (FONTERRADA, 2005, p. 125).

15 "O sistema Dalcroze estimula a imersão dos participantes nos aspectos estruturais e dramáticos da obra musical, valorizando, a um só tempo, a compreensão de seus elementos constituintes e de seus aspectos expressivos" (*idem*, p. 118).

16 As atividades com dança, ludicamente, "(...) promoveram uma vivência baseada em uma escuta sinestésica, sensível, ou seja, uma escuta ativa, uma "esponja sensorial" que estimula e "convida" o corpo a participar com movimentos espontâneos e, num segundo momento, pré-determinados". Com idosos, "(...) dançar também funcionou como instrumento de fixação da sensibilização ao ritmo e ao som (...)" (LUZ, 2008, p. 106).

dividual e coletivo, ou ainda, a análise dos resultados alcançados, facilitam a realização dos exercícios e promovem no grupo uma sensação de trabalho em equipe; ou seja, uma equipe que buscasse fazer música com legitimidade, que a partir do seu desenvolvimento, produzisse resultados cada vez mais musicais e com uma identidade sonora autêntica, de grupo e individual, conquistada ao longo do trabalho, não deixando de lado o fato observado da ampliação do referencial musical dos idosos participantes dessa pesquisa.

Salientamos que as atividades de sensibilização ao longo das primeiras 8 semanas foram práticas e não focaram, de forma alguma, a conscientização dos aspectos ou elementos da linguagem musical vivenciados, apesar destes estarem garantidos pedagogicamente pelo pesquisador que os organizou em ordem crescente de dificuldades[17], sem saltos pedagógicos/metodológicos e em respeito aos "protocolos" de sensibilização musical estudados e utilizados.

Por fim, não poderíamos nos esquecer que, organizar um grupo de idosos para viver experiências com a sensibilização e a aprendizagem musical coletiva, trabalha a manutenção da socialização com foco nos aspectos psicossociais, além do trabalho intergeracional de *coeducação entre gerações* (FERRIGNO, 2003), evidentemente presente no relacionamento professor/aluno/idoso e eventualmente na convivência estabelecida com outras faixas etárias (amigos, netos, filhos, cuidadores etc.) que podem ser convidadas a participar de experiências/encontros pontuais ao longo do processo.

Sobre a iniciação à alfabetização da linguagem musical

Conforme expõe Gainza (1988, p. 33/34): "o aprendizado musical seria a síntese ou produto das condutas receptivo-expressivas que envolvem o processo de musicalização. [...] A aprendizagem se concretiza com a aquisição – consciente ou não – de uma série de capacidades ou destrezas no campo sensorial, motor, afetivo e mental".

Nesta fase da pesquisa, que correspondeu da 9ª à 16ª semana, os participantes foram submetidos a práticas e exercícios de iniciação à alfabetização da linguagem sonora de fato, ou seja, situação que oportunizou aos idosos uma experiência inicial, porém, intensa com a música, além da compreensão de

---

17 Houve o "desenvolvimento" sem conscientização dos elementos vivenciados.

elementos da Acústica, na construção e aprendizagem de um instrumento de percussão não industrializado (ganzás de diferentes timbres, confeccionados com reaproveitamento de latinhas de alumínio e diferentes grãos de alimentos), além da "alfabetização" de elementos específicos da linguagem sonora – figuras rítmicas e elementos básicos da notação melódica.

Conforme relatado em publicação anterior, o trabalho de alfabetização dos elementos que constituem a linguagem sonora é árduo, abrangente e inclui a aprendizagem de diversos elementos gráficos, o que exige, entre outras questões, um raciocínio lógico matemático e diferentes padrões de cognição (LUZ, 2008). Com isso, na fase de iniciação à música tem-se a passagem da vivência musical orientada para elementos do código simbólico musical de fato, o que causou alegria aos participantes ao compreenderem que a *música está para todos* e que *se pode aprender música a qualquer tempo* e não somente na infância, como muitos ainda acreditam e assim o defendem.

Desse modo, aproveitamos aqui para trazer importantes reflexões críticas! *O que e quanto é tocar ou cantar bem? Qual seria o valor absoluto da compreensão, da criação, da crítica, da estesia, da expressão ou da fruição de uma obra musical para que um aluno aspirante da arte sonora pudesse ser reconhecido por suas competências e habilidades interpretativas?*

Às vezes temos a impressão de que alguns orientadores ainda pretendem estabelecer critérios quantitativos para a subjetividade qualitativa que o processo autoral, vivencial e educacional da Arte exige, o que rompe com uma visão mais ampla da possibilidade da prática e da aprendizagem artística na velhice.

Certamente, quando tratamos da prática e aprendizagem musical na terceira idade[18], para se compreender o quanto fazer música com elementos rítmicos elementares ou com poucas notas (ajustadas em uma harmonia de bom gosto) tem um valor ímpar, é necessário rever conceitos avaliativos, o que, ao mesmo tempo, coloca o educador musical contemporâneo em um estado vigilante permanente, a fim de não projetar no seu aluno idoso, o seu

18 É impossível estabelecer uma comparação entre um idoso aprendiz que iniciou sua aprendizagem musical na terceira idade, com uma criança, jovem ou adulto que por anos caminhou em contato com a aprendizagem/prática musical de alguma forma ou ainda sob uma perspectiva profissional.

próprio *status quo* de crítica, estesia, criação, expressão e fruição da arte musical e, com isso, correr o risco de traçar modelos/objetivos densos e inatingíveis de se fazer música.

A etapa de iniciação à alfabetização da linguagem musical é um momento delicado, quando o idoso, depois de ter vivenciado os elementos essenciais na etapa da sensibilização/musicalização, deve apreender em seu interior, a consciência e o raciocínio estruturais da linguagem sonora. Nestes momentos, pretende-se oportunizar experiências em que os participantes transformem o viver e o sentir, no pensar, no classificar e na percepção e compreensão musical na sua totalidade histórica, cultural, poética, estética e simbólica. Além disso, tornam-se essenciais os exercícios que contemplem a leitura musical iniciante para a aprendizagem do solfejo, que explore as diferentes identidades sonoras de cada nota no discurso musical (cantado e sempre musical) e a prática instrumental elementar (pequena percussão, flauta doce etc).

Análise dos dados

O tratamento e análise dos testes aplicados geraram dados quantitativos detalhados no subitem *Resultados e Discussões* – que foram analisados com estatísticas paramétricas (análise de variância com medidas repetidas) e descritivas (frequências absolutas e relativas) (FIELD, 2020), considerando o nível de significância de 0,05; para tanto, utilizou-se o *software SPSS – Statistical Package of Social Sciences*, versão 16.

Resultados e discussões

Nesse item, traremos de forma isolada os resultados e discussões dos testes aplicados pré e pós-intervenções de 8 e 16 semanas, respectivamente ao trabalho realizado de sensibilização e iniciação à linguagem musical com idosos, a fim de respondermos aos objetivos e hipóteses apontados na pesquisa.

A seguir apresentam-se as características dos participantes levantadas a partir do questionário socioeconômico aplicado antes das intervenções; na sequência, os resultados e discussões de cada um dos três instrumentos de geração de dados utilizados: do (MEEM) Mini Exame de Estado Mental (FOLSTEIN *et al.*, 1975), da Escala de Depressão Geriátrica – GDS (YESAVAGE, 1983) e do WHOQOL-OLD (WHOQOL GROUP).

Características dos participantes

Participaram deste estudo 30 pessoas (Tabela 1), com média de idade de 70,4 anos e predominância de mulheres (27 participantes), formando dois grupos, a saber: o primeiro grupo, o de idosos, que compreende indivíduos com idade entre 60 e 74 anos, totalizou 21 pessoas e, o segundo, de anciãos, composto por nove participantes com idades entre 75 e 90 anos.

Tabela 1 - Frequência absoluta e relativa dos participantes por idade

Idade	f	%
60	2	6,7
61	1	3,3
63	2	6,7
64	1	3,3
65	2	6,7
66	1	3,3
67	2	6,7
68	2	6,7
69	2	6,7
70	2	6,7
74	4	13,3
75	1	3,3
76	1	3,3
77	1	3,3
78	3	10,0
79	1	3,3
80	1	3,3
82	1	3,3
Total	**30**	**100,0**

Fonte: dados da pesquisa.

A predominância feminina, de forma geral, confirma algumas estatísticas populacionais e reflexões de diferentes autores e contextos e, portanto, revelam dois aspectos fundamentais: o primeiro, que as mulheres se permitem mais, ou seja, buscam com mais frequência diversificar suas rotinas, participando de atividades diversas no seu dia a dia. O segundo, que o óbito ainda acomete mais o público masculino que, culturalmente, apresenta mais resistência às novidades, se censura mais e cuida menos da saúde, o que o bloqueia na experimentação de novos formatos de aprendizagens e experiências; realidade essa que, em um movimento biopsicossocial contrário, atualmente vem transformando as gerações anteriores e refletirá nas futuras gerações de idosos que ressignificarão o modelo "padrão" atual de velhice (NÉRI, 2004; FERRIGNO, 2006; LUZ, 2008; MAUÉS *et al.*, 2010; IBGE, 2018; PÉRISSE; MARLI, 2019).

O estado civil de *separada* ou *viúva* foi observado como predominante, a maior parte delas vive sozinha (Tabela 2). As pessoas casadas representam somente 23,3% do grupo, sendo a maior parte de aposentadas (80%) e apenas sete delas autodeclararam-se pensionistas.

Tabela 2 - Frequência absoluta e relativa do estado civil dos participantes da pesquisa.

	f	%
Solteiro	4	13,3
Casado	7	23,3
Separado	9	30,0
Viúvo(a)	10	33,3
Total	**30**	**100,0**

Fonte: dados da pesquisa

O grupo como um todo revelou um bom nível de instrução (Tabela 3), com 43,3% dos participantes apresentando nível superior completo em cursos de diferentes áreas de concentração (Tabela 4). Registra-se, também, que três deles têm curso superior incompleto; três possuem mais de um curso de graduação; sete possuem pós-graduações *Latu sensu* (Especializações) e um, mestrado acadêmico, na área de Educação. No entanto, entende-se que os dados sobre o grau de instrução encontrados não é uma realidade comum dessa demanda, ao se considerar contextos de diferentes grupos sociais de idosos e suas variáveis, tais como: nível socioeconômico, domicílio, cidades, estados e diferentes regiões do Brasil.

Tabela 3 - Frequência absoluta e relativa dos anos de estudo dos participantes da pesquisa

	f	%
Entre 1 e 4 anos	1	3,3
Entre 5 e 8 anos	5	16,7
Entre 9 e 11 anos	7	23,3
> 11 anos	4	13,3
Superior completo	13	43,3
Total	**30**	**100,0**

Fonte: dados da pesquisa

Tabela 4 - Frequência absoluta e relativa dos cursos realizados pelas pessoas com nível superior.

	f	%
Arquitetura e Urbanismo	1	3,3
Artes Plásticas	1	3,3
Ciências Contábeis	1	3,3
Direito	1	3,3
Direito e História	1	3,3
Educação e Segurança para o trânsito.	1	3,3
Fisioterapia, Geografia e Biblioteconomia	1	3,3
Letras	1	3,3
Odontologia	3	10,0
Pedagogia	1	3,3
Serviço Social	1	3,3

Fonte: dados da pesquisa

Características dos participantes nas etapas 2 e 3 das intervenções

Como era esperado, para um estudo longitudinal houve a perda de participantes da pesquisa nas etapas 2 e 3, que resultou em 26 pessoas na etapa 2 e, 22, na etapa 3. Os dados revelam mais perdas entre os *anciãos*, que passaram de nove para cinco participantes. Já na situação conjugal *sozinho*, passaram de 23 para 15 participantes e, na categoria *não ter curso superior*, passaram de 17 para 10 pessoas (Tabela 5).

Tabela 5 - Frequência absoluta e relativa dos participantes das etapas 1, 2 e 3 do estudo

	Etapa 1		Etapa 2		Etapa 3	
	f	%	f	%	f	%
Idade						
Idoso	21	70,0	19	73,1	17	77,3
Ancião	9	30,0	7	26,9	5	22,7
Situação conjugal						
Acompanhado	7	23,3	7	26,9	7	31,8
Sozinho	23	76,7	19	73,1	15	68,2
Ter curso superior						
Sim	13	43,3	13	50,0	12	54,5
Não	17	56,7	13	50,0	10	45,5

Fonte: dados da pesquisa.

Ainda em relação às duas faixas etárias consideradas, o fato de que os idosos se mantiveram mais presentes nas atividades – se comparados aos anciãos – pode estar relacionado ao estado de maior autonomia da "jovem" velhice, com destaque para a mobilidade física, o que contribui na ação de se conduzir ao espaço da pesquisa, entre outras possibilidades.

Observa-se ainda que a situação conjugal *sozinho* influenciou negativamente na permanência desses indivíduos, o que afastou em pouco tempo os participantes do período das intervenções, possivelmente pela dificuldade desses em proporem soluções para as diferentes demandas enfrentadas ao longo do seu dia a dia e à perda da autonomia, que naturalmente progride nas idades mais avançadas. Além disso, os autores BAPTISTA, ROLDÃO (2016, p. 631), tratando da ausência de um relacionamento na vida afetiva de idosos, registam que: "está aumentando o número de pessoas sozinhas na velhice, pois, além de ter aumentado a expectativa de vida, o divórcio nessa fase já é uma realidade". Entretanto, os dados mostram que os indivíduos *acompanhados* permanecem nas intervenções durante as três etapas, talvez pela "facilidade" que, de forma geral, estrutura uma vida compartilhada, no sentido da cumplicidade e da possibilidade de divisão de tarefas na convivência com um(a) parceiro(a). Afinal, o *amor companheiro* (JABLONSKI, 1991) "é um amor mais duradouro e acontece quando um casal consegue permanecer junto(...)" (BAPTISTA; ROLDÃO, 2016, p. 626) por anos ou por uma vida inteira e, assim: "o que vai manter a relação é o companheirismo". Desse modo, "se o amor-paixão faz 'acontecer' os casamentos nos dias de hoje, é o amor companheiro que vai mantê-los" (JABLONSKI, 1991, p. 77), pois, "sendo o amor possível de ser ressignificado, pode ser um catalisador de mudanças na velhice, trazendo benefícios para a vida dos idosos" (BAPTISTA; ROLDÃO, 2016, p. 630).

Em relação aos participantes *com nível superior*, constata-se que se mantiveram mais presentes, quando comparados aos indivíduos *sem curso superior*, provavelmente por terem maior capacidade de compreensão e análise das propostas nas intervenções, o que, provavelmente, os levou a valorizar mais as especificidades do trabalho realizado; pois, ao ampliar o espectro da escolarização como condição relevante à formação e desenvolvimento humano do indivíduo, Rosso *et al.* (2019, introdução) postulam que:

> A centralidade da escolarização é trazida nas discussões não só como condição para mudança social, democratização, cidadania e garantias futuras, mas também pelos desequilíbrios sociais a ela associados (MARTINS, 1972; RUMMERT; ALVES, 2010; NEVES, 2016). À baixa escolaridade associa-se estagnação e segregação; e, à sua elevação, distinção e mobilidade social. A escolaridade se constitui em uma variável explicativa, interdependente do trabalho, saúde, relações de gênero, seguridade social e pública, e na retroalimentação do desempenho escolar. A escolarização, por incrustar-se no cotidiano de distinções, contingências e vicissitudes (...) é um objeto social (OS) apreendido em função dos pertencimentos sociais e das ideologias associadas a ela (BUENO, 2001).

Resultados e discussões do MEEM – Mini Exame de Estado Mental

Apresentam-se na Tabela 6, os dados dos cruzamentos das variáveis estudadas (*idade*, *situação conjugal* e *ter nível superior*) com a classificação no MEEM (>= corte; <= corte). Não se realizou o cálculo do nível de significância por existir muitas células com frequências iguais ou menores do que cinco, o que pode levar a resultados inconsistentes.

Tabela 6 - Frequência absoluta e relativa dos resultados do MEEM por idade, situação conjugal e ter curso superior

	Etapa 1				Etapa 2				Etapa 3			
	>=corte		<=corte		>=corte		<=corte		>=corte		<=corte	
	f	%	f	%	f	%	f	%	f	%	f	%
Idade												
Idoso	13	61,9	8	38,1	12	63,2	7	36,8	12	70,6	5	29,4
Ancião	1	12,5	7	87,5	4	57,1	3	42,9	3	60,0	2	40,0
Situação conjugal												
Acompanhado	4	57,1	3	42,9	3	42,9	4	57,1	5	71,4	2	28,6
Sozinho	10	45,5	12	54,5	13	68,4	6	31,6	10	66,7	5	33,3
Ter curso superior												
Sim	9	69,2	4	30,8	8	61,5	5	38,5	10	83,3	2	16,7
Não	5	31,2	11	68,8	8	61,5	5	38,5	5	50,0	5	50,0

Fonte: dados da pesquisa.

Relacionando as variáveis das idades, observa-se na aferição do MEEM que os *idosos* apresentam um moderado melhor desempenho em relação ao dos *anciãos*; porém, quando confrontada a situação conjugal com a variável da idade, tal característica se inverte, demonstrando que os anciãos em situação conjugal de *sozinhos*, talvez por terem que administrar suas rotinas sem a divisão de tarefas com um(a) parceiro(a), acabam por aprimorar ou desenvolver habilidades e capacidades antes desconhecidas (LUZ, 2008), além da manutenção das habilidades cognitivas executivas, que se apresentam preservadas ao longo do período acurado nessa mostra.

Tratando-se da readaptação na velhice, na condição conjugal de *sozinho*, seja por separação ou viuvez, o estudo de Stedile, Martini e Schmidt (2017) revela o leque de readaptações necessárias que, de certo modo, contribuem nessa manutenção referenciada, sendo: elaboração do luto, relação com a família, apoio social, espiritualidade, atividades domésticas, finanças e saúde.

Figura 1 - Frequência relativa dos participantes classificados com resultado ">=corte", nas três etapas, por categoria de idade, situação conjugal e ter ou não curso superior.

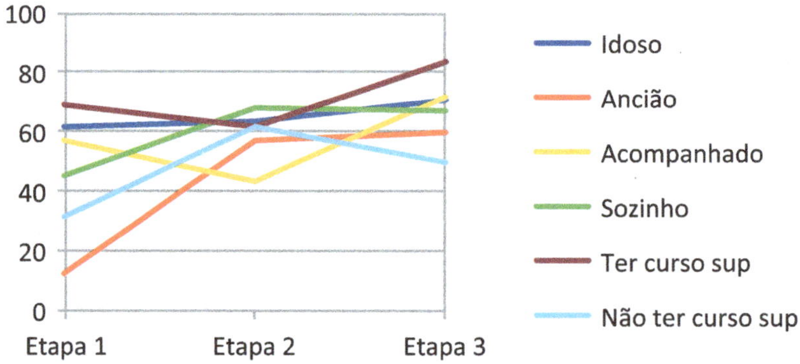

Fonte: dados da pesquisa.

Na Figura 1, apresenta-se um entrelaçamento entre as seis variáveis consideradas no tratamento dos dados. De modo geral, observa-se que cinco delas demonstram um desenvolvimento ascendente significativo nas habilidades aferidas pelo MEEM até a etapa 2, com exceção das variáveis *acompanhado* e *ter curso superior*. Porém, sequencialmente, entre as etapas 2 e 3, tem-se uma troca desse movimento entre os indivíduos acompanhados e os que *não têm curso superior*, o que nos faz considerar que participantes nessa condição podem não ter um aproveitamento tão positivo como os outros – notados graficamente até a etapa 3. Ademais, destaca-se ainda a melhora do desempenho dos anciãos no MEEM, cujos escores são 12 na primeira etapa, 58 na segunda e 60 na terceira.

Além disso, apesar da limitada quantidade de participantes da mostra não permitir um teste estatístico, os dados aferidos desse instrumento revelam um melhor aproveitamento de indivíduos *com curso superior*, o que nos desperta indagações sobre o comportamento do consumo cultural e a capacidade seletiva de atividades complementares por indivíduos mais instruídos na velhice, relevantes questões que não pretendemos aprofundar nesse estudo.

Resultados da análise de variância com medidas repetidas de 2 (idade) x 3 (etapa), tendo como variável dependente o resultado no MEEM, apresentou resultados significantes nas etapas para *idade*, *situação conjugal* e *ter ou não curso superior* ($F_{1,20}$ = 5,920, p = 0,024; $F_{1,20}$ = 4,960, p = 0,038; $F_{1,20}$ = 4,727, p = 0,042). A Tabela 7 apresenta as médias e desvios padrões deste teste por etapa. As figuras 8, 9 e 10 apresentam os gráficos das médias obtidas pelos participantes no MEEM para as três variáveis independentes.

Tabela 7 - Média e desvio padrão dos resultados do MEEM dos participantes nas etapas 1, 2 e 3 do estudo

	Etapa 1		Etapa 2		Etapa 3	
	M	DP	M	DP	M	DP
Idade						
Idoso	27,65	2,422	27,88	2,667	28,41	2,599
Ancião	26,00	2,000	25,00	3,391	27,80	2,280
Situação conjugal						
Acompanhado	26,71	3,498	26,14	3,805	28,00	2,828
Sozinho	27,53	1,767	27,73	2,576	28,40	2,414
Ter curso superior						
Sim	28,08	1,676	28,25	2,006	29,25	1,357
Não	26,30	2,830	26,00	3,651	27,10	3,071

Fonte: dados da pesquisa.

Da mesma maneira, observe que a Figura 2 ilustra um desenvolvimento ascendente e constante ao longo das três etapas com *idosos* e, logo, mais rápido; já no caso dos *anciãos*, pode-se compreender o movimento gráfico como uma "caminhada" que leva mais tempo para acontecer, mas que expõe resultados melhores e significativos entre as etapas 2 e 3, indicando que o "protocolo" de prática e aprendizagem da música pode ser mais eficaz nessa faixa etária. Em números absolutos, a diferença inicial de sete e meio por cento entre as variáveis se aproxima na etapa 3, demonstrando uma redução da diferença para menos de um e meio por cento, o que demonstra, portanto, um bom escore de aproveitamento nas atividades por idosos e anciãos.

Analisando o gráfico das variáveis consideradas na Figura 3, observa-se que os participantes em situação conjugal *sozinho* apresentam um escore três por cento superior na etapa 1 e um movimento ascendente ininterrupto ao longo das três etapas, atingindo assim, um escore de 28,4 no MEEM, o que revela, de forma geral e em consonância com a bibliografia desse instrumento, uma saúde cognitiva estável e em boas condições executivas.

Já o movimento com a variável *acompanhado* demonstra que, apesar de estar com o escore menor na primeira etapa e descender para a segunda, o aproveitamento dos participantes em situação conjugal de acompanhados mostra uma forte ascendência até a etapa 3, aproximando-os e colocando-os praticamente em equilíbrio com sua variável par, o que evidencia uma melhora e um bom aproveitamento médio de ambas as variáveis ao longo da investigação, apesar de uma delas fazer um "caminho diferente" em seus escores até a segunda etapa.

Figura 2 – Pontuação média no MEEM dos participantes por categoria de idade

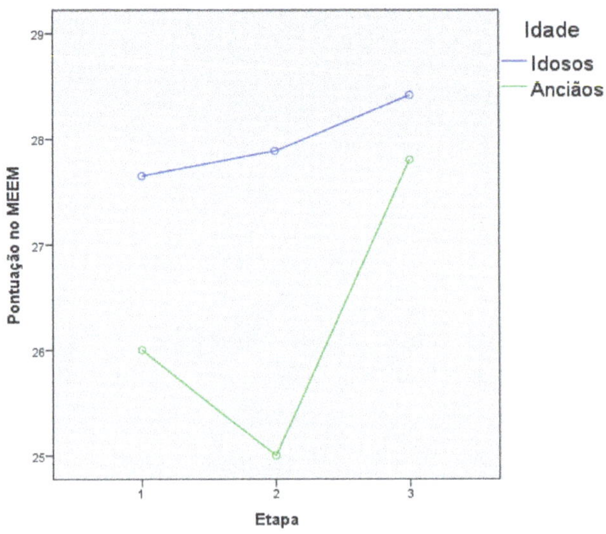

Fonte: dados da pesquisa.

Figura 3 - Pontuação média no MEEM dos participantes por situação conjugal

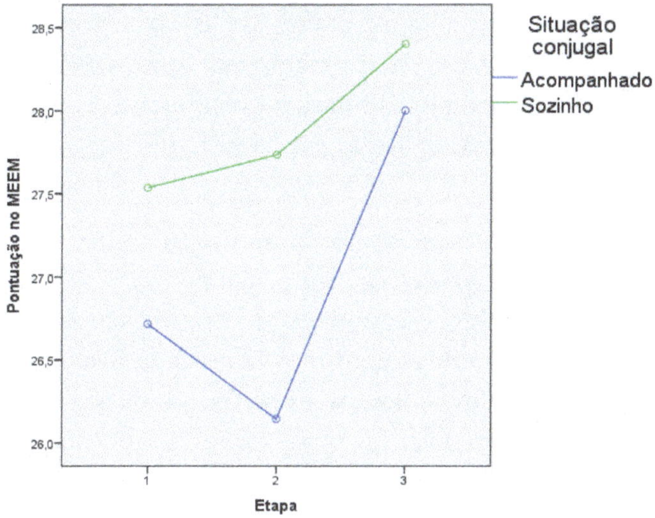

Fonte: dados da pesquisa.

Figura 4 - Pontuação média no MEEM dos participantes por ter ou não curso superior

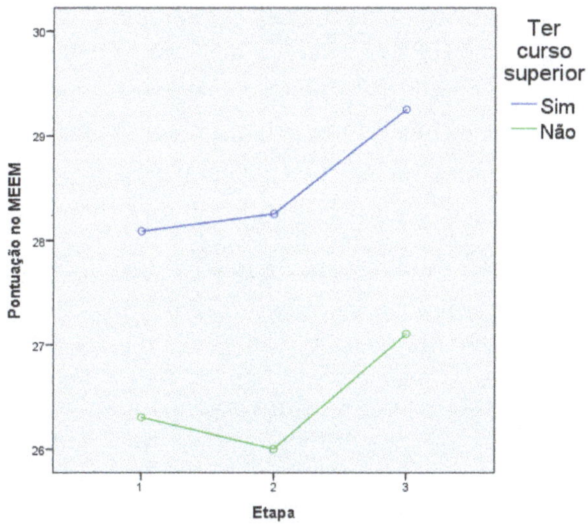

Fonte: dados da pesquisa.

Nos escores do MEEM, ao se considerar as variáveis *ter ou não curso superior* (Figura 4), é curioso observar que, de forma geral, os números revelam um desenvolvimento significativo para as duas faixas etárias, porém, com movimentos diferentes: em participantes *com nível superior* o movimento só ascende, demonstrando um desenvolvimento constante, sendo de forma modesta entre as etapas 1 e 2, mas com maior força da segunda para a terceira etapa.

Ao observar participantes *sem curso superior*, o gráfico expõe um desempenho menor da primeira para a segunda etapa, porém, revela uma movimentação positiva e significante da segunda para a terceira etapa, o que nos leva a inferir novamente que os idosos com menor nível de instrução podem levar mais tempo para apresentar resultados positivos às intervenções, mas que não deixam de se desenvolver, pois, no final, as pontuações apresentam apenas uma diferença absoluta de oito e meio por cento entre as duas variáveis consideradas, o que revela, de forma geral, uma boa condição do estado mental dos indivíduos dessa pesquisa.

Resultados e discussões da *Escala de Depressão Geriátrica* (GDS-15)

Apresentamos (Tabela 8) os dados dos cruzamentos das variáveis estudadas (*idade*, *situação conjugal* e *ter nível superior*) com a classificação na GDS (Normal, Depressão Leve, Depressão severa). Não realizamos o cálculo do nível de significância por existir muitas células com frequências iguais ou menores do que cinco, o que pode levar a resultados inconsistentes.

Em relação a presença de estado depressivo nos diferentes níveis, os dados revelam que apenas um idoso apresentou *depressão leve* na 1ª e na 2ª etapas e um idoso *depressão severa* na 3ª etapa[19].

Igualmente constata-se que três dos anciãos mantiveram a presença do quadro de *depressão leve* nas duas etapas iniciais, realidade que aparece com apenas um ancião na 3ª etapa da testagem, o que sugere que as atividades da

---

19 Não é objetivo desse estudo aprofundar tal constatação, apesar de que, por questões humanitárias e profissionais,, nos aguçarem a investigação do caso. Como mencionado no capítulo *Metodologia*, o indivíduo foi encaminhado à equipe multidisciplinar da instituição para investigação situacional e para as providências necessárias.

Tabela 8 – Frequência absoluta e relativa dos resultados da GDS por idade, situação conjugal e ter curso superior.

	Etapa 1						Etapa 2						Etapa 3					
	Nível 1		Nível 2		Nível 3		Nível 1		Nível 2		Nível 3		Nível 1		Nível 2		Nível 3	
	f	%	f	%	f	%	f	%	f	%	f	%	f	%	f	%	f	%
Idade																		
Idoso	20	95,2	1	4,8	0	0,0	18	94,7	1	5,3	0	0,0	16	94,1	0	0,0	1	5,9
Ancião	6	66,7	3	33,3	0	0,0	4	57,1	3	42,9	0	0,0	4	80,0	1	20,0	0	0,0
Situação conjugal																		
Acompanhado	7	100,0	0	0,0	0	0,0	7	100,0	0	0,0	0	0,0	7	100,0	0	0,0	0	0,0
Sozinho	19	82,6	4	17,4	0	0,0	15	78,9	4	21,1	0	0,0	13	86,7	1	6,7	1	6,7
Ter curso superior																		
Sim	12	92,3	1	7,7	0	0,0	12	92,3	1	7,7	0	0,0	11	91,7	0	0,0	1	8,3
Não	14	82,4	3	17,3	0	0,0	10	76,9	3	23,1	0	0,0	9	90,0	1	10,0	0	0,0

Legenda: Nível 1 = normal; Nível 2 = depressão leve; Nível 3 = depressão severa.

Fonte: dados da pesquisa.

pesquisa podem ter colaborado na dissolução do estado anterior instalado ou dois desses indivíduos do quadro inicial de participantes podem ter deixado de frequentar as atividades.

Cabe destaque para a permanência em estado *normal* dos participantes em situação conjugal *acompanhado*, o que confirma que pessoas nessa condição apresentam menos estados depressivos, tal como apontado em diversas literaturas da psicologia (PINHO; CUSTÓDIO; MAKDISSE, 2009; RODRIGUES *et al.*, 2014). Contraposto a essa realidade e, em relação aos participantes em estado conjugal *sozinho*, observou-se a manutenção do estado de *depressão leve* durante as etapas 1 e 2, com melhora da condição na etapa 3 das testagens, revelando que as intervenções podem ter contribuído para essa nova realidade, apesar de não se ter realizado um estudo estatístico e nem ser utilizada uma metodologia experimental, o que nos permitiria ampliar tais análises.

Além disso, ao contrastar as diferentes realidades de *ter ou não um curso superior* constatou-se uma maior incidência de *depressão leve* nos participantes *sem curso superior*, realidade essa que pode se relacionar ao fato de uma menor capacidade de compreensão, análise e reflexão dos desafios do dia a dia que acometem esses indivíduos. Afinal, ampliando a reflexão acerca da exclusão educacional, sob a ótica da necessidade de uma maior permanência na escola, Rosso *et al.* (2019, *introdução*) traz que "a escolarização pode representar a inclusão ou a exclusão do mundo do trabalho e social; indicar qualidade de vida, bem-estar social, condições laborais e desempenho educacional", afinal

> [...] tem-se na escolarização o objeto social, crucial na definição do contexto do sujeito (...) como parte do seu próprio projeto de vida, em suas contingências, com seus posicionamentos e memórias, respondendo a ele e construindo explicações enraizadas em seus contextos.

Resultados da análise de variância com medidas repetidas de 2 (idade) x 3 (etapa), tendo como variável dependente o resultado bruto na GDS, não apresentou resultados significantes para *idade, situação conjugal* e *ter ou não curso superior*, nem para as etapas. A Tabela 9 apresenta as médias e os desvios padrões deste teste por etapa. As figuras 1, 2 e 3 apresentam os gráficos das médias obtidas pelos participantes na GDS para as três variáveis independentes.

Na Figura 5 apresentam-se os dados comparativos de duas das variáveis utilizadas: idosos e anciãos na pontuação da Escala de Depressão Geriátrica.

Tabela 9 - Média e desvio padrão dos resultados da GDS dos participantes nas etapas 1, 2 e 3 do estudo.

	Etapa 1		Etapa 2		Etapa 3	
	M	DP	M	DP	M	DP
Idade						
Idoso	2,18	2,007	1,71	1,829	2,06	2,609
Ancião	3,40	2,408	3,00	1,871	4,00	3,536
Situação conjugal						
Acompanhado	1,29	0,951	1,57	1,512	1,71	1,604
Sozinho	3,00	2,299	2,20	2,042	2,87	3,292
Ter curso superior						
Sim	2,58	2,466	2,33	1,969	2,58	2,999
Não	2,30	1,703	1,60	1,776	2,40	2,875

Fonte: dados da pesquisa.

Figura 5 - Pontuação média na GDS dos participantes por categoria de idade

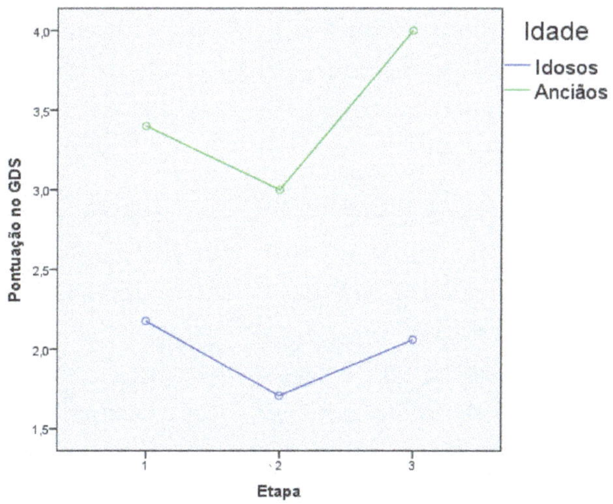

Fonte: dados da pesquisa.

Observa-se que se estabelece uma paridade do movimento gráfico em relação à condição de presença de estado depressivo nos *idosos* e *anciãos* nas três etapas testadas. Salienta-se uma diferença de escore objetiva que coloca os idosos, de forma geral, com uma diferença do escore 64,7% menor na GDS, em relação aos anciãos.

Entretanto, sem um movimento significativo, os escores ascendem na 3ª etapa e devolvem os idosos ao *status quo* inicial e colocam os anciãos para um escore de um ponto acima do inicial. Além disso, os gráficos revelam, portanto, a presença de um maior estado depressivo nos anciãos, possivelmente pelo que afirma Maués *et al.* (2010, p. 406) ao tratar da qualidade de vida de idosos jovens e muito idosos:

> (...) viver mais pode significar o confronto com incapacidades, dependência, necessidade de cuidados prolongados, de instituições de longa permanência, perda de papéis sociais, isolamento, solidão, depressão e falta de um sentido para a própria vida. Um grande desafio que a longevidade impõe é o de conseguir uma sobrevida maior, com melhor qualidade de vida.

O mesmo já não acontece na Figura 6 quando relacionada a situação conjugal de acompanhados ou sozinhos, indicando que os participantes em situação conjugal de *acompanhado* pontuam positivamente no escore da GDS e apresentam um resultado gráfico que só ascende nas três etapas. Já os indivíduos sozinhos, apresentam um movimento descendente da 1ª para a 2ª etapas, porém recuperam-se praticamente para o escore de aferição inicial. Logo, revela-se que indivíduos acompanhados apresentam menos estado depressivo que indivíduos sozinhos.

Na Figura 7, observa-se o mesmo movimento gráfico entre as duas realidades ao se considerar "ter ou não um curso superior", o que mostra um escore inicial que decresce na 2ª etapa e recupera-se na 3ª; salienta-se ainda uma maior pontuação na GDS dos indivíduos *com curso superior* que, de forma geral, podem apresentar uma reserva cognitiva superior e, por consequência, um raciocínio executivo mais amplo, o que pode justificar a compreensão dessa mostra.

Um interessante movimento também aqui nos chama a atenção: trata-se do escore dos participantes *sem nível superior*; observa-se que o gráfico apresenta uma queda expressiva da 1ª para a 2ª etapa, porém, uma recuperação forte e superior da 2ª para a 3ª etapa, revelando que indivíduos nessa condição

Figura 6 - Pontuação média na GDS dos participantes por situação conjugal

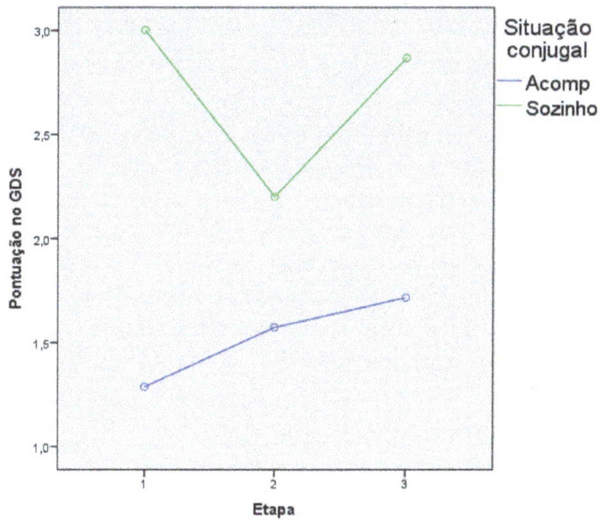

Fonte: dados da pesquisa.

Figura 7 - Pontuação média na GDS dos participantes por ter ou não curso superior

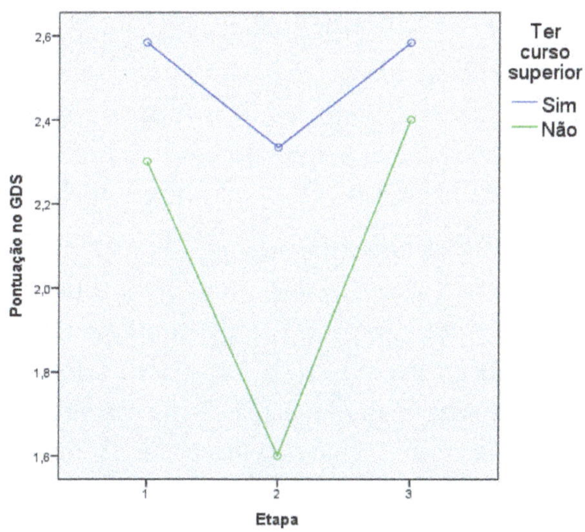

Fonte: dados da pesquisa.

podem levar mais tempo para responder às propostas, o que geraria um menor rendimento até a metade das intervenções, ou seja, na fase de sensibilização musical. Fato esse que nos surpreende porque ao longo das intervenções, nossa percepção empírica durante as práticas e os depoimentos dos participantes, parecia demonstrar o contrário. Como relata Baptista et allium:

> O pesquisador é um investigador e é alguém que pensa, interpreta e constrói; é capaz de produzir e legitimar o conhecimento no confronto do momento empírico e suas ideias; é um facilitador da dinâmica que favorece o diálogo. Esse explorador não apenas faz perguntas, mas integra-se na conversação de forma dinâmica, atuando no processo de interpretação dos sentidos subjetivos dos pesquisados. A relação com os pesquisados deve ser valorizada pelo pesquisador, pois a experiência humana é o insumo dos conteúdos subjetivos. (BAPTISTA; ROLDÃO, 2016, p. 635).

Resultados e discussões da Escala WHOQOL-OLD – Qualidade de Vida

Resultados da análise de variância com medidas repetidas de 2 (idade) x 3 (etapa), tendo como variável dependente o resultado bruto no WHOQOL-OLD, não apresentaram resultados significantes para *idade* e *situação conjugal*, mas apresentaram significância na interação entre "ter ou não curso superior" com a etapa ($F_{1, 20}$ = 5,249, p = 0,033), em que as pessoas com curso superior apresentaram aumento na pontuação deste teste e os sem curso superior, diminuição. A Tabela 10 apresenta as médias e desvios padrões deste teste por etapa. As figuras 4, 5, e 6 apresentam os gráficos das médias obtidas pelos participantes no WHOQOL-OLD para as três variáveis independentes.

Embora não tenha havido diferença significante entre QV e idade, pode-se observar na Figura 8 que os *idosos* aumentaram um pouco a condição inicial encontrada entre as etapas 1 e 2; todavia, na 3ª etapa, os dados retornam para um nível um pouco abaixo da pontuação inicial, porém não apresentam uma diferença significativa em relação aos escores da etapa 1, o que basicamente revela uma estabilização dos níveis de QV nessa faixa etária, com escores médios acima de 92%.

No entanto, ao recortar os dados dos *anciãos*, estes surpreendem e despontam graficamente um movimento ascendente do escore nas duas etapas posteriores à pré intervenção (2 e 3), o que pode indicar uma maior efeti-

Tabela 10 - Média e desvio padrão dos resultados do WHOQOL-OLD dos participantes nas etapas 1, 2 e 3 do estudo.

	Etapa 1		Etapa 2		Etapa 3	
	M	DP	M	DP	M	DP
Idade						
Idoso	92,65	12,000	93,94	11,632	92,35	11,720
Ancião	89,20	12,736	92,60	12,779	93,60	14,206
Situação conjugal						
Acompanhado	86,00	11,121	89,14	10,319	87,57	10,031
Sozinho	94,60	11,661	95,73	11,889	95,00	12,375
Ter curso superior						
Sim	90,92	13,668	91,83	12,357	96,08	12,041
Não	93,00	10,111	95,80	10,850	88,50	11,068

Fonte: dados da pesquisa.

Figura 8 - Pontuação média no WHOQOL-OLD dos participantes por categoria de idade

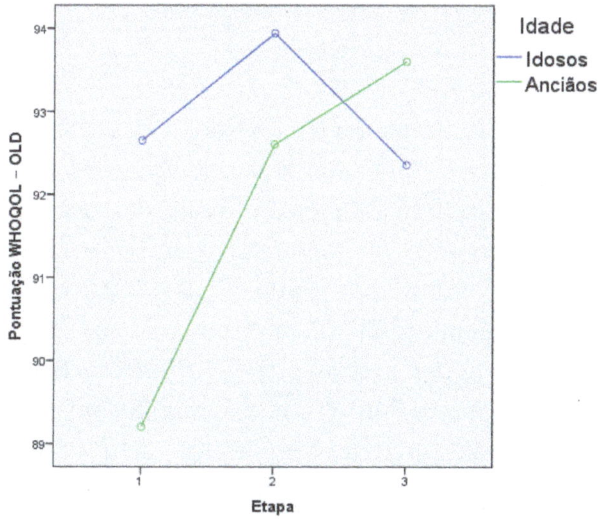

Fonte: dados da pesquisa.

vidade das práticas musicais em pessoas mais idosas, talvez pelo fato desses indivíduos necessitarem de opções que os estimulem e os motivem a retomar capacidades e habilidades latentes ou o resgate de velhos sonhos, como o de aprender música, por exemplo; algo importante a ser aprofundado em futuras investigações.

Figura 9 – Pontuação média no WHOQOL-OLD dos participantes por situação conjugal

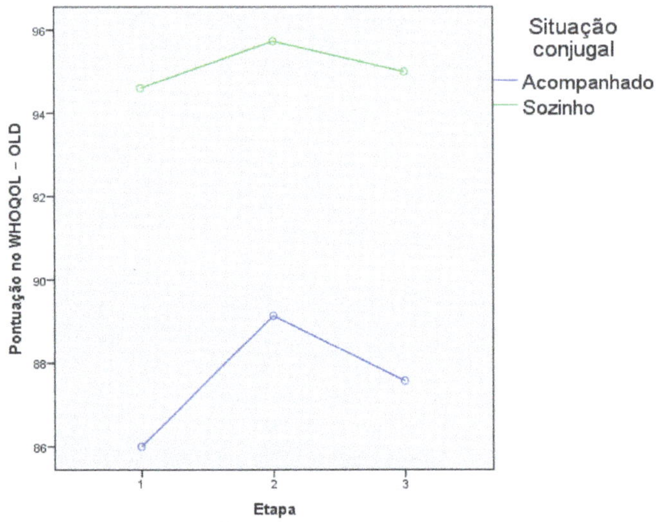

Fonte: dados da pesquisa.

Da mesma forma que na variável idade, a situação conjugal também não apresentou diferença significante, mas pudemos observar que as pessoas que estão *sozinhas*, apresentam um escore quase dez por cento superior na QV em relação aos indivíduos *acompanhados* – uma constatação interessante e alinhada também ao estudo com grupos focais desenvolvido por Andrade e Hita (2019) que, no geral, revela que pessoas – na maioria mulheres – sem o dia a dia "controlado" por parceiros, podem encontrar mais tempo para seu desenvolvimento pessoal, autonomia e satisfação, privacidade, liberdade, vida social e conexões mais intensas com amigos, além de uma saúde mental com melhor aproveitamento do tempo. Além disso, os resultados encontrados contrapõem-se a estas mesmas variáveis consideradas na Figura 6 (situação conjugal na GDS), e demonstram que no teste da qualidade de vida, os indivíduos sozinhos despontam-se positivamente.

Figura 10 – Pontuação média no WHOQOL-OLD dos participantes por ter ou não curso superior.

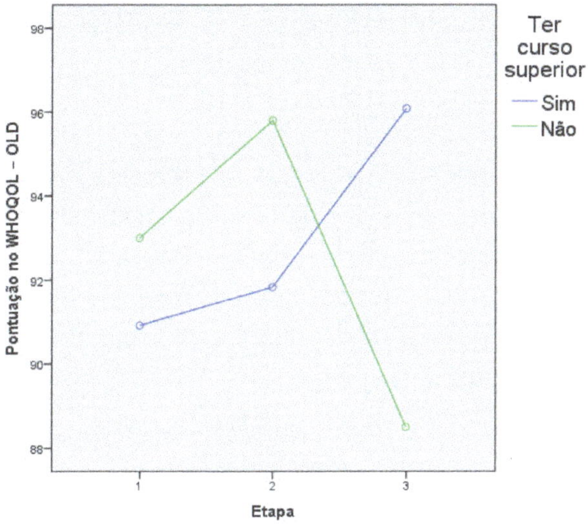

Fonte: dados da pesquisa.

Enfim, como exposto no início desta seção, a interação entre nível de instrução e etapas apresentou resultado significante (p= 0,033), evidenciando que na 3ª etapa, os indivíduos *com nível superior* continuaram aumentando a resposta no inventário de QV, enquanto as *sem nível superior*, diminuíram.

Limitações deste estudo

Salientam-se pelo histórico e pelas condições delimitadoras dispostas na tese, base desse capítulo, que as limitações desse estudo se refletem na mostra de apenas 30 idosos que decresce até o final das intervenções; na opção metodológica "*quase experimental*" e não "*experimental*", como prevista no desenho inicial dessa pesquisa – que trabalharia com grupo controle e mais dois grupos de VMO e EMC; e pela exposição do grupo à apenas 16 semanas de prática e aprendizagem musical, com aplicação de 90 testes por testagem, o que gerou um total aproximado de 200 testes (considerando desistências), diferentemente do desenho inicial que previa exposição de 16 semanas em três etapas distintas, que somariam 12 meses de efetivas práticas e aproximadamente 810 testes – realidade essa que permitiria uma análise estatística acurada. Entretanto, trata-se de um estudo de caráter quantitativo que reúne fundamentação material educativa contemporânea para essa população, o que descortina possibilidades de se ampliar estratégias e investigações e colaborar na construção de um envelhecimento mais digno, saudável, autônomo e feliz.

Conclusões

Após as reflexões e fundamentações, as intervenções desenhadas e o tratamento e análise dos dados gerados nesse estudo quantitativo longitudinal, confirma-se que as práticas de sensibilização (musicalização) e iniciação à alfabetização da linguagem musical influenciaram de forma objetiva a capacidade funcional cognitiva, em sintomas de depressão e no *status quo* da qualidade de vida dos idosos participantes dessa pesquisa.

De forma geral, resultados mais positivos sobre a capacidade funcional cognitiva, sintomas depressivos e *status quo* da qualidade de vida do grupo foram melhor evidenciados ao término das 16 semanas, em relação à execução de 8 semanas de intervenções, cujos resultados também foram superiores quando relacionados à avaliação inicial.

Observou-se ainda que variáveis como idade, situação conjugal e diferentes níveis de escolaridade interferiram no impacto da sensibilização e da aprendizagem musical, sendo que, de forma geral, idosos longevos (*anciãos*) foram impactados mais positivamente que os idosos mais jovens.

Especificamente, ao recortarmos os resultados da aplicação do MEEM, esses apontaram, ao longo das três etapas aferidas, para impactos significativos após as intervenções de prática e educação musical de idosos e revelaram a manutenção de um bom estado funcional cognitivo ao longo das 16 semanas de atividades.

No cruzamento da GDS com as variáveis da situação conjugal, a condição *sozinho* indicou a presença de um estado de depressão maior que aquele na condição *acompanhado*, resultado que se inverteu no teste de qualidade de vida ao apontar para um *escore* maior em indivíduos na condição *sozinho*, seja pela "solteirice", separação ou viuvez. Além disso, encontramos que quanto maior o grau de instrução dos participantes, melhores foram os resultados constatados sobre os desfechos analisados.

Tratando-se também da avaliação dos níveis de depressão dos participantes, nesse mesmo instrumento, os dados mostraram que, tanto os *idosos* como os *anciãos*, não apresentaram resultados negativos significantes, o que colocou o grupo em uma condição geral satisfatória e com ausência de estados depressivos. Casos pontuais foram identificados e encaminhados para a equipe multidisciplinar da instituição de apoio para acolhimento, investigação e intervenções necessárias.

Enfim, a avaliação do *status quo* da qualidade de vida com o WHOQOL-OLD, no geral, foi considerada boa dado os escores apurados, com destaque para os *anciãos* que apresentaram uma pontuação acima dos *idosos*, o que também não elimina o quadro positivo, porém, em menor intensidade na variável idosos mais jovens. Ademais, essa mesma situação foi aferida nos indivíduos em situação conjugal *sozinho*, algo revelador e que demonstrou, ao contrário da GDS, que indivíduos nessa condição apresentaram uma qualidade de vida superior à dos participantes em situação conjugal de *acompanhado*.

Seguramente, por fatores compreensíveis, são necessários estudos estatísticos com maior tamanho amostral e rigor metodológico experimental para ampliar e confirmar as evidências reveladas nesta tese.

Pela relevância do tema e o impacto que essa pesquisa quantitativa possa representar sobre futuras políticas públicas desenhadas para idosos, tanto para a área da Educação como para a área da Saúde e suas práticas integrativas complementares – muito discutidas atualmente nos ambientes empírico e científico – não esgotamos aqui as possibilidades, o que evidencia a necessidade de que outros trabalhos sejam desenvolvidos, assim como a expansão e a superação deste estudo.

Afinal, raras são ainda as pesquisas nacionais endereçadas a esse tema e que sustentem tal afirmação metodologicamente de forma significativa e científica. Com isso, ao longo desse estudo pretendeu-se responder às hipóteses investigativas e incluir a educação musical contemporânea e sua diversidade metodológica, como uma relevante e distinta alternativa ao se propor atividades musicais com idosos, distanciando nossas práticas da velha e tão praticada atividade coral, sinalizando a aprendizagem da música como relevante instrumento de ação junto a essa demanda social.

Referências

ALMEIDA, O. P.; ALMEIDA, S. A. Confiabilidade da versão brasileira da Escala de Depressão Geriátrica (GDS) versão reduzida. **Arquivos de Neuro-Psiquiatria**, 57(2)-B, p.421-426, 1999.

ASPESI, C. de C.; DESSEN, M. A.; CHAGAS, J. F. A Ciência do Desenvolvimento Humano: uma perspectiva interdisciplinar. *In*: DESSEN, M. A.; COSTA JÚNIOR, Á. L. (e colaboradores). **A Ciência do Desenvolvimento Humano – tendências atuais e perspectivas futuras.** Porto Alegre: Artmed Editora, 2005. p. 19-36.

ANDRADE, D. S. V.; HITA, M. G. Você está solteiro/a porquê, bê? Motivos declarados por solteiros(as) em Salvador. **Rev. Feminismos**, Vol. 7, N.1, Jan–Abr 2019, p.53-70.

AZAMBUJA, L. S. Avaliação neuropsicológica do idoso. **RBCEH**, 4(2):40-45, 2007.

BAPTISTA, P.C.D.; ROLDÃO, F.D. Significações e sentidos de amor na terceira idade: a perspectiva de idosas da FAE Sênior. FAE Centro Universitário | Núcleo de Pesquisa Acadêmica – NPA. **Programa de Apoio à Iniciação Científica – PAIC** 2015-2016; p. 623-647. Disponível em https://cadernopaic.fae.edu/cadernopaic/article/viewFile/234/195 último acesso 24.05.2022.

BERTOLUCCI, P.H.F. *et al.* O mini-exame do estado mental em uma população geral: impacto da escolaridade. **Arq. Neuro-psiquiatria**, 52:1-7, 1994.

BEYER, E. (org.) **Ideias em Educação Musical**. Porto Alegre: Mediação, 1999.

BONA, M. Carl Orff – um compositor em cena. *In:* MATEIRO, T.; ILARI, B. (orgs.). **Pedagogias em Educação Musical**. Curitiba: Ibpex, 2011. p.125-156.

BRASIL, Ministério da Justiça e Cidadania/ Secretaria Especial Dos Direitos Humanos/ Conselho Nacional dos Direitos do Idoso. **Relatório de Gestão CNDI**. Biênio 2014-2016. Brasília, DF, 2016.

BRITO, T. A. de. **Koellreutter educador – o humano como objetivo da educação musical**. São Paulo: Peirópolis, 2001.

BRUCKI, S. M. D. *et al.* Sugestões para o uso do miniexame do estado mental no Brasil. **Arq. Neuropsiquiatria** 2003; 61(3B).

CASTELO, *et al.* Escala de depressão geriátrica com quatro itens: um instrumento válido para rastrear depressão em idosos em nível primário de saúde. Comunicação

Breve. *In:* Sociedade Brasileira de Geriatria e Gerontologia. **Geriatria & Gerontologia**. 2007; 1(1): 28-33.

CHAVES, M. L.; IZQUIERDO, I. Differential diagnosis between dementia and depression: a study of efficiency increment. **Acta Neurol Scand** 1992; 85(6): 378-82.

COELHO, H. S. N. W. **Técnica vocal para coros**. 3ª ed. São Leopoldo, RS: Sinodal, 1994.

COZBY, P. C. **Métodos de pesquisa em ciências do comportamento**. Trad. Paula Inez Cunha Gomide. Emma Otta. São Paulo: Atlas, 2003.

DEMÍCIO, M. S.; LUZ, M. C.; ARENA, D. B. Leitura de partitura musical e leitura de linguagem verbal escrita: convergências e divergências. **Rev. Música Hodie**. 2020, v.20: e60024.

DESSEN, M. A.; COSTA JÚNIOR, Á. L. (e colaboradores). **A Ciência do Desenvolvimento Humano – tendências atuais e perspectivas futuras**. Porto Alegre: Artmed Editora, 2005.

FERRARI, J. F.; DALACORTE, R. R. **Uso da Escala de Depressão Geriátrica de Yesavage para avaliar a prevalência de depressão em idosos hospitalizados**. Ciência Médica. Porto Alegre, v. 17, n. 1, p. 3-8, jan./mar. 2007.

FERRIGNO, J. C. **Co-educação entre gerações**. Petrópolis, RJ: Vozes; São Paulo: Sesc, 2003.

______. Trabalho Social com Idosos: apresentação da experiência pioneira do Sesc na área do Lazer e da Cultura. *In:* **Cadernos Brasileiros de Terapia Ocupacional da UFSCar**. 2006, vol.14 nº 1, p. 23-31.

FIELD, A. **Descobrindo a estatística usando o SPSS**. 5. ed. Porto Alegre: Penso, 2020.

FLECK, M. P. A.; CHACHAMOVICH, E.; TRENTINI, C. M. Projeto WHOQOL-OLD: método e resultados de grupos focais no Brasil. **Rev. Saúde Pública** 37 (6); Dez-2003.

FLECK, *et al.* Aplicação da versão em português do instrumento abreviado de avaliação da qualidade de vida "WHOQOL-Bref". **Rev. Saúde Pública** 2000; 34(2):178-83

FOLSTEIN, M. F. S.; FOLSTEIN, S. E.; McHUgh, P.R. Mini-Mental State: a practical method for grading the cognitive state of patients for the clinician. **J. Psychiatri Res**, 1975; 12: 189-98.

FOLSTEIN, M.F.S. *et al.* Mini Mental State. **J Psychiat. Res.** 1975; 12:189-98

FONTERRADA, M. T. O. **De tramas e fios: um ensaio sobre música e educação**. São Paulo: Unesp, 2005.

GAINZA, V. H. **Estudos de psicopedagogia musical**. 2ªed. São Paulo: Summus, 1988.

GIL, A. C. **Métodos e técnicas de pesquisa social**. 6ª ed. São Paulo: Atlas, 2008.

GIL, R. *et al.* Une méthode d'évaluation rapide des functions cognitives (ERFC). Son application à la demence senile de tupe Alzheimer. **Sem. Hôp. De París** 1986; 62(27): 2127-33.

GÜNTHER, H. Como elaborar um questionário. *In:* PASQUALI, L. **Instrumentos Psicológicos – manual prático de elaboração**. Brasília: LabPAM; IBAPP, 1999. P.231-258.

HASELBACH, B. Orff-Schuwerk: Elementare Musik und Bewegungserziehung. *In*: BÜNNER, G.; RÔTHIG, P.; GERMANN-MÜLLER, U. **Grundlagen und Methoden Rhytmischer Erziehung**. Stuttgart: Klett, 1971.

JABLONSKI, B. **Até que a vida nos separe**: a crise do casamento contemporâneo. Rio de Janeiro: Agir, 1991.

KATER, C. E. **Música Viva e H. J. Koellreutter** – movimentos em direção à modernidade. São Paulo: Musa Editora, Atravez, 2001.

LUZ, M. C.; Demício, M. S. *Um ensaio sobre arte/música na Educação de Jovens e Adultos. In:* Blackman, C.; Miguel, J. C.; Souza, M. J. R. (org.) **A Educação de Jovens e Adultos**: práticas, políticas e desafios. Curitiba: CRV, 2019. p.73-84.

LUZ, M. C. **Educação Musical na Maturidade**. São Paulo: SOM, 2008.

LUZ, M. C.; SILVEIRA, N. D. R. A Educação Musical na Maturidade. *In:* CÔRTE, B.; MERCADANTE, E.F.; ARCURI, I.G. **Masculin(idade) e velhices**: entre um bom e mau envelhecer. Coleção Gerontologia 3. São Paulo: Vetor, 2006.

MACHADO, J. C. *et al.* Avaliação do declínio cognitivo e sua relação com as características socioeconômicas dos idosos em Viçosa-MG. **Ver. Bras. Epidemiol**, 2007; 10(4): 592-605.

MATEIRO, T.; ILARI, B. (org). **Pedagogias em Educação Musical**. Curitiba: Ibpex, 2011.

MAUÉS, C. R. *et al.* Avaliação da qualidade de vida: comparação entre idosos jovens e muito idosos. **Revista Brasileira de Clínica Médica**. São Paulo, 2010, Set-Out; 8(5):405-10.

MECHELLI, A., CRINION, J. T., NOPPENEY, U., O'DOHERTY, J., ASHBURNER, J., FRACKOWIAK, R. S., & PRICE, C. J. (2004). Neurolinguistics: Structural plasticity in the bilingual brain. **Nature**, 431, 757 (2004).

MEIRA, L. L.; SPINILLO, A. G. (orgs). **Psicologia Cognitiva**: cultura, desenvolvimento e aprendizagem. Recife: Ed Universitária da UFPE, 2006.

MELO, D. M.; BARBOSA, A. J. G. O uso do Mini-Exame do Estado Mental em pesquisas com idosos no Brasil: uma revisão sistemática. **Revista Ciência & Saúde Coletiva**, 20(12):3865-3876, DEZ 2015.

MORAES, E. N. **Princípios básicos de Geriatria e Gerontologia**. Belo Horizonte: Coopemed; 2001.

NEVES, E. B. *et.al.* Perfil das publicações sobre qualidade de vida no Scielo. **Revista Uniandrade**, v.12, n.2, p.147-161, jul./dez.2011.

NERI, A. L.; DEBERT, G. G. (orgs.). **Velhice e Sociedade**. Campinas: Papirus, 1999.

NERI, A. L. (org.). **Desenvolvimento e envelhecimento: perspectivas biológicas, psicológicas e sociológicas**. Campinas: Papirus, 2001.

PARADELA, E. M. P.; LOURENÇO, R. A.; VERAS, R. P. Validação da escala de depressão geriátrica em um ambulatório geral. **Rev. Saúde Pública**, 2005;39(6):918-23.

PARENTE, M. A. M. P. (org). **Cognição e envelhecimento**. Porto Alegre: Artmed, 2006.

PEDROSO, B.; PILATTI, L. A.; GUTIERREZ, G. L. Cálculo dos escores e estatística descritiva do WHOQOL-OLD pelo Microsoft Excel. **Geriatria & Gerontologia**, Rio de Janeiro, v. 4, n. 4, p. 214-219, out./dez 2010.

PINHO, M. X.; CUSTÓDIO, O.; MAKDISSE, M. Incidência de depressão e fatores associados em idosos residentes na comunidade: revisão de literatura. **Revista Brasileira de Geriatria e Gerontologia**, v. 12, p. 123-140, 2009.

RINALDI, A. GERMANO, N. D. G. Introdução: Cognição Musical. *In:* Germano, N. D. G. e RINALDI, A. **Música, Mente e Cognição**. Curitiba, PR: Associação Brasileira de Cognição e Artes Musicais, 2021. p.21-39.

ROBB, S. L.; CARPENTER, J. S.; BURNS, D. S. Reporting guidelines for music -based interventions. **Journal of Health Psychol**, 2011; 16(2): 342-52.

RODRIGUES, L. R. *et al.* Perfil sociodemográfico, econômico e de saúde de idosos rurais segundo o indicativo de depressão. **Revista Eletrônica de Enfermagem**, v. 16, n. 2, p. 278-85, 2014.

ROSSO, A.J.; SILVA, B.E.; OLIVEIRA, V.; MORO, P.R.; SANTOS, F.R. Representações sociais de trabalhadores com baixa escolaridade, informais e desempregados sobre a escolarização. **Rev. Educação**, n. 44, p.1-30. Universidade Federal de Santa Maria. Disponível em https://www.redalyc.org/journal/1171/117158942070/html/ último acesso em 26.05.2022.

SANTOS, P.M. Principais instrumentos de avaliação da qualidade de vida de idosos no Brasil: vantagens e desvantagens na utilização. *In:* **Revista Corpoconsciência**, Cuiabá-MT, vol. 19, n.02, p. 25-36, mai/ago 2015.

SANTOS, R.L. Virtuoso Júnior, J. S. Confiabilidade da Versão Brasileira da Escala de Atividades Instrumentais da Vida Diária. *In:* **Revista Brasileira de Pesquisa em Saúde**. UFES: 2008; 21 (4): 290-296.

SCHAFER, R. Murray. **O ouvido pensante**. São Paulo: UNESP, 1991.

STEDILE, T.; MARTINI, M.I.G.; SCHMIDT, B. Mulheres idosas e sua experiência após a viuvez. **Pesquisas e Práticas Psicossociais** 12 (2), São João del Rei, maio -agosto de 2017. p.327-43

VISCONTI, M. BIAGIONI, M. Z. **Guia para a Educação Musical e Prática Musical em escolas**. São Paulo: ABEMÚSICA, 2002.

WHOQOL GROUP. The World Health Organization Quality of Life Assessment (WHOQOL): Position paper from the World Health Organization. **Social Science and Medicine**, Oxford, v. 41, n. 10, p. 1403-1409, nov. 1995.

WHOQOL GROUP. Development of the World Health Organization WHOQOL -B: quality of life assessment. **Psychological Medicine,** Cambridge, v. 28, n. 3, p. 551-558, Maio,1998.

WILLEMS, E. **As bases psicológicas da educação musical**. (original suíço) Fribourg: Pro Música, 1970 [1956].

YESAVAGE, J.A. *et al.* Development and validation of a depression screening scale: a preliminary report. **J Psychiatr Res** 1983; 17(1): 37-49.

Dos autores

Cesar Traldi – Percussionista e compositor. Bacharel em percussão pela Universidade Estadual de Campinas onde estudou com o Prof. Dr. Fernando Hashimoto. Posteriormente, sob a orientação do Prof. Dr. Jônatas Manzolli, realizou, na mesma instituição, sua pesquisa de mestrado focada no estudo do processo interacional do intérprete com meios tecnológicos e sua pesquisa de doutorado sobre a linguagem contemporânea para percussão e dispositivos eletrônicos em tempo real. Como solista tem se destacado nacionalmente por suas atuações frente a algumas das principais orquestras do país, além de apresentações e recitais solo em diversos estados brasileiros. Internacionalmente realizou apresentações na Croácia, Eslovênia, Dinamarca, Estados Unidos, México, Portugal, Espanha e Cuba. Foi premiado em importantes concursos, como Furnas Geração Musical, V Concurso Petrobras Pró Música para Jovens Solistas, CCLA de Música Instrumental para Jovens. Foi finalista do programa Prelúdio (TV Cultura) e escolhido como destaque no I Festival Internacional de Música da Unicamp. Já participou como palestrante e debatedor em mesas redondas de alguns dos principais encontros científicos no Brasil. Entre suas publicações encontram-se trabalhos sobre novas posturas interpretativas na performance de obras para instrumentos de percussão com a interação de dispositivos tecnológicos em tempo real, trabalhos esses já apresentados e publicados na França, Espanha, Portugal, além de inúmeros eventos nacionais. Atualmente, forma com o percussionista Cleber Campos o Duo Paticumpá. É professor do Curso de Música, pesquisador do Núcleo de Música e Tecnologia e orientador no Programa de Pós-graduação (Mestrado) da Universidade Federal de Uberlândia. Atua também como colaborador do Programa de Doutorado em Música da Universidade de Aveiro – Portugal.

Cícero Rodarte Mião – Doutor em música com ênfase na Educação Musical pelo Programa de Pós-Graduação em Música do Instituto de Artes da Universidade Estadual Paulista Júlio de Mesquita Filho. Mestre pelo Programa de Mestrado em Psicologia da Universidade Federal de São João del-Rei, na área de Psicologia Social e Socioeducativa. Graduado em Educação Musical – Licenciatura, pela Universidade Federal de São João Del-Rei. Idealizador e atuante no Programa Universitário "Música Viva" que atendeu crianças em situação de vulnerabilidade social em São João del-Rei-MG entre 2011 e 2017, projeto esse contemplado com certificação de Honra ao Mérito por Extensão na Universidade Federal de São João del-Rei. Idealizador, articulador e docente no processo de implantação de oficinas de musicalização Educação Infantil na Rede Municipal de Educação Infantil de São Sebastião do Paraíso-MG. Docente no curso de Pedagogia e Psicologia da Libertas Faculdades Integradas em São Sebastião do Paraíso-MG. Autor de textos científicos e capítulos de livros.

Flávio Apro é reconhecido por seu trabalho como produtor, pesquisador e professor. É Mestre pela UNESP e Doutor pela Universidade de São Paulo. Foi um dos poucos discípulos da famosa violonista argentina Adolfina Raitzin, de quem herdou o estilo Tárrega/Segovia. Apro é um dos mais notáveis pesquisadores da área de Performance Musical, com livros publicados e diversos artigos para revistas acadêmicas. Sua pesquisa acadêmica resultou no lançamento do CD "Francisco Mignone – Doce Estudios Para Guitarra", no México. Apresenta-se regularmente nas principais salas de concerto brasileiras, nas Américas, Europa e Ásia. Sua atividade como professor é amplamente respeitada, como efetivo de violão na Universidade Estadual de Maringá e como pesquisador visitante na California State University Fullerton (Eua) e Szeged University (Hungria), além de ser convidado frequente de instituições brasileiras e internacionais. O violonista lançou diversos CDs para o prestigiado selo Brilliant Classics na Holanda, tais como "Flavio Apro Plays Napoleon Coste", "Nocturne" e "The Brazilian Guitar", assim como "O Violão Brasileiro" patrocinado pelo Ministério da Cultura, todos disponíveis no mercado mundial.

José Maurício Brandão – Graduado em Piano (UFBA, 1993), Mestre em Música, em Regência Orquestral (UFBA, 1999), Doutor em Música, em Regência Orquestral e Operística (UFBA, 2009), e Doutor em Música em Regência Orquestral e Musicologia (Louisiana State University, EUA, 2011). É Professor Associado de Regência na UFBA, onde exerce as funções de Diretor da Escola de Música e Coordenador Artístico da Orquestra Sinfônica e Madrigal da UFBA. Tem regido concertos com as orquestras da UFBA, UFRJ e LSU, com a Orquestra Sinfônica da Bahia, a Louisiana Youth Orchestra e em concertos em outras cidades americanas como Baltimore, Scranton e New York, na Europa em Lisboa, Aveiro, Porto e Mannheim e na América Latina em Montevidéu, Buenos Aires, Santiago e Lima paralelamente às suas atividades como instrumentista de câmara, ao piano, órgão e ao cravo.

Lucas Robatto – Graduação e Mestrado em performance (flauta) na Staatliche Hochschule Für Musik Karlsruhe (Alemanha). Doutorado em performance pela University of Washington (EUA). Foi bolsista do DAAD (Serviço Alemão de Intercâmbio Acadêmico), da Fundação Vitae e da CAPES. Atualmente é Professor de Orquestra Chefe de Naipe da Orquestra Sinfônica da Bahia e Professor Associado IV da Universidade Federal da Bahia. Como flautista tem atuado como solista e músico convidado em diversas orquestras, além de exercer intensa atividade como recitalista e camerista. É regularmente convidado para atuar em cursos e festivais de música no Brasil e exterior. Foi premiado em concursos como solista e camerista no Brasil, Estados Unidos e Argentina. Além de ensinar e orientar na graduação, mestrado (acadêmico e profissional) e doutorado na UFBA, exerceu os seguintes cargos nesta instituição: Vice-Diretor e Coordenador Acadêmico da Escola de Música, Coordenador do Bacharelado em Artes do Instituto de Humanidades, Artes e Ciências Professor Milton Santos (IHAC), Vice Coordenador do Programa de Pós-Graduação em Música (PPGMUS – acadêmico) e Coordenador do Programa de Pós-Graduação Profissional em Música (PPGPROM). Atualmente é Coordenador para Programas Profissionais da Área de Artes da CAPES.

Marcelo Caires Luz – Doutor em Educação (Unesp), Mestre em Gerontologia Social (PUC/SP), Licenciado em Pedagogia e em Música. Pós-graduado em Práticas de Educação Musical e em Metodologia de Ensino das Artes, é concursado EBTT e professor de Arte/Música do Colégio Militar de Campo Grande, MS. Desde 1998, interessou-se pela educação musical de idosos e não parou com oficinas e práticas já desenvolvidas nas cinco regiões do país. É autor do livro "Educação Musical na Maturidade" (SP: Som, 2008). Trabalhou no SESC, tanto como colaborador como contratado, e desenvolveu projetos/oficinas em diferentes eventos e instituições públicas e privadas no Brasil, sendo: Oficinas Culturais do Estado de São Paulo, Universidade Presbiteriana Mackenzie (SP), Fundação Cultural de João Pessoa (PB), Sesc (SP, PR e AC), Instituto Federal de Educação, Ciência e Tecnologia de Rondônia, Festival Internacional de Música de Londrina (PR), Fundação Manoel de Barros (MS), entre outras.

Marcio Guedes Correa – Doutor e mestre em música pelo Instituto de Artes da UNESP. Graduado em música pela FAAM. É professor do ensino superior desde 2004, tendo atuado em algumas faculdades e universidades, tais como, FMU-FIAAM-FAAM, Unisantanna, Centro Universitário ítalo Brasileiro e Universidade Federal do Espírito Santo (UFES). É autor de diversos livros, capítulos de livros e artigos científicos na área musical. Como músico prático, atua como guitarrista, violonista, compositor e arranjador. Na música de câmara, integrou o Duo Güedalma e o Grupo Les Folies. Na música popular, acompanhou e gravou com artistas como Renato Gama, Mariana Per, Tita Reis, Izzy Gordon, entre outros. É autor de trilhas musicais para cinema e assina a direção musical das peças teatrais "Damas na Janela" (Sérgio Milagre) e "Elke Canta e Conta" (Elke Maravilha e Rubens Curi). Recentemente, publicou os álbuns "Idade do Bronze" e "Marcio Guedes", ambos autorais.

Marcos Nogueira – Doutor em Comunicação e Cultura pela Universidade Federal do Rio de Janeiro (UFRJ), tendo defendido tese intitulada *O ato da escuta e a semântica do entendimento musical* (2004). É Bacharel em Composição Musical, Professor Titular do Departamento de Composição da Escola de Música da UFRJ e membro permanente do Programa de Pós-Graduação em Música da mesma Instituição. Desenvolve pesquisa em torno do viés da *cognição musical incorporada* aplicada aos processos criativos musicais, com publicações nas subáreas de Composição, Cognição, Performance e Teoria da Música. Desde 1987 atua regularmente como compositor, regente e instrumentista em festivais e mostras de música acadêmica contemporânea. Desde 2008 é membro diretor da Associação Brasileira de Cognição e Artes Musicais (ABCM). Foi membro das diretorias da Associação Brasileira de Performance Musical (ABRAPEM) – quadriênio 2018-2022 e da Associação Nacional de Pesquisa e Pós-Graduação em Música (ANPPOM), biênio 2011-2013. Desde sua fundação, em 2014, é membro da Associação Brasileira de Teoria e Análise Musical.

Raul Aragão Martins – Psicólogo formado pela UNISAL, campus de Lorena (1977), Mestre (1986) e Doutor (1991) em Psicologia, pela Fundação Getúlio Vargas – RJ. Pós-Doutorado em Drogadependência pela "The University of Washington" (Seattle, USA). Atualmente é professor associado do Departamento de Educação do Instituto de Biociências, Letras e Ciências

Exatas da Universidade Estadual Paulista – UNESP e credenciado como professor e orientador no Programa de Pós-Graduação em Educação, da mesma universidade, campus de Marília. Desenvolve pesquisas e orientações nos seguintes temas: desenvolvimento sociomoral, educação musical, uso de álcool e outras drogas por adolescentes, desenvolvimento infantil, educação infantil e crianças adolescentes em situação de vulnerabilidade.

Rosane Cardoso De Araujo – Professora Associada na Universidade Federal do Paraná, Departamento de Artes, onde ministra disciplinas nos cursos de Graduação em Música e Pós-Graduação em Música (Mestrado e Doutorado). É Bolsista de Produtividade em Pesquisa pelo Conselho Nacional de Desenvolvimento Científico e Tecnológico/ CNPQ, Nível 1D e membro do Comitê Assessor de Área -Linguística Letras e Artes da Fundação Araucária / PR gestão 2020-2024. Possui Pós-Doutorado em Música (Università di Bologna / Itália /2012) realizado com bolsa CNPq; Doutorado em Música (Universidade Federal do Rio Grande do Sul / 2005). É líder do grupo de pesquisa Processos Formativos e Cognitivos em Educação Musical (CNPQ/ UFPR) desde 2009. Entre os anos 2006 e 2009 exerceu o cargo de Diretora Regional / Região Sul da ABEM (Associação Brasileira de Educação Musical). Foi Presidente da Associação Brasileira de Cognição e Artes Musicais entre 2014 e 2017 e Vice-Presidente da mesma associação entre 2017 e 2020.

Shirlei Escobar Tudissaki – Doutora em Música pela UNESP. Possui Pós-graduação *Lato Sensu* em Educação Especial pela UNIRIO e Bacharelado em Piano pela USC. Atualmente é professora convidada do Programa de Mestrado Profissional em Artes da UNESP, professora-artista de Piano e Musicalização da EMIA e professora de Teoria e Musicalização do Instituto Fukuda. Atuou como professora da Licenciatura em Educação Musical da UFSCar; coordenadora e professora da pós-graduação *Lato Sensu* em Educação Musical em diversas instituições de ensino musical. Foi coordenadora e professora do setor de Educação Musical do Conservatório Dramático e Musical de Tatuí, regente, supervisora musical e coordenadora pedagógica dos 29 livros didáticos do Projeto Guri (AAPG). Especializou-se em diversas abordagens da pedagogia musical, como Orff, Kodály e Suzuki, em cursos realizados no Brasil, América Latina e Europa. Tem ministrado cursos voltados à Educação Musical para pessoas com deficiência em vários Estados brasileiros, Argentina, Espanha e Portugal. É autora de diversos artigos e capítulos de livros. Coautora dos livros "I° Encontro Científico de Música e Interdisciplinaridade da UNESP" e "Protagonistas do ensino musical". É autora do livro "Ensino de música para pessoas com deficiência visual" lançado em 2015 pelo selo Cultura Acadêmica, da Editora UNESP.

Sonia Regina Albano de Lima fez seu doutorado em Comunicação e Semiótica-Artes pela PUCSP; pós-doc em Música pelo IA-UNESP; bacharelado em Direito pela USP, bacharelado em instrumento (piano) pela Faculdade de Música Carlos Gomes. Foi diretora e professora da Escola Municipal de Música de São Paulo e da Faculdade de Música Carlos Gomes. Atua no Programa de Pós-Graduação em Música do IA-UNESP desde 2005. Possui inúmeras publicações de livros e artigos científicos na área de educação musical, música e interdisciplinaridade. Foi Presidente da Associação Nacional de Pesquisa e Pós-Graduação em Música no período de 2015 a 2019.Idealizadora do site www.saber.musical.com.br e de alguns materiais didáticos virtuais. É membro de Conselhos Editoriais e Consultivos de Revistas e Coletâneas nacionais e internacionais. É segunda líder de pesquisa do Grupo de Estudo e Pesquisa em Educação Musical (G-PEM-IA-UNESP).

Valdemir Aparecido da Silva – Doutorando do Programa de Pós-Graduação em Música – PPG-MÚSICA/UNESP-IA. Mestre em Música e Bacharel em Música – Composição e Regência – UNESP-IA e Licenciado em Educação Artística – Faculdade Paulista de Artes – FPA. Atuou como Regente Assistente da Banda Municipal de Mauá, vencedor do 1° Concurso Nacional de Arranjo para Banda Sinfônica Tatuí, SP. Foi Professor Orientador do Grupo de Metais do Centro de Comunicações e Artes SENAC – SP, Arquivista Musical da Orquestra Sinfônica do Estado de São Paulo – OSESP e da Escola de Música do Estado de São Paulo – EMESP de 2001 a 2013. Ocupou o cargo de Assistente de Direção da Escola Municipal de Música de São Paulo – Fundação Theatro Municipal de São Paulo de 2013 a 2016. Foi membro do Brasil Musicantes – Programa nacional de musicalização coletiva para crianças do ensino fundamental I de 2010 a 2020. Efetua edição de partitura, formata e implementa projetos sociais relacionados à música. Participou do Grupo de Estudo e Pesquisa em Educação Musical – UNESP/CNPq de 2016 a 2018. Atualmente é Gerente do Coral Paulistano da Fundação Theatro Municipal de São Paulo. vald_ap@hotmail.com.

Do conselho editorial

Ana Maria Haddad Baptista – Mestra e Doutora em Comunicação e Semiótica (PUC-SP). Pós-doutoramento em História da Ciência pela Universidade de Lisboa e PUC/SP onde se aposentou. Pesquisadora e professora da Universidades Nove de Julho nos cursos *stricto sensu* na área da Educação. Possui dezenas de livros publicados, ensaios e artigos em periódicos científicos no Brasil e no exterior.

Ivani C. Fazenda – Licenciada em Pedagogia (USP). Mestrado em Filosofia da Educação (PUC/SP). Doutorado em Antropologia Cultural (USP). Livre docente em Didática (UNESP). Professora titular aposentada do Programa de Educação: Currículo (PUC/SP). Professora associada do Centre de Recherche et intervention educative da Universidade de Sherbrooke – Canadá. Membro fundador do Instituto Luso Brasileiro de Ciências da Educação da Universidade de Évora – Portugal. Membro do CIRE/unesco – França. Foi membro do comitê científico da Revista E-Curriculum da PUC/SP. Atua no comitê científico de diversas revistas na área de Educação. Ocupa a Cadeira 37 da Academia Paulista da Educação. Tem produção voltada para a área de pesquisa educacional, com ênfase em ensino-aprendizagem com temas voltados para a interdisciplinaridade, currículo e formação docente.

Marisa Trench de Oliveira Fonterrada – É livre docente em Técnicas de Musicalização (UNESP), Doutora em Antropologia e Mestre em Psicologia da Educação (PUCSP), Bacharel em Música (Instituto Musical São Paulo). É docente do Instituto de Artes da UNESP e foi sua Diretora (2000/2004). Foi Diretora da Escola Municipal de Música de São Paulo (1977/1985); criadora da EMIA – Escola Municipal de Iniciação Artística (1980/81) e da ETEC de Artes, do Centro Paula Souza, em São Paulo (2008/2009). Autora de livros e artigos sobre música, educação musical e ecologia acústica; tradutora da produção de Murray Schafer desde 1991. Últimas traduções: OuvirCantar (2018) e Vozes da tirania, templos do silêncio (2019), ambas pela Ed. Unesp. É Membro Honorário do FLADEM – Fórum Latino-americano de Educação Musical e do Fladem Brasil. Membro de várias entidades, como: WFAE – The World Forum for Acoustic Ecology; ABEM – Associação Brasileira de Educação Musical e de The Wolf Project, no Canadá. Participou do Projeto "Caminhos sonoros", em Mairiporã, SP, (2007 a 2014), Coordenadora do Coral da Unesp (2000-2004) e do Projeto Educação Musical pela Voz (UNESP – 1989/2013). É Coordenadora do G-PEM – Grupo de Pesquisa em Educação Musical IA/ Unesp, certificado pelo CNPq, desde 1997.

Sonia Ray – É professora titular da Universidade Federal de Goiás em Goiânia, onde leciona Contrabaixo, Música de Câmara e Metodologia de Pesquisa. Bacharel em Música pelo IA-Unesp (1993); Mestre (1996) e Doutora (1998) em Performance e Pedagogia do Contrabaixo, ambos na University of Iowa, EUA. Apresenta-se regularmente em performances no contrabaixo, priorizando o repertório contemporâneo para o instrumento. É artista convidada da International Society of Bassists desde 1993. Concluiu 2 estágios de Pós-doutoramento sendo um na University of North Texas (2008) e outro na Universitè Paris VIII / CNSMDP, França (2016-2017). É colaboradora no PPG Música do IA -UNESP onde orienta mestrado e doutorado em performance musical. Foi Presidente da Associação Nacional de Pesquisa e Pós-Graduação em Música (Gestão 2007-2011). É sócia-fundadora da Associação Brasileira de Cognição e Artes Musicais e da Associação Brasileira de Contrabaixistas. É criadora da Revista Música Hodie (Qualis A1) da qual editou e presidiu o Conselho Editorial (2001-2016). Atualmente preside a ABRAPEM – Associação Brasileira de Performance Musical. Atua no DUO CONTRA (com o contrabaixista Bruno Rejan) e no QUALEA TRIO (com Ricardo Freire, clarineta e Werner Aguiar, violão).

1ª. edição: novembro de 2022
Impressão: Forma Certa Gráfica Digital
Papel de miolo: offset 90g
Papel de capa: cartão supremo 250g
Tipografia: Garamond e Chaparral